建筑业发展、改革与突围

李福和　著

中国建筑工业出版社

图书在版编目（CIP）数据

建筑业发展、改革与突围 / 李福和著 . —北京：中国建筑工业出版社，2016.7
ISBN 978-7-112-19376-9

Ⅰ.①建… Ⅱ.①李… Ⅲ.①建筑业 — 经济体制改革 — 研究 — 中国 Ⅳ.①F426.9

中国版本图书馆CIP数据核字（2016）第086973号

　　攀成德公司是一家聚焦于大建设领域的专业管理咨询公司，拥有近 20 年的行业经验。本书作者李福和是上海攀成德企业管理顾问有限公司董事长，工程企业资深管理咨询专家。作者选取内容突出重点、层次清楚，结合国内外建筑企业实例，采用问答的形式深入浅出地分析了施工企业现有问题、未来发展态势以及可能遭遇的问题，并对未来企业运营管理进行了展望。

　　本书内容主要包括行业论道、战略与变革、组织管控和运营管理四部分。适合广大建筑企业管理者以及高校师生。

责任编辑：王华月　范业庶
责任校对：姜小莲

建筑业发展、改革与突围
李福和　著

*

中国建筑工业出版社出版、发行（北京海淀三里河路9号）
各地新华书店、建筑书店经销
北京京点图文设计有限公司制版
廊坊市海涛印刷有限公司印刷

*

开本：787×960 毫米　1/16　印张：18　字数：269 千字
2018 年 2 月第一版　2018 年 2 月第一次印刷
定价：65.00元
ISBN 978-7-112-19376-9
（28657）

推荐语（一）

李福和先生十多年奔走于建筑行业，倾听了大量一线的声音，见证了无数鲜活的案例，在行业拐点时刻提出了诸多真知灼见，是业内最受尊重的专家之一，其《建筑业发展、改革与突围》是过去十年中国建筑业转型发展最好的见证，值得每一位建筑人沉心阅读。

——中国建筑第三工程局有限公司总经理、党委副书记 易文权

推荐语（二）

正如其一直坚守的"品质源于专注，专业创造价值"这一经营理念，攀成德专注工程建设领域咨询服务二十余年，帮助了很多建筑企业进行战略升级和管理提升，成果丰硕。尤其是李福和先生能够拨开迷雾，看清行业发展的大趋势，对建筑企业转型升级有自己思考的真知灼见，亦有非常扎实的理论功底与丰富的实战经验。

在与攀成德的合作交流过程中，李福和董事长对行业发展的一些观点、认识给了我很多启发，建筑企业的经营管理是一场变革与危机的赛跑，要想立于不败之地，没有什么灵丹妙药可吃，唯有主动求变、以变应时、以变应势，才能变中求生、变中求胜。同时，建筑企业的经营管理又是一场马拉松，不仅比的是实力、速度与勇气，更比的是战略、战术与智慧。而凡此种种，其实又都在深度考验着企业以及企业的领导者"查变、适变、参变"的能力。归结起来可以说，在这个"不进取就出局"的世界中，唯有持续变革、转型升级才是建筑企业实现高质量可持续发展的必选项。即使有的企业坚守自己的核心业务不转型，但管理提升也是必须要做的。而企业变革、转型、升级的成败又首先取决于企业领导者的思想理念更新与战略能力提升。

希望更多的建筑企业管理者能读《建筑业发展、改革与突围》一书，希望更多的企业能够转型升级成功。

——中国中铁四局集团有限公司总经理 王传霖

推荐语（三）

这是一本承载并凝练中国建筑业发展历程的好书，既可以作为一本高大精深的研究论文合集给人以理论养分，又可以作为一本深入浅出的操作手册给人以实践指导。李福和先生以 20 余年的管理咨询经验，在理论和实践间行踏自如，在这样一个快速迭代升级的新时代，总结出了我们不可不知的管理之道和商业模式。在这里，我们都可以在其中找到自身企业的影子，共同思考建筑行业的下一步的发展方向和行将致远的未来。

——上海宝冶集团有限公司董事长　白小虎

推荐语（四）

我和李福和相识多年，多次的交谈，无不被他睿智而又精辟、务实又不失憧憬的分析打动。他经常给我说，建筑是一个既古老而又生机勃勃、充满挑战的事业，他沉浸于此二十余年，非常希望与大家分享。

五十余篇的醍醐灌顶之作，照亮过我们曾经走过的道路，也将为我们指引继续前行的方向，遥望远方的"桅杆"。

新时代，新任务，新征程，我们需要全新的视野、思考和作为，需要静下心来听李福和说。

——陕西建工集团有限公司党委书记、董事长、总经理　张义光

推荐语（五）

这本书深入浅出的描绘了建筑行业的发展现状和未来蓝图，细致入微的剖析了当下建筑企业的转型之路。通过对大量典型个例的冷静观察，作者由点及面梳理出建筑行业发展的痛点，并给出了建设性意见，指明突围的方向。相信

本书会给正在转型升级的企业带来灵感，引发大家对于战略、变革、运营管理的深度思考。

——苏州金螳螂建筑装饰股份有限公司董事长 王汉林

推荐语（六）

李福和先生和我、我公司合作了近 20 年，是我公司管理保健医生。特别是在 2003 年我担任龙信集团董事长以后，形成了一条不成文规矩，每年第一季度有个三合一活动：高层管理人员体检和保健，同时请攀成德公司对龙信公司前一年的运行情况进行体检，然后再开一次经营层会议。通过这些活动，我很欣慰，所有集团公司高管身体没有一个因不及时治疗而发生重大问题的，同时公司所有投资决策也没有出现重大问题。这其中一部分功劳得归功于攀成德董事长李福和先生，他直言不讳地告诉我哪些钱我们不该赚，也就是常说的"舍得"，先舍后得。

通过和李福和先生合作，我发现他有三个阶段的变化：十五年前，李福和先生是一个抱负远大志向、充满激情，准备在建筑行业做一番大事，我俩可以交谈上几天；十年前，李福和先生就专心致志做建筑和房产行业的"保健医生"，对行业内不同层次企业发展方向都有深度的分析和研究，为不少企业发展做了很多贡献（包括我们龙信）；五年前，李福和先生不仅关心企业和行业发展，还从更高层次来关心行业和企业转型升级，可以说他正在成为我们行业的理论和思想家。特别是最近一段时间，我感觉李福和先生又有好很多新的思路和想法，助力我们行业的发展。

这些都是我和李福和先生接触下来的感受，大家想再深入了解李福和先生、深入了解我们行业发展动态和方向的话，可以通过学习、研究《建筑业发展、改革与突围》这本书。

——龙信建设集团有限公司董事长 陈祖新

推荐语（七）

　　建筑业是一个很大的行业，同时也是一个很传统的行业，正面临着转型升级的迫切要求，愿意专门长期从事建筑行业研究的专家并不很多。而李总从业这么多年，一直在建筑领域深入研究，所花时间与精力，非一般人可比。我认为李总对建筑业的理解与见地，以及此总结提炼出来的观点与方法论，为这个行业的理性发展与科学发展作出了很重要的贡献。同时，也能为这个行业的经营管理者提供非常有价值的借鉴。

——中民筑友科技集团董事长 阎军

序

　　建筑业在国民经济中的作用十分突出，2016年全国建筑业总产值达到19.36万亿，从业者超过接近5185万，是名副其实的重要支柱产业。

　　当前我国建筑业改革发展主要包括三条主线：一是建筑业深化改革主线，国办《关于促进建筑业持续健康发展的意见》就建筑市场模式改革以及政府监管方式改革等做出了明确规定。二是建筑业转型升级主线，以绿色发展为核心，全面深入地推动绿色建筑、装配式建筑、超低能耗被动式建筑发展等，以及推广绿色施工、海绵城市、综合管廊等实践。三是建筑业科技跨越主线，核心是数字技术对建筑业发展的深刻广泛影响。研究BIM及云计算、大数据、物联网、移动互联网、人工智能及3D打印、VR/AR、数字孪生、区块链等对建筑及建筑业（包括项目管理、企业管理、行业管理）的深刻影响。关于数字建筑，有人认为主要就是ABC（人工智能+BIM+云计算等数字技术应用），我认为尚需国内专家学者深入研究梳理形成权威意见。关于数字建筑业则是一个实践层面的科技发展问题，很多建筑业大企业的主要负责同志充分重视该领域科技创新发展，率先在项目管理、企业管理中综合应用数字技术。这是中国建筑业与一些发达国家建筑业并驾齐驱的领域，很有可能是中国建筑业弯道超车，引领世界建筑业发展方向的领域。

　　围绕以上三条主线，需要思考建筑业转型升级的4个问题。

　　一、关于装配式建筑发展。中国为什么要发展装配式建筑。中共中央、国务院《关于进一步加强城市规划建设管理工作的若干意见》指出，要大力推广装配式建筑，减少建筑垃圾和扬尘污染，缩短建造工期，提升工程质量。要求"制定装配式建筑设计、施工和验收规范。完善部品部件标准，实现建筑部品部件工厂化生产。鼓励建筑企业装配式施工，现场装配。建设国家级装配式建筑生产基地。加大政策支持力度，力争在10年左右时间，使装配式建筑占新建建筑的比例达到 30%"。我国现有的传统技术虽然对城乡建设快速发展贡献很大，但弊端亦十分突出：一是粗放式，钢材、水泥浪费严重；二是用水量过大；三是工地脏、乱、差，往往是城市可吸入颗粒物的重要污染源；四是质量通病严重，开裂渗漏问题突出；五是劳动力成本飙升，招工难管理难质量控制难（这一条恰恰是最本质的）。这表明传统技术已非改不可了，加上节能减排的要求，必须加快转型，大力发展装配式建筑。经过近 10 年的艰苦努力，我国装配式建筑已经取得突破性进展，很多领域处于世界领先地位，归纳起来大致有 3 种模式：一是以万科和远大住工等为代表的钢筋混凝土预制装配式建筑（PC），适合于量大面广的多层、小高层办公、住宅建筑。二是以东南网架、中建钢构等为代表的钢结构预制装配式建筑，适合于高层超高层办公、宾馆建筑，部分应用到住宅建筑。三是以远大工厂化可持续建筑等为代表的全钢结构预制装配式建筑，适合于高层超高层办公、宾馆、公寓建筑，完全替代传统技术，更加节能、节钢、节混凝土、节水，部品化率可达 80% ~ 90%。此装配式非彼装配式，对此要有全面辩证思维。各有市场细分，各有特色，也各有局限性。全面推广装配式建筑发展，上海市引领了发展方向，上海市政府规定 2016 年起外环线以内新建民用建筑应全部采用装配式建筑；外环线以外不少于 50%，并逐年增加。敦煌文博会主场馆成为工厂装配式发展的经典范例，中建总公司仅用 8 个月的时间就又好又省又快的建成了，不但结构装配化，机电设备装配化，装饰装修也装配化，装配化率达到 91.92%，创造了新的"敦煌奇迹"。

二、关于市场模式变革。国家大力推行 PPP 模式，逐渐形成了巨大的市场规模，PPP 项目的大市场，带来发展机遇的同时也带来了挑战。如何推动民营建筑业企业参与 PPP 项目。一是地方政府应加大对民营建筑业企业的扶持力度，通过调研我们认为各地应学习借鉴江苏的经验做法；二是民营建筑业企业要发挥自身特点，联合优势互补企业参与 PPP 项目，相信随着省、市、县级 PPP 项目的广泛落地，民营企业参与 PPP 项目的机会会大大增加；三是民营建筑业企业可采用设计施工总承包模式，积极介入已落地实施的 PPP 项目，承揽其总承包业务。需要关注的是，在 EPC 基础上更深层次的改革，即 PPP 模式。EPC 的关键在于形成真正意义上优化设计、缩短工期、节省投资的甲乙双方理性契约关系。PPP 则是更深入的改革，是投资方式改革的深化，必然产生公共投资项目全面提高投资质量和效益的改革效果，不以人的意志为转移。可以断定，真正意义的 PPP 必然需要 EPC，真正实现 EPC 则必然需要建筑产业综合技术的全面创新和提升。相信，这将会是经济新常态下转型发展的必然要求，也是供给侧改革创新的必然要求。

三、"一带一路"倡议对建筑业的深刻影响。根据国务院发布的"一带一路"战略总体规划，发端于中国，贯通中亚、东南亚、南亚、西亚乃至欧洲部分区域的"一带一路"将覆盖全球 63% 约 44 亿人口、29% 经济总量约 21 万亿美元。"一带一路"沿线国家大多是新兴经济体和发展中国家，普遍处于经济高增长时期，基建需求庞大，开展互利合作的前景广阔，基础设施互联互通是优先建设领域。"一带一路"必将超越中国企业传统的在海外修路架桥的简单模式，为中国企业"走出去"提供了更广阔的发展空间。

四、雄安新区规划建设对建筑业转型升级实现跨越的促进作用。中央决定规划建设雄安新区，从宏观、战略和历史的层面，如何规划建设好雄安新区，我们建议，一是历史性地把握好雄安新区规划建设的三要素——城市天际线、建筑轮廓线、科学的交通路网。二是全面地把控好规划建设的核心价值观内涵——低碳、简约、实用。三是深刻地把脉住其特殊的政治、经济、社会、文化、历史的重要作用——演绎中华民族伟大复兴历史责任的现代化的国际大都市的经典范例，千年大计。我们也提出了许多具体建议，如新区的标志性建筑等都要通过碳排放方案评审；如全面实现绿色建筑；如大力推广装配式与超低能耗的被动式建筑（有专家指出，雄安新区建筑约 80% ~ 90% 应为装配式建筑）；如所有建筑工地都要实现绿色施工；还如规划建设之初就要把握好"大中水回用"的节水战略，建设海绵城市；再如规划建设之初就要把握好城市综合管廊规划建设；又如雄安新区不但要引领数字建筑技术的发展方向，而且还要引领数字建筑业（项目、企业、行业管理）发展方向。

围绕三条改革发展主线，深入研究四方面问题，对我们建筑业梳理转型升级发展思路确有必要。

当前建筑业正处在产业现代化的全面提升过程当中，建筑产业现代化包括**装配化、信息化、标准化、绿色化、设计施工一体化**。另外随着"一带一路"走出去，建筑业企业有很多成功实践，我们要密切关注建筑业的**国际化**发展。央企和一些国企及部分省市建筑业企业通过上市借助资本力量促进实现跨越式发展，我们也要关注建筑业的**资本化**发展。

李福和同志作为上海攀成德企业管理顾问有限公司的董事长针对建筑业的改革发展和转型升级做出学术研究和深入思索，是行业里难得的学者型企业家。从2001年即开始其始终如一围绕建筑业改革发展的研究与思辨，不断推新，著作了50篇有理论、有分析、有观点、有实践且有思辨的好文章。

其文章具有深度。比较深刻地针对《关于推进建筑业发展和改革的若干意见》（建市（2014）92号文）涉及的政策，提出了自己的学术观点。如在《企业如何调整适应新环境？——92号文解读》一文对该文件涉及的市场模式、政府监管方式、发展方式等三方面作出了深入解读，如在《工程总承包，施工企业的现实还是未来？》一文中分别从目前建筑市场的发展态势及政策调控两个方面对工程总承包未来发展前景作出了预判；再如《工程总承包，增长临界点正在到来》一文中从客户、承包商、工程项目、政策等几个角度对总承包市场的成熟程度进行论证，得出工程总承包项目增长临界点正在到来的预判。我们看到，这次在《关于促进建筑业持续健康发展的意见》（国办19号文）中已经将推广设计施工总承包列为改革的重要内容。

其文章具有广度。比较全面地针对行业政策、发展趋势、制度规范、机遇挑战、企业战略、企业变革、组织管控、运营管理等八大方面，阐述了自己既作为企业家又作为学者的分析见解。如开篇《建立统一开放的建筑业市场需要多久？》、《企业如何调整适应新环境？——92号文解读》就对《关于促进市场公平竞争维护市场正常秩序的若干意见》（国发（2014）20号文）、建市（2014）92号文等作出了深入的解读；如《建筑业，自由竞争过去，垄断竞争到来》、《项目思维做不成建筑工业化》、《建筑工业化，进还是不进》、《工程总承包，施工企业的现实还是未来？》等文中提出了未来建筑业发展将朝向集约化、工业化、总承包化的观点；如《挂靠，是在舒适中终结还是在痛苦中前行？》、《短命的住宅，是功还是罪？》等文中指出了目前建筑市场上的制度规范的盲区；如《国企有活路、民企有吗？》、《新形势下民企如何生存？》、《小型建筑企业的出路在哪里？》、《专业化是通往巅峰之路的选择》等文中指出新形势下，建筑业企业面对机遇与挑战，必须重视客户价值且提升企业核心能力，制定符合自身的内外兼修企业发展战略；如《建筑业可持续战略管理》、《战略塑造施工企业的未来》、《战略规划是画延长线吗？》等文中指出部分企业管理者对战略管理的认知误区，强调战略管理是企业发展的指南针，需结合内外部环境，构筑战略管理体系；如《转型升级之路充满荆棘》、《转型尤其需要关注风险》、《建筑企业的业主转型——谈施工企业的业务发展路径》、《转型推动企业变身》、《管理变革要润物无声》等文阐述了企业转型之难、转型之险、转型之必要，并从业务转型、战略转型等具体方面给出了建议；如《建筑企业组织管理正在发生积极变化》、《建筑企业如何建设适应未来的组织？》、《大型建设集团的组织布局策略》、《企业如何选择强弱总部？》等文指出建筑业不断发展变化的背景下，企业组织管理顺应而变的必要性及紧迫性。组建适应市场发展的企业组织，企业应结合自身状况，平衡好企业总部与项目部的关系。如《标准化，提升企业效率的捷径》、《建筑企业需要大模式小模式》、《应对劳务成本攀升的三支利剑》、《建筑业结构性人才短缺正在来临》等文对企业运营管理过程中所遇到的发展模式问题、流程问题、盈利模式问题、成本管理问题、人才短缺问题等进行深入剖析，并提出建设忱意见。

其文章具有思辨精神。曾国藩说过，"心到者，凡事苦心剖析，大条理，小条理，始条理，终条理，理其序而分之，又比其类而合之。"李福和同志在分析问题、阐述观点时从不强加于人，而是用辩证唯物主义观点和历史唯物主义观点表达自己的意见，是非曲直、来龙去脉都会全面考虑。这种思辨精神尤其令我印象深刻。这么大的国家、这么快的发展速度，这么重要的支柱产业，分析其改革发展和转型升级，提出政策建议，太刚性往往会一事无成，唯有遵循辩证思维，才能提出既切实可行且又为各方可以接受的好意见好建议。李福和同志的研究文章及观点可供我们建筑业同行参考借鉴。

中国建筑业协会会长、原部总工程师

2017 年 12 月 10 日

前言　与时代同行

动笔写序的时候，我回想了自己不同人生阶段的理想，唯独没有出文集这一项，所以今天结集出版过去的文章，只是出于勇气。

我是个工科男，从事管理咨询行业20年，写文章于我而言其实是很难的事情。我的写作大致经历了三个阶段：

第一阶段是完成任务。1997年进入管理咨询行业，公司规定每年要写一定数量的文章，否则罚款，那时候写的文章已不知散落何处，当然，现在我也不希望您看到，因为会很难堪。

第二阶段是对读者负责。2002年加入攀成德后，出于公司发展的需要写文章，那时候写的文章没有媒体愿意发表，于是，我们自办了季刊《攀成德管理评论》，用来刊发公司内部人员写的文章，印刷好后免费邮寄推广，这件事一直坚持至今。到2006年，《施工企业管理》的肖华文主编开始找攀成德约稿，我自己必须带头写，不觉也就越写越多。11年来他不断约稿和催稿，至今于我，最可怕的电话还是来自于这位笑嘻嘻的主编。但也正是他的敦促，让我思考更多、写得更多，把写作当成了习惯。

第三阶段是源自内心的使命感。最近10年，是中国建筑业发展最快的阶段；最近5年，则是中国建筑业转型最快的阶段。建筑行业的问题很多，企业内部的管理难题很多，我接触的企业领导常常和我探讨或者问计于我，其中很多问题有相似之处，自感能促膝探讨的人有限，就想将自己的思考和认知用文字表达出来，为更多的人出谋划策，也算是对行业略尽绵薄之力。

有朋友说，写文章如拍电影，写书如拍连续剧。意思是写文章并不比编一本专题的书容易。您手头这本文集选择的50篇文章，是我从近几年来写的200篇文章中精选出的。我每年跑近200家建筑企业，10多年来累计去过2000家以上的建筑企业，和企业领导们在会客室、咖啡厅、茶馆里、饭桌上不断交流，所以文章的主题都来自建筑企业一线。其中有企业领导的苦楚与迷茫，也有他们经过实践检验的经验和教训；有的是瞬间的灵犀，有的是长期体验的感悟。比如《谁在建筑业第一方阵》的灵感就来自于与浙江交工邵文年董事长吃饭的瞬间，当时攀成德正为他们企业做战略规划，而他们未来5年的目标是进入建筑业第一方阵；《美丽乡村的喜与忧》则是自己的切身感受，我出身农村，老母亲已80有多，每年回家多次，见到乡村的拆拆建建、浪费严重，欣慰于近年一些工业化建筑企业开始了艰难的"建设美丽乡村"探索之旅，有感而发；《您看不见的中建三局》则是我对三局超过10年的接触和感觉累积而成，陈华元董事长曾经调侃："你的文章从不提三局。"而我觉得三局不是一篇文章能写清楚的，其后，一个偶然事件的触发，让我找到了一个角度：三局辉煌背后的筚路蓝缕和几代人的攻坚克难。

多数人的写作动力往往来自于读者不经意的话语，我也如此。一位董事长告诉我，他在早上蹲马桶阅读到《谁在建筑业第一方阵》时，感到了沉甸甸的责任和使命；一位做乡村别墅建设的老总打电话给我，感谢我在《美丽乡村的喜与忧》中理解他们的艰难，为他们鼓与呼；中建三局的好多员工告诉我，《您看不见的中建三局》刷爆了当天三局的微信圈，触动了三局人心底最柔软的那根弦，让他们眼睛湿润，豪情难抑。正是这些鼓舞，增加了我思考的动力，坚定了我前行的信念。

在这20年的咨询生涯中，我遇上了波澜壮阔的伟大时代，一路与时代同行、与关心我的人同行，是人生之幸。在此，我要感谢伟大时代给了我努力的机会，感谢建筑界朋友们给了我思想的源泉，也要感谢王铁宏会长的推荐，感谢老朋友肖华文主编的催稿，感谢公司"不写文章就罚款"的制度和同事们的鼓励，感谢太太和孩子们给了我自由写作的时间。

文集出版，本是偶然，也出乎我耄耋之年母亲的意料，当我拿到印刷版的时候，会第一时间把它送给目不识丁的母亲，告诉她这是她儿子写的书。也谨以此书奉献给我含辛茹苦的母亲。

李福和

目录

01

行业论道

2018，走入深水区

　　2017 年过去了，建筑人的激情得到再一次燃烧：EPC 总承包模式正破土而出，PPP 一路狂奔，建筑工业化深入二三四线城市，国际化走向五湖四海。行业发展走入深水区是一种必然，深水区的建筑业，也将发生深刻的变化。

　　2017 年过去了，建筑人的激情得到再一次燃烧：EPC 总承包模式正破土而出，PPP 一路狂奔，建筑工业化深入二、三、四线城市，国际化走向五湖四海；这一年，我调研了很多建筑企业，他们自豪难抑：中国建筑业建造了世界最多的高速铁路、高速公路、港口码头、矿山工厂，建成了世界最大的城市群、最高的建筑群、最长的隧道和大桥，让"中国之最"代表"世界之最"，中国建筑业达到了前所未有的高度，世界建筑业的顶峰近在咫尺。然而，我们也分明感到，行业正在走入深水区，前进一步难度增加一分。贾跃亭的歌声，"怎么大风越狠，我心越荡"，表达了他走入深水区的凌云壮志，但歌声还在回荡，乐视奇迹就已随风而逝；当建筑行业走入深水区，建筑企业的挑战将会更大，经营将会更难。

　　那么，中国建筑业正在哪些地方走入深水区？

　　最大风口 PPP 模式，正在进入深水区。PPP 模式给领先企业带来了巨大的转型机会，"中国建筑"抓住 PPP 模式的战略窗口期，实现了朝基础设施的重大转型；龙元、东方园林等企业利用 PPP 模式，甩开了与同类企业的竞争。然而，PPP 模式最好的战略机遇期正在过去，项目条件日趋苛刻，参与者的竞争日趋激烈。在营销阶段，参与者往往拿出拼命的架势，大多数项目风险和机遇的天平正在倾斜，从风险和机遇并存变为风险大于机遇；在落地阶段，不成熟的政府信用和政策环境，让众多项目的推进困难重重，正所谓"理想丰满、现实骨感"；在企业层面，最早启动 PPP 业务的企业发现，财务杠杆已经用到了极致，资产周转速度迅速减慢，现金流越发困难。对于 PPP 业务的未来，一位央企的领导给我提过四个问题：（1）已中标项目，如何加快落地，防止退库？（2）新跟踪项目如何严格评审？（3）建设期结束的项目运营怎么办？需要干什么？（4）不断增长融资怎么办？PPP 模式的抢滩之战已经结束，发包项目的政府、提供资金的金融机构、实施项目的工程企业，都需要有进入深水区的准备。

建筑工业化，正在进入深水区。十年内 30% 新建房屋采用装配模式，让进入者激情难抑，在建筑工业化政策启动初期，地方政府给予极大的支持政策。无论是传统建筑老兵的中国建筑、宝业，还是跨界的中民筑友、远大住工，过去两年都以惊人的速度在全国布局。两年来，政府给从事建筑工业化的企业以极其优惠的地价投资建厂，今天在一线城市拿优惠地价的布局机会不再，二、三线市场正在慢慢消失，四、五线城市也将慢慢减少。在已经进入建筑工业化实战的市场区域，从业者感到巨大的压力，人才培养、技术研发、管理优化给这些企业带来了巨大的成本压力和管理挑战。根据攀成德对主流 PC 建筑企业的调研，大多数企业都在盈亏平衡点煎熬，建筑工业化逐步走入深水区。

国际化也在走入深水区。从感受走出去的兴奋，到感受走出去的艰难，海外不同区域的文化差异、政治差异、经济差异、社会差异、技术差异、税收差异，困扰着走出去的企业。对中国建筑企业走出去深有研究的杨永胜博士，把建筑企业的国际化经营分为初级、中级、高级三个阶段，他认为高级阶段是"企业凭借其自身的综合优势，主动且自由地在全球范围内配置资源"，2016 年在海外从事承包的 1056 家工程企业，又有多少企业能达到这个水平？从承包业务走出去到建设模式走出去、中国标准走出去，中国建筑企业的国际化，正在走入深水区。

工程总承包模式让企业转型进入深水区。承包模式转还是不转，往往让企业陷入两难：不转型，则建筑企业会逐步沦为价值链最低端的猎食者；转型，则企业面临组织能力转型的巨大难题。设计企业转型 EPC 是从 E 到 EPC，建筑企业转型 EPC 是从 C 到 EPC，好的设计企业转型做 EPC 需要 5～8 年甚至更长的时间，攀成德认为，从 C 到 EPC 的转型难度更大，建筑企业需要在思想理念、组织结构、人员结构、组织能力、管理体系等诸多方面作出巨大的改变，每个方面的改变都需要付出艰辛的努力、都需要相当的时间，这是模式转型走入深水区的挑战。

为什么建筑行业的发展会走入深水区？

首先是社会发展的必然结果。十九大报告对中国未来发展作出了新的判断：（1）"前景十分光明，挑战也十分严峻"；（2）"由高速增长阶段转向高质量发展阶段，正处在转变发展方式、优化经济结构、转换增长动力的攻关期"，"主要矛盾已经转化为人民日益增长的美好生活需要和不平衡不充分的发展之间的矛盾"；（3）"发展不平衡不充分的一些突出问题尚未解决，发展质量和效益还不高，创新能力不够强，实体经济水平有待提高，生态环境保护任重道远"，（4）"要登高望远、居安思危，勇于变革、勇于创新，永不僵化、永不停滞"，"实践没有止境，理论创新也没有止境"。显然，中国社会正在进入全新的发展阶段，建筑业传统的建设方式已经很难满足中国社会在环保、综合品质等方面的需要。

其次是建筑业自身发展的必然结果。中国建筑业已经成为国内就业人口最多、产值规模最大的服务行业；然而，深入分析发现，行业发展主要是量的增加，而非质的转变；量的增加表现在行业规模变大、企业数量增加、领先企业的规模和利润增加。然而，核心能力的建设依然滞后，中国建筑企业的人员结构不合理、管理不规范、技术能力不足、知识管理和信息化水平相对滞后、项目履约好坏偏差过大，与世界顶尖企业在核心能力上，依然存在比较大的差距；在量变累积到一定阶段后，要么由于量的累积、冰山崩塌，要么实现从量变到质变的凤凰涅槃。无论是大型企业还是中小型企业，抑或总包企业和分包企业，都需要在社会转型点和自身发展的临界点，做出深刻的选择。

再次是政策改革累积的必然结果。近五年是建筑业政策发布的密集期，营改增、企业和人员资质管理改革、招投标方式改变、建筑业改革发展的意见等，批量政策的出台，有如洪水冲向传统建筑业既有生态，终有一天会摧毁传统利益格局的大堤，再造建筑业的利益新格局。我们看到，建筑业市场分割和保护的利益藩篱正在逐步被突破，联营挂靠模式正被很多企业舍弃；企业能力竞争正在取代资质竞争，优势企业逆势增长，没有核心能力的企业正在被市场和客户边缘化，陷入煎熬或走向死亡；建筑业市场经济的规律正在政府的"放管服"功能转换中逐步回归本来面目。

行业发展走入深水区是一种必然，深水区的建筑业，也将发生深刻的变化，那么，进入深水区的建筑业，又会发生哪些变化？

转型带来企业分化。过去几年，建筑业能转型的业务方向正在逐步明确，PPP、建筑工业化、国际化、工程总承包四大转型的风口都已经为人熟知，但真正能站在风口的玩家并不多，每个领域都不会超过1000家，能在四个领域同时参与的，则数量更少；对于9万家企业、5200万从业者的中国建筑行业，能转型的企业总是少之又少，能在转型中获益的从业者，也不会太多。

能力差异带来企业分化。对于业务和模式难以转型的企业，如何持续生存成为一个深刻的行业课题。以装饰行业为例，收入和利润都曾经快速增长的行业龙头金螳螂，最近三年增长迅速减缓甚至没有增长，而曾经的行业第二亚厦股份，其年报显示收入和利润连续较大幅度下滑，如何走回上升通道是对领导者智慧的严峻挑战。优势上市公司尚且如此，在行业底层的企业，生存境况显然更加艰难，浅水区有最多的市场竞争者，他们注定要经受自由竞争的煎熬。2017年，福建一个千万级的路桥项目近千家企业参与竞标。千分之一的中标概率如果成为生存常态，那么，企业批量死亡的日子就不会太远。

兼并加速促进行业集中。一些达到一定规模、具有一定价值的企业，正被大型资本或者行业优势企业看中，成为被兼并、收购的对象。事实上，这样的案例早有发生、并不断增长，绿地集团对建筑企业的并购连续剧正在上演，江苏建工、贵州建工、西安建工已被收入囊中；而并购者并非只有绿地，建筑央企在海外、国内正在掀起并购狂潮，大鱼吃小鱼的日子就在眼前。

风险增加，建企不死神话破灭。建筑业进入深水区，暗流汹涌、风大浪急，PPP 模式和建筑工业化是传统建筑企业并不擅长的重资产模式，而国际化和工程总承包，项目经营的不确定性因素大幅增加。进入行业深水区的泳者，要么让自己成为游泳高手，要么溺水身亡。金刚组 1428 年的长寿奇迹，建立在规模小、业务专注两大优势上，今天冲入 PPP 业务洪流的企业，如何应对可能的金融风险和后期运营的管理难题？那些四处布点的 PC 企业又如何应对问题重重而又盈利困难的行业现实，如何解决规模迅速增长的企业管理挑战和满足资本盈利的渴望？大型企业如何既防止单个风险的发生，又防止风险的叠加？从温州中城建设的破产到宁波华丰的重组，特级企业的崩塌已是现实，如果大象都会倒下，蚂蚁又焉能永生？

细分市场竞争重构。部分细分行业的发展进入深水区，对从业者既是挑战，也为优势企业提供了一定的战略纵深，竞争态势重构的可能性逐步增加。其实我们已经看到了颠覆，PPP 颠覆了基础设施市场，中国建筑已经证明；工程总承包将会颠覆设计、施工分割的价值链模式，这一幕正在上演；中民筑友、远大住工、三一住工成为建筑工业化的龙头，颠覆了只有建筑人能干建筑的理念。更多的细分市场会被重构，传统家装市场和乡村建设市场，将在 2018 年发生深刻变化；据金螳螂发布的信息，2017 年金螳螂的家装业务在全国布局 130 多个网点、完成 2 万套住宅的装修、实现近 40 亿营业收入，逐步颠覆传统马路游击队的家装模式，推动家装进入巨头引领的新阶段；中民筑友的筑友家正在进入乡村住宅建设市场，被乡村富裕阶层广泛接受，其战略规划显示，在未来 5 年达到年建设能力 10 万套的规模，而中民筑友并不是唯一进入乡村建设市场的企业，这些乡村建设市场的参与者，将颠覆千年来中国乡村的建设模式。这两个细分市场的巨大容量给资本提供了舞台，而他们创造的可复制模式，使他们的触角延伸到过去无法延伸的地方，这是新时代给予创新者的机会，却是路径依赖者的坟场。

中国建筑业如何应对深水区的挑战？

走向深水区的中国建筑业，要么前功尽弃，回到起点；要么风光无限，开启一个全新时代；它不仅是对企业的挑战，也是对政府管理的挑战。

那么，建筑业政策的管理者要做什么？

良好的政策引导。十九大报告提出要"勇于变革、勇于创新，永不僵化、永不停滞"，从政策引导的角度看，深水区的改革迫在眉睫。工程总承包、建筑工业化发展中的诸多政策问题，实质性地影响着企业的经营操作；建筑企业的资质管理，也到了做出明确选择的时候，模棱两可、犹豫不决、首鼠两端的做法不可能持续；建筑法的出台则已刻不容缓，行业法律的滞后已经成为行业发展的桎梏；"十九大"展示的改革和发展决心，让我们看到建筑业一幅全新的政策画卷正在徐徐打开，我们期盼着未来的建筑业改革者，成为"真的猛士，敢于直面惨淡的人生，敢于正视淋漓的鲜血"。

企业家和建筑人要做什么？

大企业的使命感。松下幸之助先生曾说，大企业是社会进步的力量。中国建筑行业的排头兵，则需要以国际水准来要求自己，成为中国建筑业完成最后一公里的践行者：中国标准输出、工程总承包推行、数字化技术应用、管理方信息化和知识管理的全面提升，只有大企业才能带领中国建筑企业走向世界建筑业的巅峰。

优秀企业的务实经营。在深水区的建筑企业，无论规模大小、所有制性质、专业领域，都需要建设自己的核心能力，让客户满意。任正非先生的华为之道丰富而深刻，历经时间和实践的检验，值得建筑企业学习："华为就是最典型的阿甘，阿甘就一个字——傻！""我们……经历了多少苦难！流了多少辛酸泪！……华为人就是比别人付出的更多，华为人付出了节假日，付出了华为人的青春和身体健康，靠的是常人难以理解和忍受的长期艰苦奋斗"，深水区的建筑企业，有如马拉松的途中跑，寂静痛苦、枯燥乏味，没有任何投机取巧的机会。

一线人员把项目做实、做好。最好的行业有很差的企业，最差的外部环境也有很好的企业，对行业走入深水区的建筑企业，是最好的劝告。做实、做好项目，让客户满意是建筑企业永恒的基本功，"不要这么多方法论，认认真真地把豆腐磨好就有人买",任总道出了企业经营的根本,而这既是每个企业可以做的,却又是企业最难做到的。

2018,建筑业正在走入深水区,只要我们心怀梦想,坚定前行,就会风光无限,那是拼出来的美丽,不是等出来的辉煌。

（本文写作时间：2017 年 12 月）

2017，建筑业加速"分化"

　　建筑企业正在快速分化，优势企业继续增长，多数企业感觉到拂面的寒风甚至刺骨的寒冷，部分企业正发出痛苦的呻吟、绝望的呼喊，在这个分化的时代，无论我们多么茫然和彷徨，加速"分化"的趋势正在到来，这就是 2017 年的中国建筑业。

　　2016 年过去了，此刻的你无论怅然若失，还是踌躇满志，我们确定无疑的是，建筑业正在快速变化：无论是需求结构、建设模式，还是国家政策、技术和管理；而企业正在快速分化，优势企业继续增长，多数企业感觉到拂面的寒风甚至刺骨的寒冷，部分企业正发出痛苦的呻吟、绝望的呼喊。

　　这是发展的时代，也是财富的时代，更是分化的时代，无论我们多么茫然和彷徨，加速"分化"的趋势正在到来，这就是 2017 年的中国建筑业。

一、认识建筑业的"分化"

　　建筑业的分化首先是细分市场的分化。过去 20 年的建筑业，几乎所有细分行业同步增长，但 2016 年，这样的态势正在改变：公路、铁路、市政等基础设施建设模式的创新，为少数企业带来了巨大的新签合同额，2017 年这样的态势依然会持续，这是最好的细分市场；房屋建筑市场不再增长，总体上呈现基本稳定或下降趋势，在总量逐步回落的同时，房屋建筑市场的结构和竞争态势也在发生变化，建筑工业化逐步挤占房屋建筑传统项目模式的市场，可以预见房建市场的竞争形势会愈发严峻；更多的行业市场会下降，且难以见到反弹的可能，如果没有特别的原因，火电、水电、矿山、黑色、有色、水工等领域的建设需求不会再有太多空间，而去产能的领域，除了改造和维保的需求，新建需求几乎会进入冰封时代。

其次是企业的分化。不同细分市场显示出不同的生存状态，几家欢乐几家愁，整体上处在上升行业的企业明显好于下跌行业的企业；处在下跌行业的企业，要么经受市场下跌的痛苦，要么快速转型寻找新的出路，而转型并非每个企业都能做好，管理体系难以构建、团队难以形成，众多的房建、矿建、水电企业，正在进入地铁、铁路领域，项目亏损已经成为领导者的梦魇；处在增长行业的企业也在分化，未必家家喜气洋洋，基础设施PPP模式的突飞猛进，固然给从事基础设施的优势企业带来了繁荣，但居于底层的中小企业依然生存困难。

2017年并不是市场和企业分化的起点，市场普遍增长、企业挣钱越来越多的时代在2年前已经结束，但加速分化的态势会在2017年呈现，我们会看到"几家欢乐百家愁"的新态势，野蛮生长、鱼龙混杂的自由竞争时代过去，垄断竞争的新时代正在到来，并由此形成建筑业商业新形态、发展新动力；2016年，是这种竞争态势的分界点，2017年，则是新竞争的起点。

二、分化的原因在哪儿

为什么建筑业会在这个时点分化？市场、客户需求、政策正在发生突变，而技术和企业能力的差异加速了企业的分化。

1. 市场年需求总量接近临界点

过去20年，经济飞速增长、人口快速涌入城市、外资进入中国，为建筑业提供了巨大的市场需求，市场如摆着的空桶，它们是如此的饥渴，每个桶都需要装水，建筑企业如拼命往桶里装水的搬运工，只要努力，总会有项目，总是能挣钱；今天情况如何？全空的桶是海绵城市、地下管廊，空间无限，但谁为装水的人付钱、怎么付钱还需要探讨；半满的桶是公路、轨道交通、高铁，但灌水的人很多，灌水的速度很快；最大的桶当然数房屋建筑，桶装了70%，未来空间还是很大，但装水的速度正在放慢；接近装满的桶是火电、水电、水工等，空间已经很少；有些桶的水已经外溢，煤炭、钢铁、水泥、平板玻璃等去产能的领域，几乎没有建设空间了；2014年比尔盖茨公布了一项数据，此前100年，美国使用水泥45亿吨，而此前三年中国用去水泥 66 亿吨，何等惊人的数字，市场不可能是永远吃不饱的贪吃蛇，君不见王健林先生正在转型？君不见"李嘉诚跑了"？君不见人们正在探讨"富士康跑不跑"？可以预见，建筑业市场需求总量的临界点要么已经到来，要么正在到来，不会有更高的总量。

2. 客户需求改变

PPP 模式显示公共建设需求方式改变。钱袋鼓鼓时，不会有 PPP 模式，大项目会分为很多标段，大中小的企业都可能拿到或大或小的合同；钱袋扁了，PPP 模式横空出世，建筑业的生态也随之改变，最近某地级市公路新建和改造投资 100 亿元，被中交以 PPP 模式一次性通吃，类似项目越来越多；有钱的时候，100 亿元投资是一批中小企业几年的"口粮"，而今天则是"大树下面不长草"，建筑企业的分层已经非常明显，大工程垄断竞争，小工程自由竞争，而小工程数量正在减少，建筑业"各阶级的分析"需要重新书写。

房屋建筑领域的生态是否会好于市政、交通行业？未必！2016 年，有三家房地产公司的销售收入跨越了 3000 亿元，房地产 20 强以外的企业已经很难在一线城市持续拿地，随着中小房地产公司逐步被淘汰，开发市场的集中度日趋提高，开发市场的垄断竞争预示着房建市场的垄断竞争，"门当户对"的商业逻辑，让多数中小房建企业日趋艰难，他们的日子不见得比市政交通行业的中小企业好多少。

工业建筑领域工程总承包市场正在逐年扩大。工程总承包这一模式在进度、质量、成本、综合管理方面的优势正在被越来越多的制造企业接受，总承包市场增大，并挤占过去价值链分割的建筑市场；但工程总承包显然不是所有人的盛宴，能从事这一业务的企业需要具备相当的专业能力、管理能力、团队能力，即使是大型企业，投入相当资源，要建立这些能力也非易事，中小型企业，要建立总承包能力则更难，大多数没有核心能力的企业都会被排除在外。此外，项目的大型化也正在分化建筑企业，规模大、价值链长的工程项目，需要能力强、资源多的企业承担，这是目前多数中小企业、甚至某些貌似强大的建筑企业所不具备的素质，必将导致企业的分化。

3. 政策变化

十八届三中全会提出"市场在资源配置中起决定性作用"，2014 年开始，政策进入快速变化时代，其核心思想是简政放权，推动建筑业从资质竞争向能力竞争转变，推动建筑业转型升级；经过几年的改革，建筑业大的改革思想已经基本清晰；企业资质的逐步淡化，使一批过去依靠资质竞争的企业逐步失去生存的空间，微信公众号"建筑前沿"对建筑强省江苏浙江特级企业的对比给我们展示了一副图景，近百家特级资质企业之间的差异巨大，资质固然在过去给某些企业提供了发展的契机，但今天形势已经大变，无论是倒闭的特级企业还是经营额 20 亿元左右的特级企业，都告诉我们一个残酷的事实，没有能力、依靠挂靠，任何资质的企业都会出局；建筑企业信用体系四库一平台上线，让人证不合一的投机取巧成为历史，野蛮生长、浑水摸鱼将难以为继；而营改增则进一步把联营挂靠、管理不规范的企业推向深渊。

4. 技术进步

曾经有"厨子"修高铁的笑话在建筑业流传，大意是建筑业不存在技术的门槛；技术正推动建筑业从能做到做好的转变，正在蓬勃兴起的建筑工业化是分化企业的技术之一，笔者和从事建筑工业化的人士沟通，他们深感做建筑工业化的难度，某大型民营企业投入近 10 亿的巨资从事建筑工业化的产品研发、制造，据公开资料，其申请的专利已经超过 1000 项，倍感建筑工业化之难；8 万家建筑企业中能投入 5 亿元以上从事建筑工业化研发的企业不会太多，没有研发的投入，在技术标准和行业并不成熟的背景下，成功概率可想而知，这是一般企业难以承受之重，建筑工业化资深人士认为，在中国建筑工业化领域很难有超过 20 家的成功者，此外可能还有 50 家左右的生存者，其他进入者恐怕多数是失败者；即使我们乐观估计有 100 家成功者，占 8 万家企业的比例又有多高？BIM、企业管理的信息化、互联网，这些新兴的技术也会加快企业的分化，新技术是企业进步的动力，使用者未必一定成功，不使用，则可能导致企业的失败。

5. 管理进步

过去 20 年，规模、利润与企业管理同步的企业不少，大型优势企业在规模利润增长的背后，是管理、技术、团队、文化的同步前进，但这并非行业的普遍情况，很多建筑企业依然没有完整的团队、完整的组织、完整的管理体系，多半停留在老板能力即组织竞争力、老板文化即组织文化，无法与时代同步前进，无法应对外部环境的变化，无法实现企业的开放、包容和创新，这加速了建筑企业的分化。

三、分化的结果如何？

分化的趋势无可避免，值得我们不断观察和研究，也许 3 ~ 5 年后我们会见到阶段性的结果，全新的垄断竞争图景。自由竞争和垄断竞争，是两种特点不同、参与者不同的竞争，但并不表明竞争的强弱；自由竞争时代，企业之间的势力差异不大，大家获得大致相同的生存机会和利润，参与者规模小，力量单薄，彼此分散，中小规模的企业多；垄断竞争的对手实力雄厚、势均力敌，也将使竞争更加激烈、持久。

在建筑业的中高端市场，2016 年正在结束自由竞争时代，而垄断竞争时代正在到来。据"建筑前沿"最新统计，60 家大型建筑企业已经获得超过 30% 的市场，而在一些特别的领域，如 PPP 模式，央企市场份额超过 60%，50 家左右的大型建筑企业份额超过 90%，高铁建设、轨道交通等领域也大致如是，特殊领域的垄断竞争已经实际成型；随着垄断竞争在不同细分行业的深入，中小企业的传统生存空间被挤占而变小，这注定中小企业要么死亡，要么改变，去适应新生态、寻找新空间。

垄断竞争群体内部，其江湖地位也会分化。2000 年前后，房屋建筑领域的中国建筑与一些地方企业几乎旗鼓相当，15 年以后，虽然在高端的房屋建筑领域、在房建技术方面，他们依然具有足以匹敌的竞争能力，但规模、效益、业务布局、团队能力、资金势力彼此已不可同日而语，竞争的天平已经倾斜；企业 15

年来势力的分化，也会在更多的垄断竞争企业之间出现；事实上，国企与民企之间、央企和地方国企之间、央企之间的竞争天平正在倾斜且愈发明显，显然，2017年，不是分化起点，也不是分化终点，只是加速分化的标志点。

站在2017年，让我们畅想2030年的中国建筑业，那时的分化结果如何？或许1000人以上的大型的建筑总包企业会减少到500家，具有工程总承包能力的企业300家，从事建筑工业化的企业30～50家；而更多的企业，则在垄断竞争者形成的建筑业生态中，为其提供总包配套服务即分包或者维保，材料或者运输，而这些大型企业则承担着建筑业在技术进步、管理进步、品质保障、系统集成的责任；旧生态逐步过去，新生态逐步形成，这就是分化后的结果。

四、如何面对"分化"？

在快速变化的环境中赢得未来，并不容易。建筑企业未来的定位大致有四种：多价值链融合的大型工程公司，专业领域设计和施工结合的大型工程总承包公司，施工总包企业，专业和劳务公司。

大型企业需要随时关注、研究、适应变化，并控制风险。"关注"、"研究"、"适应"变化大致代表着三个层次。"关注"是最基本的层次，市场、客户需求、模式、竞争态势、政策、技术都在变化；"研究"是一个更高的层次，您如何看目前市场下行的趋势？是短期的还是长期的变化？是构成变化还是总量变化？要得出比较靠谱的结论并非易事；"适应"是最高的层次：是否需要进入新市场？采取什么进入策略？采取什么激励策略？调整策略是整体调整还是局部调整？快速调整还是均衡调整？

中小型企业则需要在变化的环境中坚定自身的定位，并努力塑造核心能力。分化的态势下，中小企业的战略定位变得更加重要。几年前，一位做劳务的老总跟笔者探讨，走向总包还是坚持做劳务？笔者的建议是坚定做劳务、做成细分行业最好的劳务！这家企业在分化的态势下，劳务管理能力不断增强，成为优势总包企业战略生态中重要的伙伴，企业也获得持续的发展。

　　无论是大型强势企业还是中小型弱势企业,在分化的 2017 年,注定不会轻松。优势企业需要应对迅速变化的环境和全新的商业模式,需要在快速前进的道路上控制风险;在如火如荼的 PPP 窗口期,他们正在以押宝的方式把身家性命赌上去,在机遇与风险并存的江湖中会不会出现黑天鹅? 风险的天平总是那么晃晃悠悠、无法预计,狗熊和英雄、先烈和先驱往往是瞬间的角色转换。而中小型弱势企业会更加艰难,阳光很难照到他们,雨露不会滋润他们,但即使命如草芥,只要在春天得到一点雨露和阳光,就会展示出顽强的生命力,或许他们中的一批,会在 10 年后成为建筑业绚丽的风景。

　　沧海横流,2017 年建筑业加速"分化";除了拼,似乎没有别的选择。

　　　　　　　　　　　　　　　　　　（本文写作时间: 2016 年 12 月）

2016，建筑业逐步下行

　　建筑业下行在 2015 年开始出现，行业总体市场需求减少、企业之间市场竞争更加激烈、市场萎缩逐步显现建筑业产能过剩，并且已经相继出现一批企业甚至特级企业的倒闭，也许这只是一个开始，2016 年将会是持续。

　　在艰难的考验中，我们慢慢走过 2015，这一年，建筑企业经受了巨大的挑战：行业总体市场需求减少、企业之间市场竞争更加激烈、市场萎缩逐步显现建筑业产能过剩等，这些都困扰着建筑企业和建筑从业人员。

　　2015 年，是中国经济发生巨大转变的起点，经济新常态的特征逐步显现，经济增速总体下行，从数据统计看，虽然经济依然取得了很好的增长，GDP 增长将近 7%，但产业结构不合理，传统产业的投资巨大和产能过剩，让人们的实际体会与统计数据存在很大的差异，传统企业在产能过剩背景下的日子日趋艰难，部分行业已经出现企业倒闭和老板跑路，作为传统行业的建筑业以及与建筑业关系密切的钢铁、建材、房地产行业都面临日益严峻的挑战；建筑业及其上下游是能源消耗巨大的行业，随着传统行业的下行，煤炭行业日子更是雪上加霜。

　　建筑行业未来的日子会如何？这是建筑业从业人员最关心的问题，几年前房地产行业开始下行，但在保障房建设、积极财政政策推动的基础设施投资支撑下，人们一直担忧的建筑业下行并未到来，2013、2014 年隐约可见的建筑业拐点没有出现，建筑业下行终于在 2015 年开始出现。施工业务前端的设计业务，在上半年已经出现了部分细分行业的业务萎缩，房屋建筑为主的设计院开始业务下降，部分建筑设计院的业务量下降 20% 甚至更多，到了下半年，部分建筑设计院已经开始降薪和裁员；而在积极财政政策和 PPP 模式的推动下，基础设施业务的设计院，依然持续的发展态势，但我们担忧依靠政策而不是投资市场有效需求的增长，将难以持续较长时间。作为勘察设计后端的施工业务，一般而言其市场会延迟半年至一年左右的时间受到影响。2015年下半年，施工总包市场的竞争日趋激烈，以施工总承包为例，当高端业务缩减的时候，过去聚焦于高端业务的企业逐步下行到中端业务，聚焦于大型项目的企业逐步延伸到中小型项目，为了生存，见项目就抢，活下去成为企业的生存之道；无论如何竞争，只会改变合同在企业之间的分布，难以改变行业总量下降的大趋势。事实上，我们已经看到建筑业总体下行的态势，以房屋建筑为主的建筑企业，新签合同出现下降，部分已经签署的合同要么推迟开工，要么停工，而房地产行业巨大的存量和较低的去化速度，让我们担心未来的房建市场会出现怎样的情况。即使在基础设施投资增长、开工项目增加、PPP模式热度高涨以及中国建筑企业不断进行海外扩张的情况下，2015年建筑业的增速依然可能下降到了4%左右，如果我们从可比价格计算，则增速有可能是2%，成为最近20年以来建筑业增速最低的年份。

需要思考的问题是：2015年建筑业下行究竟是短期的下跌还是行业下跌的起点？

让我们对建筑业的未来需求做一个简单的分析，或许对我们判断2016年建筑业的市场态势会更有帮助，建筑业的发展取决于两个方面：第一大因素是市场本身需求，当市场有需求的时候，就会有资金和产品去满足这个需要；这个应该是比较容易理解的，比如，缺电需要建电厂，出行困难需要改善基础设施，环境污染则需要建设环保设施；第二大因素是国家经济发展的需要，比如在国家经济下行比较严重的时候，政府会加大建设的投资，建设投资则会增加就业、增加建材的需要，从而推动经济的发展。

我们大致可以从房屋建筑、基础设施、工业建筑三大市场来分析建筑业未来的发展：

1. 房屋建筑市场：将从高度增长逐步变为缓慢增长，再逐步萎缩下降

房屋建筑主要是住宅、公用建筑，我们可以大致测算未来房屋建筑的总体供给和需求情况。依据攀成德研究部的统计，2000～2014年我国建成的房屋

建筑面积达到 340 亿平方米，加上 2000 年以前的建筑可用存量约 160 亿 m^2，2014 年底我国城镇建筑存量共约 500 亿 m^2。按照国家城镇化发展规划，2030 年城镇人口接近 10 亿人，如人均房屋建筑面积 80～85m^2，全部城市人口需要的房屋建筑面积为 800 亿～850 亿 m^2，2030 年前还需建设的房屋建筑面积 300 亿～350 亿 m^2，那么每年的建成面积需求少于 25 亿 m^2。2014 年我国城镇房屋建筑竣工面积 42 亿 m^2，开工面积 53 亿 m^2，在建面积 125 亿 m^2；与城镇化对房屋建筑需求的均衡水平相比，目前的竣工、开工面积要减少一半。当然，拆旧建新也会为房屋建筑市场带来部分的业务，但这一部分也难以让房屋建筑市场保持持续的市场需求。所以从总体来看，房屋建筑市场确实很难实现大的增长。如果看得更远，从现在到 2030 年的时间段内，房屋建筑市场将从微增长慢慢变为负增长。

2. 基础设施建设空间较大，但资金来源成为一个巨大障碍

随着中国城市的发展，高密度人口聚集、人们使用基础设施的频度不断提高使城市承载负荷不断增加，基础设施市场的建设需求似乎永无止境的，人们只要看到城市拥挤的道路、拥挤的地铁，就能感受到建设的需要，但基础设施的建设不仅取决于市场需求，也取决于资金能力。

目前我国的基础设施在某些方面已经处于世界领先地位，高铁、高速公路的通车里程已经成为世界第一，目前政府仍然在加大投入，以目前的建设速度，在持续 5～10 年的建设周期后将逐步进入下行通道；城市的基础设施，新建和改造的空间非常大，尤其是交通设施和地下管网、海绵城市的改造将会给市政企业带来巨大的机会；特大型、大型城市的公共交通建设将延续很长一段时期，以北京、上海、广州、深圳等一线城市的人口密度为例，我国城市人口的密度比欧美一些城市的人口密度要大得多，公共交通成为解决城市交通的主要选择，由此我们预计轨道交通的建设，将会与城镇化的进程共始终，已经建成的城市，土地资源不可再生，地下空间的使用将持续推进，在可以预见的未来 20 年城镇化进行中，轨道交通的建设将不会停止，并逐步从特大型、大型城市发展到地级市；在城市基础设施中，我们尚存在基础设施的不合理和基础设施的欠债，不合理的基础设施需要改造，比如通过城市道路改造提升交通通行能力；地下管廊的建设和海绵城市的建设改造，要么是我们欠债、要么是为我们过去的错误埋单，可以说从需求角度来看，基础设施的发展空间比房屋建筑更大。

然而，巨大的需求未必一定能变为有效的市场，它需要巨量的资金支持，国际上一些基础设施远落后于中国的国家和地区，基础设施的建设未必有很大的市场，原因就在于资金。从基础设施建设资金供给端来看，目前基础设施的资金主要来源于中央政府、地方政府和企业投资。资金第一个来源是中央政府，投资大项目，主要是战略性的、跨区域的项目，这类项目的主要承接者是央企为主，高铁、跨江跨海大桥的建设、南海岛礁基础设施、边疆的战略性公路等；第二个来源地方政府，从层级来说包括省、市、区、镇等多个层级，层级越低资金的筹措和偿还能力越差，有机构统计和测算，大致估算出地方政府直接和承担担保义务的债务有30万亿之多，继续提高债务的能力已经非常有限；资金的第三个来源是企业，通过自有资金和金融机构融资投入基础设施项目，即PPP模式从事基础设施建设业务，但目前多数PPP项目难以通过直接的经营达到收支的平衡，实现企业投资的合理回报，仍然必须依靠政府的保底回报来支撑，实际上是BT项目的回购延长而已，本质上是地方政府债务的改头换面，这些可能是未来的问题，甚至不排除变成陷阱。

其他基础设施，如电力、水工、水电等的建设高潮已经过去，更新改造的需求不会带来建设量的增长，维持目前的建设投资水平已属不易。

3. 工业建筑发展空间存在行业差异，传统行业的建设量将回落，新兴行业的发展在装备和技术，虽然会带来一定的建设量，但其重点不在建筑

工业建筑的领域很多，各细分行业差异很大，转型升级业务在未来的空间还比较大，而传统和低端领域给建筑带来的业务空间很小。在传统业务领域，标准工厂的建设如钢铁厂、水泥厂、机械厂，由于这些领域的产能过剩，建设空间越来越小。国家正在推动产业转型升级，新型工业企业的核心竞争能力不在于厂房，而在于资金、技术、人才、品牌等方面，加上工业本身的转型升级比较困难，改革开放初期如火如荼的工业建筑的建设已渐行渐远；在高端的工业投资中，设备投资占比很大，建设投资比例将不会太高。虽然，未来建筑企业在产业不断升级中仍然有较好的机会，但整个工业建筑领域的市场空间并不会太大。

从三大建设市场的情况，我们隐约看到建筑业的未来的不确定性，2016年中国建筑企业将面临前所未有的挑战。对未来，虽然我们相信投资的惯性依然会给建筑企业带来比较大的机会而无需过度悲观，但也能隐约感觉到行业和市场已经到了转折点，从长远看，建筑业产能过剩将在所难免，2015年将是建筑业产能过剩的起点，2016年或许会出现建筑业产能过剩的加速。

那么建筑业产能过剩将出现怎么的情况？钢铁、煤炭、水泥、玻璃行业已经长期产能过剩，这些行业出现大面积的企业亏损，在同一时期，建筑企业的日子似乎要好得多，建筑企业依然保持着良好的营业收入和利润的增长纪录，建筑业能打破钢铁、煤炭、水泥、玻璃行业全行业亏损的魔咒吗？

以笔者对建筑业的理解，建筑业过剩产能的调整更富有弹性，弹性主要体现在：

（1）建筑业本身的固定资产投资相对比较小。钢铁、煤炭等行业形成产能需要巨大的固定资产投资，企业一旦形成产能，就背上了沉重的固定资产负担，在产能过剩的情况下，企业生产则在销售端存在压力，不生产则在投资端形成压力，他们无论是压产还是不压产都存在巨大的挑战，想比较而言，建筑企业的装备总体上投入不算太大，除高铁、地铁、疏浚、特殊桥梁、吊装等行业投入装备比较大以外，其他行业的施工装备投入要小得多，这大大降低了固定资产折旧的风险。

（2）存货数量和存货损失都比较小。建筑企业是一种订单生产模式，当且仅当客户有需求并签订合同，建筑企业才开始相应的施工服务，建筑企业的存货除少数材料以外，一般只存在未结算收入，而不像其他制造业企业存在大量的成品和原材料存货，在销售不畅时必然存在大量的存货损失。

（3）生产资源的组织相对比较灵活。在工程合同签订以后，企业根据工程进度组织项目需要的资源，当项目不足时，资源相应减少，避免非项目期间的大量成本，随着工程项目总分包体系、供应商体系的进一步柔性和机动性的提高，这些成本的可控性进一步增强。

（4）行业集中度不高且很难进一步提高。相比钢铁、水泥等行业比较高的集中度，建筑业的项目型管理、项目地域分散、项目标准化程度低，行业内难以形成高集中度，更容易形成企业的金字塔分布，有利于不同层级的企业寻找自己的生存空间。

然而，上述几个特点，并非意味着目前中国八万家建筑企业能顺利生存下去，在整个行业下行的过程中，仍然会有一批企业倒下，一批企业出现亏损，一批企业逐步收缩规模艰难存活。从2015年开始，已经相继出现一批企业甚至特级企业的倒闭，也许这只是一个开始，2016年将会是持续。根据攀成德研究部对城镇化程度很高的美国建筑市场的分析，在总量76万家建筑企业中，规模500人以上的建筑企业只有1000家，美国建筑业的发展，给中国建筑企业未来的发展或多或少有一定的启示：随着中国城镇化程度的提高，大型建筑企业的数量将逐步减少，而具有专业特点、满足特定客户需求的企业将依然存在生存空间，但规模很难做大。

中国建筑业的下行是一种必然，倾巢之下难有完卵，建筑企业需要调整心态，从过去的高增长惯性中走出来，从机会主义的心态中走出来，从薄积薄发的思维中走出来，把2016年定义为企业发展新阶段的起点，过去的市场、政策环境、模式已经一去不复返了。

那么建筑企业未来如何寻找自己的生存空间？

在我看来，只有三条路可走：大型企业需要建设自己的综合能力，尤其是总承包的能力，尤其是工程咨询能力和总承包EPC的能力，投、融资无论在国际工程领域还是国内，从长远看都是少数顶尖企业的盛宴，并非大部分建设企业能为之；中型企业找到自己的特点，在特定的专业领域、产品领域塑造自己无可替代的能力，从而寻找到生存的空间；小型企业则需要利用自己效率高、管理成本低、灵活的优势，在提升服务方面下功夫，寻找到适合自己的道路。

在过去 20 年行业快速发展的阶段，行业主管部门倡导的总承包、专业分包、劳务分包金字塔结构似乎很难形成，在行业下行的时候，这样的结构说不定会加速形成，也许这是天意。

（本文写作时间：2015 年 12 月）

建立统一开放的建筑业市场需要多久？

看起来，建筑业建立统一开放的市场，从道、法、术三个层面，基本的体系已经建立了，建立统一开放的建筑业市场似乎可以预期，果真如此吗？对于建筑业建立统一开放的市场，人们担忧什么？

最近一则新闻引起建筑人广泛的关注，9 月 18 日中铁建董事长孟凤朝在李克强总理主持的国企混改座谈会上谈到中铁建有 700 多个子公司，其中有 200 多个是为了投标注册的"空壳"。仔细研读新闻，我们发现几个细节：一是孟总谈到这个问题是从子公司的混改话题转换过来的；二是李克强总理问"这是哪里的规定？"，参会部长回答"其实就是为了在当地征收营业税"；三是李克强总理对有关部门说："建筑市场应该是统一的市场，不能搞地方分割！"，相关部门负责人当即表示，他们正在印发文件，对滥设门槛的地方准备约谈、曝光。

如果进一步对会议的场景进行分析，可以猜想更多：一是高层领导了解市场被分割的现状吗？李克强总理是了解的，否则不会有《关于促进市场公平竞争维护市场正常秩序的若干意见》（国发 [2014]20），但那是国家层面的；部门领导既知道建筑业市场的现状，也知道造成的具体原因，只是他们只能设计有限的规则，解决有限的问题，他们解决不了地方利益的问题，部门领导显然也不愿意看到由于利益问题形成建筑业的分割市场；二是企业经营者、管理者对建筑市场分割的现状了解深入、为其所累，深恶痛绝，而又无可奈何；仔细查阅孟凤朝董事长的简历，他一直在建筑央企工作，从中铁建到中交再度回到中铁建，他对子公司的详细数字如数家珍，可见对企业情况之熟悉，市场分割给孟总带来的痛是深切的，话题的转换既显其机智也是自然流露。三是住房和城乡建设部早就在制定相关规定，会马上发布，并且执行方式会比较具体。

建筑业市场分割为人所诟病并非今天，市场分割可以从几个角度来看：首先是区域的分割。区域分割有税收利益的因素，有保护当地企业的因素，有政府部门管理人员利益的因素，无论什么因素，区域分割的根本原因是利益；其次是行业或者部门分割。今天我们看到主要的建筑细分领域都可以看到主流的企业，铁路建设的中国铁建和中国中铁，能源建设领域的中国能建和中国电建，一些省级比较强大的行业或者区域建筑企业；我们也可以看到行业市场分割的影子。

相比较而言，行业市场分割相对隐性，面对人员团队、经验、技术、装备、品牌等障碍，人们只能平心静气接受；而区域市场分割则被人们广泛诟病，其障碍的有形性、广泛性，赤裸裸的利益需求，以及对企业经营成本和精力耗费的影响巨大，显而易见制约大企业的发展。随着建筑行业规模不断扩大，建筑企业有可能到更多的区域承揽业务，实施上，目前大型建筑企业的业务多数已经遍布全国，建筑企业自身不断发展和能力不断提升，企业需要而且能够在更多的区域去发展自己的业务，且能实现有效的管理，在这样的情况下，市场分割与企业发展的矛盾比过去显得更加突出。而区域分割在管理者获取利益以后，其行为被利益不断强化，从进省到进市，甚至发展到进县，层层设卡，让建筑企业每到一个新的地方做项目就要成立公司，地方追求利益和不同地方利益的不一致，让建筑企业深受其害。孟凤朝董事长感受到的，也是所有的建筑人都感受到的，孟总所痛是很多大型建筑企业所痛，君不见多年来建筑业全国人大代表的议案？君不见建筑业媒体文章的谴责和呼吁？

面对企业的疾呼和总理的重视，9月21日，住房和城乡建设部以最快的速度发出了2015年140号文《关于推动建筑市场统一开放的若干规定》，在总理座谈会后，为推进建筑业市场统一开放提出了解决区域市场分割的操作策略，规定15条2155字，非常简单，都是操作层面的具体细节，我们可以大致将其归纳为三个方面：首先是企业在工程承揽地信息报送的简化；其次是直接提出禁止八个方面的变相行为，这些都是过去各个地方主要的"作孽"方式；第三是建立省际协调联动机制名单，随时沟通相关情况。

为什么解决市场分割如此之难产？或者说，多年来为大型建筑企业带来苦痛的政府管理模式改变如此之难？

其实，建筑业市场的分割只是中国各行业市场分割的一个影子，而建立统一开放的建筑业市场只是全国建立统一开放市场的一部分，作为中国目前最大的行业市场，建立统一开放的建筑业市场，具有非常重要的示范意义，我们在未来也许还会碰到很多利益和人为的障碍，但大势正在逐步形成，统一开放的市场，是一个道法自然的过程，而《关于推动建筑市场统一开放的若干规定》只是术和操作层面的问题，那么道在何处？法在何处？

建筑业统一市场的改革之道：十八届三中全会提出，市场在资源配置中起决定性作用。

2013 年 11 月，十八届三中全会《中共中央关于全面深化改革若干重大问题的决定》中提出使市场在资源配置中起决定性作用。而建筑业存在的市场秩序不规范，以不正当手段谋取经济利益的现象广泛存在；市场规则不统一，部门保护主义和地方保护主义普遍存在；市场竞争不充分或者竞争方式不公平，阻碍优胜劣汰,这些都是中央政府和行业主管部门认识到的。从市场起"基础性作用"到"决定性作用"是十八届三中全会对市场经济的一个新的定位，在资源配置中市场起决定性作用，而不是政府起决定性作用；那么政府的作用和市场有什么不同？政府的职责和作用主要是保持宏观经济稳定，加强和优化公共服务，保障公平竞争，加强市场监管，维护市场秩序，推动可持续发展，促进共同富裕，弥补市场失灵。

有了这个道层面的决定，我们有理由相信建筑业建立统一开放的市场是不可逆的过程。

建筑业统一市场的改革之法：国发 [2014]20 号文和建市 [2014]92 号文，国家和行业层面对市场统一做出具体的要求。

国发 [2014]20 号文即国务院《关于促进市场公平竞争维护市场正常秩序的若干意见》，是围绕使市场在资源配置中起决定性作用和更好发挥政府作用的整体指导性文件，着力解决市场体系不完善、政府干预过多和监管不到位问题，要求政府采用宽进严管、以管促放、放管并重的方式，激发市场主体活力，平等保护各类市场主体合法权益，维护公平竞争的市场秩序，促进经济社会持续健康发展。《意见》提出到2020年建成体制比较成熟、制度更加定型的市场监管体系。

《意见》提出了7个方面的工作任务。首先就是放宽市场准入。凡是市场主体基于自愿的投资经营和民商事行为，只要不属于法律法规禁止进入的领域，不损害第三方利益、社会公共利益和国家安全，政府不得限制进入。改革市场准入制度、大力减少行政审批事项、禁止变相审批、打破地区封锁和行业垄断、完善市场退出机制。这是国务院层面的文件，如果用心研究这个文件，可以看到文件中对涉及的主要事项都提出具体的牵头部门；所有行业、所有部门、所有区域政府都要遵守国务院的这一文件要求；建筑行业也不例外，显然，现在建筑业的某些准入与这一文件的要求是不相符的，必须改革，从改革座谈会上李克强总理"这是哪里的规定？"可以看出他对此的不满。其他六个方面包括：强化市场行为监管、夯实监管信用基础、改进市场监管执法、改革监管执法体制、健全社会监督机制、完善监管执法保障。

而紧接国发[2014]20号文发布的住房和城乡建设部建市[2014]92号文，即《住房和城乡建设部关于推进建筑业发展和改革的若干意见》，5部分23条5300字，这一《意见》中关于建立统一开放的建筑业市场是着墨最多的内容，7条2000字，沿着市场起决定性作用这条主线，"意见"把建筑行业如何发挥市场配置资源的作用放在显著位置，这些措施包括：统一国内市场，消除区域和行业的进入壁垒；淡化建筑企业资质，使行业的竞争转向能力竞争而非资质竞争；非国有投资自主选择是否招标发包，降低交易费用、减少交易环节；工程造价体系与市场接轨，价格由市场说了算；总体上市场能解决的事情让市场去办，这些措施对建筑业建立信用经济、契约经济、客户经济将起着重要的推动作用。

显然，在建筑业市场起决定性作用的管理逻辑上，主要的障碍基本打通，要实现统一市场的目标，则需要有具体的操作办法，那就是需要操作的术。

建筑业统一市场的改革之术：建市 [2015]140 号文。

建市 [2015]140 号文即《关于推动建筑市场统一开放的若干规定》，这个《规定》其实是一个简单明了的文件，内部不多不复杂，主要是三个方面的内容：首先是明确建筑企业进入新的市场只要简单报送信息，并明确了信息为四项内容，两项注明为复印件，并强调不得要求重复报送；第二是禁止变相行为，排列出八种情况，比如其中"以本地区承揽工程业绩、本地区获奖情况作为企业进入本地市场条件"和"要求企业法定代表人到场办理入省（市）手续"的文字非常有趣，前者采用鸡生蛋还是蛋生鸡的模式刁难人，后者是要来挣钱先拜山头的官本位主义；当然，我们不知道将来还会有什么新的模式出现，不过规定最后一条是"其他妨碍企业自主经营、公平竞争的行为"，为文件的操作保留空间；第三是建立省际协调联动机制名单，住房和城乡建设部由市场监管司负责相关联络工作，但联络机制如何，并没有明述。

看起来，建筑业建立统一开放的市场，从道、法、术三个层面，基本的体系已经建立了，建立统一开放的建筑业市场似乎可以预期，果真如此吗？

我在微信转发建市 [2015]140 号文后，微友们的观点有些尖锐甚至刻薄，但我们可以看到他们对建立统一开放建筑市场的殷殷期望，同时也可以看到他们的担忧，以其过去被"狼来了"忽悠的种种失望。

对于建筑业建立统一开放的市场，人们担忧什么？

首先是对于部门、行业、区域利益的难以协调的担忧；建筑业不是住房和城乡建设部一个部门能管得了的，没有多部门的协作和支持，一个简单文件的作用就会大打折扣；事实上，过去类似的文件并不是没有，目前存在的问题，正反映了过去文件的作用甚微；要建立统一开放的建筑业市场，不仅需要住房和城乡建设部的努力，还需要更多相关部门的努力。

第二，文件谈到的主要是区域市场准入的问题，只是开放市场的第一步，区域市场分割的主要原因是税收的利益问题，不解决税收利益问题，企业即使进入一片新的市场还是会被以另外一种方式"收拾"；除了区域市场，行业市场如何统一开放？要建立统一开放的建筑业市场，需要进一步理顺方方面面的利益关系，利益关系不理顺，节外生枝的事情难以避免。

不过无论如何，建筑业建立统一开放市场在道、法两个层面已经具备了很好的基础，这是潮流；而建市 [2015]140 号文在已经开启了一个好的开端，我们期待它能产生好的执行效果，即使不能解决全部问题，只要走在进步的路上，就值得期望；我们也期待更多政策和更多部门的配合，使其产生组合拳的效果，这样统一开放的建筑业市场的建立就不会太远。

（本文写作时间：2015 年 10 月）

企业如何调整适应新环境？

住房和城乡建设部"建市[2014]92号""关于推进建筑业发展和改革的若干意见"在2014年7月1日正式下发，引起建筑行业的广泛关注，对于这个五部分、二十三条5400字的文件，让我们看到了什么？建筑企业该做些什么？

住房和城乡建设部"建市[2014]92号文""关于推进建筑业发展和改革的若干意见"今年7月1日正式下发，引起建筑行业的广泛关注，对于这个五部分、二十三条5400字的文件，让我们看到了什么？建筑企业该做些什么？

1.从"意见"中我们能看到什么？

这个文件，我认为主要表达了三个观点：

第一是市场化。让市场配置资源是十八届三中全会的重要精神之一，"意见"把建筑行业如何发挥市场配置资源的作用放在显著位置，这些措施包括：统一国内市场，消除区域和行业的进入壁垒；淡化建筑企业资质，使行业的竞争转向能力竞争而非资质竞争；非国有投资自主选择是否招标发包，降低交易费用、减少交易环节；工程造价体系与市场接轨，价格由市场说了算；总体上市场能解决的事情让市场去办，这些措施对建筑业建立信用经济、契约经济、客户经济将起着重要的推动作用。

第二是简政放权。监管思路调整为以事前资质监管到事中和事后监管为重点。所谓百年大计、质量第一，"意见"强调重视质量和安全管理，管过程、管结果，对于庞大建筑市场的过程管理谁都不敢放松、人命关天；"意见"强调制度建设、责任追究和处罚。虽然我们仍然有理由担心事中和事后的监管能否到位，但监管的思路在未来必然会转变为法律制度的建设以及法律制度的严格执行，把监管转移到正常的轨道上来，毕竟政府部门不太可能有这么多资源和精力来做监管，让犯事者付出惨痛代价，教育潜在犯事者是通用的监管思路。

第三是发展方式的改变。"意见"试图推进劳务和总包的结合，推动建筑企业更加重视技术能力建设，转变工程承包模式，进而推动"建筑产业现代化"。

"意见"是对建筑业未来改革的大规划，其细节还存在很多问题和不确定性，但是作为从业者，我们无需从文件本身去纠缠细节，我相信未来还会出台很多与"意见"配套的细节文件，甚至涉及法律的调整，在"意见"和配套文件的执行中也会碰到各种问题，但至少方向是明确的。

2. 从"意见"中建筑企业应该得到什么启示？

行业环境变化需要建筑企业做出适当的反应。改革者的出发点是使行业形成优胜劣汰的健康竞争环境，最终实现建筑产品的系统低成本、高质量、科学化。作为行业猎食者的建筑企业必须回到能力建设上来，打铁需要自身硬：通过客户自主选择、降低交易费用，这符合市场经济的原则；通过事中事后监管、质量责任终身制，来提升质量；通过行业现代化的新思路提升建设模式、方式的科学性。显然，这些都需要建筑企业从理念、经营模式到管理模式做出系统的调整。

3. 建筑企业如何调整来适应环境？

首先是在经营理念上回到市场、回到客户。这本该是企业正常的选择，捞一把就走的机会主义心态需要离我们远去，随着资质这种事前管理模式的逐步淡化，依靠资质吃饭的日子不再长久。理性回归价值，过去依靠"低价竞争"、"先把项目拿下来再说"的做法也许不再奏效，优质优价、不鼓励最低价中标、非国有投资取消招投标，建设行业上下游会形成更多的相互信赖的战略合作伙伴关系，企业把活做好，挣正常的利润，甲乙双方互利互惠，正常的市场经济的心态，无论是企业领导者还是项目经理，都需要回归正常心。

采用联营模式的企业，其经营模式的调整迫在眉睫，仅仅依靠资质的联营模式将逐步失去竞争力。在资质管理的模式下，维护一个资质本身的成本也非常高，一些既有经营能力又有项目管理能力的项目老板，往往与有资质的企业结成利益联盟，当资质管理逐步放开以后，资质的维护成本就会大大降低，项目老板失去了与联营企业联盟的基础，让市场回到其本来的面目是最公平的竞争。眼下，中国存在太多依靠资质吃饭的建筑企业，而这些企业的模式调整并不容易，或许"意见"的推进尚需时日，这些企业转型还有机会。

其次是把在做和能做的事情做好。"意见"鼓励建筑企业采用全自营模式，在保护建筑企业利益的同时，强调建筑企业、相关人员责任，建筑业的造假者或许需要天天提心吊胆，一旦出事，可能承担"死有余辜"的责任。建筑企业和建筑人要赢得长远的发展，唯有不断提升能力、保持兢兢业业的态度、做好每时每刻的工作，这是正途，于国家、于行业、于企业、于自己、于客户，这又何尝不是好事？要成为卓越的建筑企业，就必须实现从技术、资金、安全质量等诸多环节的紧密配合。"意见"的出台，对于卓越的建筑企业而言，可能是好事，他们赢得更加公平的竞争环境，同时也给他们带来更多的创新机会。

政府的一小步，就是行业的一大步。"意见"把建筑业改革的大方向搞对了，未来其是否能产生效应依赖于操作细节的制订和执行，或许有人会怀疑"意见"的推进，过去类似的文件太多，执行上多数都是走过场，但今天已经不同，相比政府治理腐败的力度，"意见"的推进又算得了什么？

（本文写作时间：2014 年 9 月）

建筑业，自由竞争过去，垄断竞争到来

在人们的印象中，建筑业是高度分散的，市场是高度自由竞争的，而数据告诉我们态势正在变化，事实也正在改变细心研究者的看法，或许垄断竞争的时代正在到来，而出局的企业恐怕是绝大多数。

"建筑前沿"编辑统计了建筑业最具代表性的上市公司的市值，2.5 万亿元，其营业收入达到 3.8 万亿元；相比总数 8 万家建筑企业，117 家上市公司数量只占千分之一点五；营业收入却达到 21%，利润达到 24%，这样的比例不免让人遐想，建筑业的自由竞争阶段已经过去，垄断竞争阶段正在来临？如果不拿数据说话，多数人不会有这样的感觉；在人们的印象中，建筑业是高度分散的，市场是高度自由竞争的，而数据告诉我们态势正在变化，事实也正在改变细心研究者的看法，或许垄断竞争的时代正在到来，我们可以从四个角度看到这样的迹象：

今天如火如荼的 PPP 业务或许是垄断竞争故事的第一集，数万亿 PPP 业务实质上已经成为龙头企业之间的竞争，无论是各级政府拥抱建筑央企的口号，还是银行提供资金的心态，抑或最终签约统计数据的结果，无不显示这是真实的现实，截至今年 10 月的 PPP 项目统计数据，央企约占比 60%，再加上地方国企、上市公司所完成的 PPP 项目，笔者预计会有超过 90% 的业务被抢走，在人口最多、建筑业最大的国家，被不超过 50 家建筑企业拿走 90% 的业务，二八定律已经非常明显，显然这已经不是自由竞争的市场。

建筑业正在推进的工程总承包业务将是垄断竞争的第二集，工程总承包不是所有人的盛宴，能从事这一业务的企业集团，以笔者的预计，并不会比开展 PPP 业务的企业多；8 万家建筑企业中，99% 的企业没有从事工程总承包的能力，在可以预见的未来也不可能塑造出工程总承包能力。

第三集则是建筑工业化，正在迅速增长的建筑工业化业务，又能有多少成功者？笔者和从事建筑工业化的人士沟通，他们深感做建筑工业化的难度，某大型民营企业投入近 10 亿的巨资从事建筑工业化的产品研发、制造，据公开资料，其申请的专利已经超过 1000 项，但目前尚处在亏损之中，且倍感建筑工业化道路之难；8 万家建筑企业中能投入 5 亿元以上从事建筑工业化研发的企业不会太多，没有研发的投入，在技术标准和行业并不成熟的背景下，成功概率可想而知，这是一般企业难以承受之重，笔者和建筑工业化资深人士（或许还不算资深人士，真正的资深人士还走在路上）探讨，一致的看法是，在中国建筑工业化领域很难有超过 20 家的成功者，此外可能还有 50 家左右的生存者，其他进入者恐怕多数是失败者；即使我们乐观估计有 100 家成功者，占 8 万家企业的比例又有多高？

最接近结果的第四集则是兼并收购，目前，"建筑前沿"正受托发布一些兼并收购的信息，从发布的信息看，有收购意愿的主要是大型企业集团，要么是央企，要么是地方大型集团，他们要收购设计院完善自己的能力，要收购过去未做过的业务来完善自己的专业领域，如果没有战略的雄心，没有资源，我想他们大概不会随意伸出橄榄枝，去购买那些能力并不算强、规模也并不算大的企业；与此形成对比的是，来自大型民营企业的收购信息却寥寥无几，来自中小型企业的收购信息几乎绝迹。

吴光龙先生在"建筑前沿"发表的"谁会在新一轮的建筑业转型升级中出局"一文，或许他还是比较乐观的，如果建筑业的垄断时代到来，出局的恐怕是绝大多数，我们可以泡一壶茶，边喝边想建筑业未来的图景：5 年、10 年以后，房屋建筑会是谁在做？铁路、轨道交通会是谁在做？公路、市政会是谁在做？电力、电网、核电会是谁在做？装饰装修会是谁在做？

站在 2030 年回望今天的建筑业，或许我们正处在垄断竞争的初始阶段，而 2030 年的那个时点，已经是一派垄断竞争的新景象。终有一天，您会发现建筑业会像今天的汽车行业：谁是"整车厂"、谁是"零部件商"、谁将做"4S 店"，作为旁观者，我似乎看到那副图景，看到它正在慢慢清晰，同时在我的内心出现这样的想法：无论你的愿望如何，图景所显示现实正在一步步走来。

（本文写作时间：2016 年 12 月）

建筑企业"不死"神话正在打破

日本金刚组1430年的历史验证了建筑企业可以活成世界最长寿企业，然而，建筑企业不容易破产的神话，在现阶段的中国正在被打破，一些建筑企业正在走下坡路并难以为继，甚至逐步走向破产的边缘，我们预计这种趋势还会持续。

通常说来，建筑企业是不太容易破产的，日本金刚组1430年的历史验证了建筑企业可以活成世界最长寿企业，建筑企业为什么能创造出"不死"神话？

首先，建筑业是订单生产，这与船舶、飞机制造行业很类似。由于采用订单生产模式，建筑业不像汽车、服装、食品等有存货，一般不存在跌价损失，多数财务账目上的存货是在建工程、材料和周转物资等；其次是建筑业的模式与制造业不同，不需要大量的固定资产、生产线和稳定数量的工人。经过长期磨合，总包、专业分包、劳务分包、设备租赁、材料供应企业间已经形成了相对稳定的生态体系，能够把建筑企业的风险控制在一定范围，企业无需沉淀过多的固定资产，企业应对业务的波动存在很大的调整空间；第三，建筑行业高度传统，强烈依赖经验，缓慢的技术更新使建筑企业无需投入大量的研发费用，与华为这些高科技企业相当于于营业收入10%的研发投入相比，建筑业不足千分之一的研发投入，几乎可以忽略不计，如此低的研发投入并不影响建筑企业的竞争力；第四，建筑材料的通用性非常强，采购便利，即使出现一定的波动，也可以通过甲方的调价进行补偿。建筑行业能产生历史悠久的企业已毋庸置疑，欧、美、日这些市场经济比较发达且成熟的地区，历史超过100年的建筑企业数量也比较多，尤其是大型的建筑企业。

然而，建筑企业不容易破产的神话，在现阶段的中国正在被打破，无论是东部地区还是中西部地区，一些建筑企业正在走下坡路并逐步难以为继，甚至逐步走向破产的边缘，我们预计这种趋势还会持续。

这一态势首先是在大部分联营挂靠企业出现。工程项目要做好，影响因素很多，存在很大的不确定性，联营挂靠模式往往依赖于项目老板，如果项目出现一定的问题，在行业上行的阶段，多数项目老板会咬着牙做下去，毕竟还有未来的希望，项目出现亏损，可以通过自己负责任的形象承接以后的项目，从下一个项目挣回来；在行业下行态势下，当项目出现问题时，项目老板很难对未来寄予希望，往往把项目推给挂靠法人。收取少量管理费的法人单位，可以承受个别项目的风险，当出现系统性崩塌的时候，法人企业难以承受。遗憾的是，这类情况已经在过去几年不断增加，并在一定范围出现蔓延趋势；做到100亿元以上营业收入的挂靠企业，可以在几个月内闪崩，陷入大批量的官司，成为僵而等死的企业。

其次，部分管理薄弱、项目微利或亏损而导致公司层面长期亏损的企业，也因拿不到项目或者项目减少而滑向破产边缘。行业下行是企业经营、管理能力的试金石。外部市场环境良好时，充裕的现金流可以让企业玩锅多盖少的游戏，把企业的经营和管理问题掩盖，七个锅五个盖与十四个锅十个盖，并没有多大差别，当行业下行的时候，拿走七个锅、七个盖后，剩下的三个盖很难盖住七个锅，在迅速下降的现金流面前，企业真实的经营质量原形毕露，如果再加上甲方不及时的支付，企业的现金流困局会迅速放大企业的管理问题。

再次，在全民投资的中国，有大量现金流的建筑企业很难抵制住投资的冲动，事实上，大多数企业已经走上投资的转型之路。在投资这个有无数短期暴富神话的行当里，同时也涌现出无数陷阱；这个最好的行当里有世界上最惨烈的厮杀和最悲惨的故事，部分建筑企业从传统的建筑企业发展为"建筑＋房地产"、"建筑＋PPP"，成为兼具建筑和投资特点的企业，其风险已经不仅仅来自于建筑业。一些企业由于需要资金，既需要别人为自己担保，也需要自己为别人担保，一不经意，把自己推入了巨大的金融洪流，一有风吹草动，企业则陷入惊涛骇浪。

那么，面对不断下行的行业和日趋激烈的行业竞争，企业如何避开死亡的威胁？

笔者以为，首先是基于理性的战略思考，在做大做强做久中做出优先顺序的选择。中国经济的发展，给企业带来了巨大的发展机遇，多数企业以只争朝夕的心态抓住了过去30年千载难逢的机会。如果说，过去选择先做大再做强的模式是抓住机会的必然选择，那么，在市场逐步回归理性、做大之风已经刮过的今天，无论企业规模大小，磨炼能力的做强时代正在到来，尤其对于多数民营和中小企业，做强一个自己擅长的细分领域或者模式，应该是战略的首选。能继续走在做大做强这一康庄大道上的企业，数量必然越来越少，做大而能不倒的企业，即使在建设市场一直比较发达的日本，到今天，号称"超大手"的企业也只有大成、鹿岛、清水、竹中工务店及大林组五家。而在今天的中国，以建筑央企为代表的国企团队或许还有进一步做大的空间，其他企业做大的难度将不断增加。

其次是理性看待转型，"不转型是等死、转型是找死"这句近乎真理的"名言"在建筑业则未必正确。建筑业有巨大的生存空间，超多的细分领域，真正能够转型的企业并不会太多，建筑业也无需那么多的企业转型，日本和美国至今都有超过60万家建筑企业，传统的领域总会给不同的建筑企业留下生存空间，不转型显然不是等死；当然，不转型并不意味着不进步，在某个领域做精做专，应该是多数建筑"不死鸟"的最佳选择，"大鱼吃小鱼、小鱼吃虾米"适用于规模经济良好的行业，而在传统建筑业，目前依然无法验证规模经济的规律，否则，就不会形成今天具有世界建筑业特点的总包和分包、大企业和小企业并存、市场集中度一直难以提高的竞争态势。

最后则是理性看待经营和内部管理。并非所有的业务都要接，也不是业务越多越好；在内部管理上，企业层面和业务层面都需要加强风险控制，需要加强应收账款管理，约束各种类型和组织层面的担保行为，无论选择什么样的发展思路，企业既要防止明处的风险，也要防止暗处的陷阱。

（本文写作时间：2017年9月）

挂靠，是在舒适中终结还是在痛苦中前行？

多数从事联营挂靠模式的企业都非常清楚，除了依靠资质，自身能力非常薄弱，但要终结自己的挂靠情结，确实有难度，目前形势的变化给挂靠模式的生存时间已经不多，领导者要有壮士断腕的决心，甩开膀子的勇气，撸起袖子的耐心，扎实推进自营的转型。

建筑业从事挂靠的企业很多，国企民企都有，资质管理孕育了挂靠模式，过去20多年的时间里，有部分企业依靠这种模式获得了快速发展，规模达到百亿甚至几百亿，在一些区域的中低端市场，挂靠几乎是通行的模式；存在即合理，资质这一行政管制的"漏洞"，为"精致利己"有资质企业提供了套利空间，政府知道挂靠的存在，但在上有政策、下有对策的现实面前，他们显得无能为力。随着劳务资质、部分专业资质取消，总包资质申请与专业人员数量不再挂钩，资质申请或者维护的成本快速下降，资质作用的越来越小，挂靠模式来于斯、必将终于斯。而实质推进的营改增、四库一平台，让挂靠模式操作难度大增，行政管理手段的改变试图终结联营挂靠模式。

青山遮不住，毕竟东流去，挂靠是在舒适中终结还是在痛苦中前行？多数从事联营挂靠模式的企业，似乎看到了趋势，他们非常清楚，除了依靠资质，自身能力非常薄弱。即使在营改增以后，一些挂靠企业加强了财务、发票管理，这只是企业不触碰法律底线的生存之道，企业发展和客户满意所需要的签约、履约、结算能力，大体不存在，没有项目运营相关的人员和团队，没有积累分包、劳务、设备租赁资源，没有成熟的项目管理体系，员工也没有拼搏的勇气，这些都预示着挂靠星光黯淡的前途。正是形势的变化，逼迫着挂靠企业朝自营转型；很多挂靠企业，在资源准备不足、团队不整、经验不足的情况下，开始了艰难的自营转型之路，多数情况下，自营项目麻烦不断，并呈现不同程度的亏损，击溃了他们的信心，最终半途而废、失去转型的决心。

建筑企业要终结自己的挂靠情结，确实有难度，瘾君子戒烟，个人之事尚且不易，相比个人，挂靠企业的组织转型显然更难，但目前形势的变化给挂靠模式的生存时间已经不多，领导者要有壮士断腕的决心，甩开膀子的勇气，撸起袖子的耐心，扎实推进自营的转型。

朝自营转型首先是思想的转型。我们发现挂靠模式给企业带来的好处越多，转型越难，而带来的痛苦越大，转型的决心越大。攀成德服务过几家从挂靠模式向自营模式转型的企业，在挂靠模式上没有出过大灾难的企业，转型紧迫性不够，这类企业慢慢进入温水煮青蛙的状态。而在联营模式上深切痛过的企业，转型的动力则比较大，南方某中型企业在一个挂靠项目亏损 2000 万元以上，公司收到的挂靠费只有 200 万元。这深切的痛让他们感到挂靠模式总有一天会整死企业，而自营即使不挣钱也是生存之道，正是把自营和挂靠看作生死抉择，坚定了转型信念。坚定信念是转型的起点，在朝自营转型的过程中，由于自营项目管理体系没有建立、人员经验不够、团队不整、资源缺乏，往往会造成自营项目亏损，这本是学习过程中正常的学费，但一些企业往往把亏损归咎于模式不好，要么忽视了自身能力的原因、要么不敢承认或者面对现实，最终回到挂靠模式的老路，这样的企业，也许失去了企业最后新生的机会。

有了拼死转型的信念，就需要选择合适的方式来转型。联营挂靠企业组织能力存在很大问题，由于长期的"学业"荒废只有短板、没有长板。组织能力建设有一个过程，挂靠企业可以先选择比较低的过渡目标开始起步。目标确定后，建立公司和项目两个层级的组织能力，建立相对规范的管理体系，把组织的框架搭起来。建立架构在技术上并不难，既可以借鉴成熟的自营企业的经验，也可以找管理咨询公司帮助建立这样的体系。

在体系建设完成后，搭建自营团队。团队成员可以外部引进，也可以内部改造。从外部引进人才，是一种快捷和省力的选择，来自自营企业的人才，具备相应的素质和能力，能帮助企业快速适应自营业务的需要。内部既有团队的思想和能力改造也是必须的，没有一个企业能把所有员工进行替换，也没有企业能迅速终结所有的挂靠业务，既有员工思想改造、能力提升，有利于企业的稳定。快速改变团队思想、人员能力，并形成自营的专业团队专业构、形成管理各种资源的能力，是形成自营能力必不可少的前提。

聚集资源是自营转型的成败关键。挂靠企业过去的资源多数是挂靠老板，但形成自营能力需要有市场资源、资金资源、分包资源、劳务资源、设备租赁资源、人脉关系资源等等，即使能接到项目，能组建项目管理团队，由于项目环境的复杂性，企业需要学会和项目相关单位和谐相处、处理各类复杂的关系，过去项目老板操心的问题，都成为自营企业自己的事情。相比与挂靠老板简单直接的利益分割，自营的激励模式要复杂、细致并环环相扣，企业要从依赖个人转变为依赖团队，从挂靠协议变为针对项目团队的激励。

从挂靠模式到自营模式的转型，是企业经营模式、管理模式、激励模式以及企业资源累积的一个重大转型，没有坚定的信念、全体员工的投入、深入细致的工作，这一转型只能是水月镜花，能完成这一转型的企业数量不会太多、比例不会太高，但成功转型的企业，又将开启新的历史。

沉舟侧畔千帆过，病树前头万木春，挂靠企业的转型，只有拼出的美丽！

（本文写作时间：2017 年 1 月）

工程总承包，施工企业的现实还是未来？

2017 年，建筑业正加速"分化"，工程总承包模式有可能造成建筑企业的进一步分化，建筑企业到底应该如何看工程总承包的未来？为此应该做什么准备？要转型工程总承包到底有多难？

过去 20 年，中国建筑业经历了前所未有大发展，到 2016 年建筑业产值超过 19 万亿，从目前的发展态势看，未来的市场不会惯性前行，增长速度会显著放缓，建筑业新常态在 2017 年逐步显现；企业固守过去的思维、模式不再有效，市场新变化、政策新思路，必然带来建设模式大变革，2016 年未能参与 PPP 业务的企业已经看到了市场的残酷，而工程总承包模式有可能造成建筑企业的进一步分化，建筑企业到底应该如何看工程总承包的未来？为此应该做什么准备？要转型工程总承包到底有多难？

一、工程总承包未来的市场会如何？

在笔者看来，建设市场本身的变化正在孕育总承包市场。与中国改革开放、经济发展同步的建设市场，在初期是高度离散和自由竞争的，在离散市场，任何猎食者机会均等，但现在市场正在逐步集中；房屋开发市场的集中趋势非常明显，小开发商拿地已经非常困难，房屋开发正成为大开发商之间的竞争，市场集中度日趋提升，大企业生龙活虎，中小企业日子越来越难；政府主导的市场包括基础设施和部分公共建筑，在政府推行 PPP 模式以后，具有资本和整合资本能力的企业已经赢得了初步的胜利，而没有资金能力的企业则在竞争的红海中苦苦挣扎，尤其是 PPP + EPC 模式的推行，更让强者获得更大的生存空间；大多数工业领域已经逐步成为大企业之间的较量，家电、汽车、化工、有色黑色等行业大型集团已经形成垄断竞争态势，大企业集团垄断的形成，推动建设领域市场的进一步集中，每一个细分领域的建设市场也逐步被综合能力强的建设企业占据，上游企业信奉的是技术，扎钢筋、捣混凝土的能力不能满足这些大型企业的需求；大型企业集团的形成导致市场的集中，推动建设模式的改变，建设方不会只考虑建设阶段的成本，他们会更多考虑工程整个生命周期的总成本，价值链割裂的设计、采购、施工模式已经很难满足他们的需要；价值链整合的工程总承包模式逐步显示出生命力。

其次是政策推动总承包的力度越来越大。让我们回顾一下中国建筑行业总承包模式的政策历史，大致可以分为几个阶段：

（1）总承包模式起步：1984 年，工程总承包纳入国务院颁发的《关于改革建筑业和基本建设管理体制若干问题的暂行规定》，化工行业开始采用这一模式，积累相关经验；

（2）明确总承包资质：1992 年《工程总承包企业资质管理暂行规定（试行）》第一次通过行政法规把工程总承包企业规定为建筑业的一种企业类型，1997 年的《中华人民共和国建筑法》提倡对建筑工程进行总承包；

（3）培育总承包能力：2003 年《关于培育发展工程总承包和工程项目管理企业的指导意见》"鼓励具有工程勘察、设计或施工总承包资质的勘察、设计和施工企业"，"发展成为具有设计、采购、施工（施工管理）综合功能的工程公司"，"开展工程总承包业务"，"也可以组成联合体对工程项目进行联合总承包"；

（4）推动总承包市场：2016 年住房和城乡建设部《关于进一步推进工程总承包发展的若干意见》，明确提出"深化建设项目组织实施方式改革，推广工程总承包制"，具体措施包括：建设工程优先采用工程总承包模式，政府投资项目带头；建设单位可以在可行性研究、方案设计或者初步设计完成后，进行工程总承包项目发包，采用招标或者直接发包的方式选择工程总承包企业；提升企业工程总承包能力和水平；加强推进工程总承包发展的组织和实施。

从发布的政策，我们可以看到政府主管部门对工程总承包模式价值的认识在逐步深入，推进的措施也越来越具体，在实际的建设市场，政府采用工程总承包发出来的项目越来越多，也正成为推动工程总承包市场发展的主要力量。

二、总承包有哪些模式？

主要的工程总承包模式有四种：DB 模式、EP 模式、EPC 模式、LSTK 模式，无论哪种模式，其目的都是在实现工程功能的基础上，更好、更快、更省，对业主、建设单位、社会都是有益的事情，而割裂价值链的模式是很难实现社会共赢的目的，让我们以 EPC 模式为例做一些简单的分析：

EPC（Engineering-Procurement-Construction）模式即设计采购施工总承包。在 EPC 模式中，Engineering 不仅包括具体的设计工作，而且可能包括整个建设工程内容的总体策划以及整个建设工程实施组织管理的策划和具体工作。在 EPC 模式下，业主只要大致说明投资意图和要求（即可行性研究），其余工作均可由工程总承包单位来完成；业主不再聘请监理工程师来管理工程，而是自己或委派业主代表来管理工程；工程总承包商承担设计风险、自然力风险、不可预见的风险等大部分风险。EPC 模式在一些规模较大、工期较长，且具有相当技术复杂性的工程上广泛应用，如化工厂、发电厂、石油开采等基础设施。相对于我国目前设计、采购、施工分离的方式，EPC 具有节约工期、降低成本、责任主体明确的优点。

目前从事工程总承包的企业，大致可以归纳为以下几类：

（1）依靠设备制造能力从事工程总承包，中国这一模式的杰出代表是华为这类通信企业，华为在人们不太关注的情况下，承接了大量通信工程总包业务，其依靠的就是在设备方面的杰出能力，同样利用这一优势的包括电气设备制造商、高铁设备制造商，中国中车最新的战略把建筑业作为其第二主业；

（2）依靠技术能力从事工程总承包，化工行业的设计院很早进入工程总承包业务领域，也较早地转型为工程公司，他们在技术、新工艺、关键部件的设计制造上都有优势，而工业领域的总承包模式从化工设计院起步，逐步从化工行业逐步延伸到电力、有色、黑色、电子、医药、轻工、造船等诸多行业，我们看到综合能力强的设计院都在内部布局总承包业务，也承接了相当体量的总承包项目，依据住房和城乡建设部公布的数据，工程勘察设计企业 2015 年营业收入 2.7 万亿元，工程总承包收入 9500 亿元，占营业收入的 35%，可见工程总承包在勘察设计行业已经成为一种重要的力量；2015 年勘察、设计、技术服务等业务完成额出现了 5% ~ 15% 的下降，而工程总承包完成合同额 12800 亿元，增加了 7%；

（3）依靠总承包管理能力从事工程总承包，目前多数建筑企业没有设备制造能力、没有设计能力、工艺等技术能力，要从事总承包业务，就必须整合这些能力，或者在收购设计院形成设计能力，或者与设计院形成联盟式紧密合作关系。

三、施工企业从事总承包的现状如何？

毫无疑问，工程总承包模式的春天正在到来。从政府的政策脉络，我们可以大致看到工程总承包的走向，从提出概念到逐步落实政策，经过漫漫 30 年的长路探索，中国的建设模式正在发生深刻的变化。然而，建筑企业对此的认识依然处在初级阶段，我们大致可以从几个方面得到印证：

1. 施工企业从事工程总承包的项目不多

虽然目前我们尚无法得到确切的统计数据印证这一结论，但与国际市场相比，中国建筑业价值链的割裂，长期造成设计 - 采购 - 施工环节的分开经营，致使中国建筑业市场长期缺乏对工程总承包优势的认识，业主、设计单位、施工单位相互不信任，无法合作，业主在乎建设阶段的成本，忽视工程完整生命周期的成本；设计单位按照造价比例收费，不注重工程的合理造价；而施工单位按图索骥，不能发挥自己应有的价值；有人把目前中国建设行业的现状总结为：中标前甲方压级压价肢解总包强行分包严重，中标后设计、施工方不断变更洽商追加投资超标严重；低层次恶性竞争激烈、市场混乱、腐败频发、问题突出；而总承包能实现"一口价、交钥匙、买成品、卖精品"，这样具有明显经济社会效益的模式，鼓励工程企业"花自己的钱，办自己的事，既节约又讲效率"的规律难以实现，这是违背经济规律的事情。

2. 具有工程总承包能力的企业不多

工程总承包业务的发展初看起来似乎是先有鸡还是先有蛋的问题；由于没有总承包业务，所以工程企业很难有总承包能力；反过来，由于工程企业缺少这样的能力，似乎甲方难以信任和采用这样的模式来进行工程发包；毫无疑问，工程实践中是二者的相互促进；然而对于中国的建设企业而言，需要考虑的不是先有鸡还是先有蛋的问题，关键是国外已经有这样的鸡能做工程总承包，他们已经具有相当的经验、技术优势、管理能力、成熟的团队，不需要等到蛋来孵鸡；我们的现实很残酷，在八大建筑央企，下属企业有设计能力，有建设能力，甚至部分企业具有核心设备的制造能力，但是依然缺乏总承包能力，原因何在？缺乏总承包的组织协同，有效的内部运作，缺乏实际项目的锻炼，无法体现出总承包模式的优势。

3. 熟悉工程总承包业务的专业人员不多

如果说勘察设计行业孕育了最早的工程总承包业务，他们也培育了最早的工程总承包行业的人才，而大多数施工企业，依然缺乏这样的人才，即使国内业务规模达数百亿的建筑企业，能做工程总承包业务的人员、团队依然寥寥，可以预见，未来建筑企业要从事总承包业务，需要从勘察设计总承包企业大量引进人才，当然也将促进设计企业和施工企业之间的融合。

4. 工程企业具有工程总承包核心能力的企业不多

在众多施工企业的战略规划中，可以看到推进工程总承包的决心，从另一个方面，也正反映了目前企业总承包能力的薄弱；总承包业务需要融合技术能力、管理能力、信息系统支撑、矩阵式的组织模式、投融资能力等等，具备单个能力与具有多方面融合的综合能力，差异还是巨大的。

四、建筑施工企业朝工程总承包转型有多难？

对于国内建筑施工企业而言，工程总承包模式无论在技术、前期策划还是综合管理方面都对建筑施工企业提出了更高的要求，传统的建筑施工企业习惯于按图索骥，朝 EPC 模式转型并非容易的事情。那么，传统的建筑施工企业朝 EPC

模式转型到底有多难？

从工程项目价值链的角度来看，在总承包模式下，工程总承包商要完成工程建设阶段从设计到施工的全部工作（图1-1）。目前，建筑施工企业在工程设计方面实力还非常薄弱，即使一些大型的建设施工企业内部有成熟的设计机构，但由于其企业组织管理的集权程度、内部协调能力等诸多因素的影响，很难有效整合企业内部资源，承担起完成工程建设环节全部工作的重任。

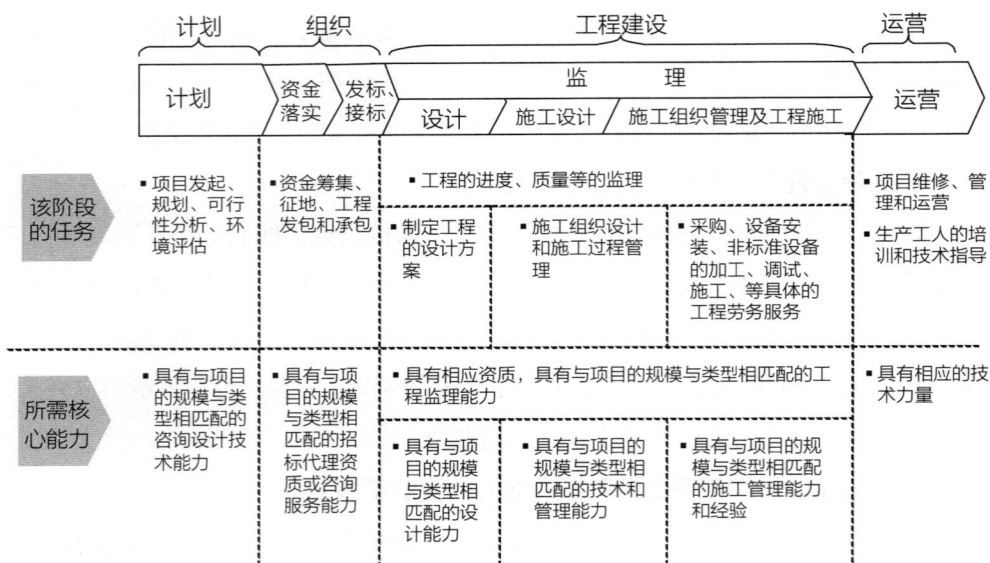

图1-1　工程项目价值链

在国外，采用EPC业务模式的工程总承包商，具有与业务相匹配的能力，这些能力主要体现在以下几个方面：

第一，公司主要收入来源是为业主提供工程建设服务，包括工程总承包和项目管理等。在强大的总包管理能力的支持下，这些工程承包商有条件将具体作业层的工作分包出去，并能对分包商进行有效的管理。

第二，公司通常功能齐全，可以提供全过程服务，包括M（项目管理）、E（设计）、P（采购）、C（施工）、T（开车服务）等。即使存在某些环节自己不能完成的任务，也能依靠战略伙伴来完成相关工作。

第三，公司理念上是技术集成商，其能力体现在通过高效管理，实现对知识和技术的集成和加工。这些公司不仅拥有大量技术人才，还拥有大量的管理人才。

第四，公司以提供工程项目建设服务为主业，企业的组织运营以项目管理为中心，因此对工程项目高效率、高质量的管理是盈利的保证。公司的组织设计往往采用矩阵制模式来适应项目管理的需要，同时完善的项目管理体系保证项目运作高效。

第五，公司的融资能力是其争取工程项目的竞争力组成部分之一。多数公司的融资能力主要表现在：协助业主争取政府、银行和其他金融机构融资的能力；单独或联合投资商组成项目公司，承担 BOT 等项目的能力；为所承担工程项目提供流动资金的能力等等。

从 EPC 模式对建筑企业的能力要求可以清楚地看出，目前，我国建筑施工总承包企业在能力上依然面临很大差距：

（1）国际上以 EPC 模式从事工程建设服务的企业多数都是大型企业，虽然我国也有很多大型建筑企业，但其服务功能、组织体系、技术管理体系、人才结构方面真正能按国际建筑工程公司模式进行运作的很鲜见；

（2）我国大型建筑企业在技术投入方面也比较欠缺，不注重技术开发和科研成果的应用，没有形成自己的专利技术和专有技术，普遍缺乏国际先进水平的工艺技术和工程技术；

（3）国内建筑企业缺乏高素质的人才团队。EPC 模式需要懂项目管理、懂国际语言、懂法律、懂财务控制、懂客户管理的复合型人才，这些人才是国内建设企业普遍缺乏的。

另外，国内建筑企业不仅面临人才数量的短缺，在如何让现有人才发挥其应有的作用方面也存在管理上的问题，很多企业人才激励机制都不到位。同时，在内部组织上，国内大型建筑企业内部管理比较松散，甚至一些具有特级资质的建筑企业，其总部管控能力也非常薄弱，其总部往往难以实现对项目总体控制、采购实施、施工管理、试运行（开车）等方面的有效管控，更不用说按照国际工程公司的矩阵式组织结构运行了。因此，要在项目综合管理能力、设计能力、战略性采购体系等诸多方面形成整体合力，全面实现朝工程总承包业务模式转型，我国建筑施工企业的转型道路还很遥远。

建筑施工企业朝工程总承包转型之路到底有多远？ 目前，我国采用 EPC 业务模式的企业多是由工业设计单位转型而来，以石油、化工、有色、黑色金属的设计院转型最为成功和快速。在实施 EPC 业务模式比较成功的设计院，在 20 年以前就开始进行转型。以笔者了解的情况来看，一个设计院从开始转型到成功运作工程总承包项目，最快也要需要 5～8 年。设计院转型的优势在于其具备技术能力，而建筑施工企业就不具备这样的能力，其转型之路恐怕需要更长的时间。

如何补我国建筑施工企业在能力上的不足？ 与设计院相比，建筑施工企业在项目施工管理上的能力比较强，但是项目总体的策划和管理能力、技术能力还是很薄弱，所以建筑施工企业的能力弥补需要从技术、总承包的管理能力等入手，随着经验的增加，逐步弥补在融资等其他能力方面的欠缺。

目前，一些大型建筑央企正在尝试做开展 EPC 项目，并有了一些经验和教训的积累。无论是积极的经验还是负面的教训，只要企业用心吸取，都有助于提升企业能力。

1984 年，日本大成建设集团在鲁布革水电站工程上的运作，向中国建筑施工企业展示了国际工程总承包商的综合能力，工程总承包所带来的巨大价值。30 年过去了，我国大型建筑施工企业实力和能力已经今非昔比，正逐步从国内市场走向国际市场。遵循国际工程建设的管理经验，在工程总承包业务模式成为行业潮流的情况下，无论企业转型之路有多漫长、艰难，都需要这些大型建筑施工企业不断提升工程总承包能力，这是大家不可逾越的过程。

（本文写作时间：2017 年 2 月）

工程总承包，增长临界点正在到来

建设市场正在觉醒，需求正在变化，建设产业链的相关价值链环节正在融合，工程企业正在修炼自身的能力，这些都预示着工程总承包生态正在发生积极变化，这是传统模式衰退、新模式到来的转换阶段，是工程市场变化的临界点。

对于正在大力推进的工程总承包模式，很多人有这样的疑问，工程总承包模式的市场在哪里？没有市场，工程总承包模式会有未来吗？工程总承包到底是现实还是未来？

是的，如果没有市场就没有未来，工程总承包模式市场就在我们身边，它不是工程行业增加出一个新市场，而是既有市场需求转型，即现在的设计市场、施工总包市场，在未来逐步融合成工程总承包市场。事实上，这种融合已经发生，10多年前，勘察设计行业与建筑施工行业的产值比约为1:9，这一比例在2016年变为1:6，即勘察设计行业的产值3.3万亿，建筑施工行业产值19.3万亿。勘察设计行业的产值为什么比建筑施工企业增长快？从2006年到2015年，勘察设计行业设计收入比重从26.7%下降到12%，工程承包的收入比重从50%上升到77%，设计收入的年均复合增长率为15%，而工程承包收入的年均复合增长率为31%，正是总承包收入的快速增长，改变了设计企业的收入结构。

总承包市场的成长和成熟，又跟哪些因素相关？

1. 客户的成熟程度。 工程市场客户的成熟度越高，采用工程总承包模式的可能性越大。无论是ENR（工程新闻记录）的统计还是世界银行的统计，都显示大型项目高比例采用工程总承包，尤其是EPC模式。大型化工、能源、交通项目的业主，是这些行业的垄断竞争者，在他们所在领域是最具竞争力的投资商和运营商，对自己的领域深有研究，既把握行业的发展前沿、也对工程承包企业的能力非常熟悉，这类成熟的客户习惯于采用工程总承包的模式发包。如果不采用工程总承包模式，业主只能亲自来管理和协调项目的实施，自己充当总承包的角色，做资源的组织者和监督项目的推进，由于多数业主自身专业能力的限制，业主充当总承包角色的项目，未必能真正起到好的作用。

2. 承包商的成熟程度。 承包商的成熟程度越高，采用工程总承包的可能性也越大，只有承包商给予业主更高的性价比、更快的速度、更好的质量保证，业主才会选择这种模式。在世界工程领域，领先的国际承包商，其业务收入中，工程总承包收入占比非常高，其核心能力也主要在工程总承包所需要的技术、管理、信息化、团队能力方面，也正是他们在工程总承包方面的能力让他们占据了工程建设行业的顶端市场。

3. 工程项目的成熟程度。 工艺越成熟、环境越稳定的项目，其确定性越强，采用工程总承包模式的可能性越大，回顾过去 10 年或更长的时间，国内在化工、电力、有色黑色、医药领域，工程总承包模式逐步展开，市场也不断成熟和增长，和这些领域的工艺技术逐步成熟，项目地理边界清晰、受自然环境影响比较小有很大的关系。

4. 社会的成熟度。 全社会的经济能力、观念和社会诚信度影响总承包市场的形成。没有人会想到，中国的农村会出现工程总承包市场，2016 年，中民筑友开始从事农村别墅"交钥匙"的总承包，这家企业的老总告诉我，购买筑友产品和服务的，恰恰是对建筑业非常了解的人，这些人的经济能力比较好，观念比较新，"交钥匙"的建设模式大大减少了农村别墅的建设难度，而专业的建设团队、完善的供应商体系大大提升了效率和品质保证，从而大大提升产品和服务的性价比。社会的诚信度和法治环境，则是工程总承包模式推进的保证，没有诚信，工程项目的建设，很难让业主放心。

就总体而言，工程总承包市场的发育程度是一个国家政治、经济、社会和技术等诸多方面的综合体现，发达国家的工程总承包市场比发展中国家发育更加良好，欧美建设市场是工程总承包最发达的市场，据美国工程市场的统计，2005 年，采用工程总承包模式的合同已经接近 50%。即使在发展中国家，大型项目也多采用工程总承包模式，据《2016～2017 中国对外承包工程发展报告》的统计，中国企业在海外新签 10 大项目、完工 10 大项目、在建 20 大项目，80% 多采用 EPC 模式，这些项目主要是在非发达国家，可见这一模式被采用的广泛程度。

而在中国，我们预计工程总承包市场正接近快速增长的临界点。

为什么？中国建设行业，投资者和建设者正从万千项目的磨砺中走向成熟，从材料、设备供应到项目建设和调试运营，从业主到建设行业的整个生态，都积累了丰富的经验，中国社会需求正处在"从无到有"到"从有到好"的转换临界点，各种建设的实践，正在验证这个临界点的到来：农村"交钥匙"乡村别墅建设正在被逐步接受；万达转型为轻资产的品牌－建设－运营模式，成为酒店整个生命周期的承包商；政府的大型建设项目主要采用工程总承包模式……建设市场正在觉醒，需求正在变化，建设产业链的相关价值链环节正在融合，工程企业正在修炼自身的能力，这些都预示着工程总承包生态正在发生积极变化，这是传统模式衰退、新模式到来的转换阶段，是工程市场变化的临界点。

春江水暖鸭先知，我们静待这一转换，我们拥抱临界点的到来。

（本文写作时间：2017 年 11 月）

项目思维做不成建筑工业化

从政策和部件出发，而不是从市场需求和产品出发，是目前住宅建筑工业化的根本问题。从建筑工业化的喧嚣中静下心来，系统思考市场和客户需求、产品品质、成本优势，才是工业化顺利推进的根本。

在建筑业市场下行的态势下，房屋建筑工业化正在如火如荼展开，成为能和PPP模式相提并论的热点，然而，从目前火热的态势中我们似乎看到了隐忧，如果不调整思路，可能成为另一个光伏，让一朵可以盛开的鲜花过早凋谢，让一种造福于环境、造福于社会的模式成为负担。

那么，目前房屋建筑工业化的模式存在什么问题？

要得到答案，让我们先看看现状，大部分房建企业上马建筑工业化仍是项目唯一性思维，产品单件生产、满足客户个性化的需求，PC工厂的部件制造批量并不大，设计、模具、安装过程的学习成本无法分摊，固定成本高，总成本毫无优势；在国家和地方政策导向下重金投资部件厂，然后再寻找市场和客户需求；工业化模式实施过程中，技术、标准、安装、内部管理、物流、人员等均不成熟或者难以协调，各方抱怨多多；目前绝大多数建筑工业化企业都在亏损，已经上马的项目如鸡肋，没有进入的害怕失去机会，真是一个新的"围城"；极少数项目暂时盈利，也并不盈利在工业化模式本身，而是依靠政策补贴，目前常见的模式是"地产＋建筑工业化"，通过建筑工业化的概念去拿地开发，在土地价格上获取政策补贴，实际实施成本并无优势，而仅依托政策导向的强行推进，不会有长期效果。

从政策和部件出发，而不是从市场需求和产品出发，是目前住宅建筑工业化的根本问题。

建筑工业化的重点是工业化，然后才是建筑，既然如此就要理解工业的特点：

调查市场需求、设计产品、大批量生产、持续改进、产品迭代，通俗一点说工业化一定是产品思维，不是项目思维；对比传统建筑项目唯一性、分散性等特点，建筑工业化模式必须体现出产品性、制造集中安装分散、边际成本快速下降等特点，核心优势是成本低或者性价比高，目标是产品工业化而非部件工业化，部件工业化只是产品工业化的基础，标准部件（PC 板、整体卫浴、其他采购）、大批量生产、组装，最终形成标准的产品，不凸显去满足个性化需求；而目前的部件工业化模式，注重在特定项目中从技术上对其进行分解，个性化定制部件，在批量生产方面存在较大限制，边际成本难以大幅度下降，综合成本没有优势。

如果您问我在上马工业化项目之前，要做什么？我的观点是：市场调查、分析不同客户的需求、寻找比较合适的细分市场、确定目标客户、掌握客户需求点或者说了解客户的痛点、强化产品品质和控制成本，以满足市场需要的产能投资工厂，从而实现盈利；对于希望进入建筑工业化领域的投资者，认识房屋建筑工业化模式的特点和局限性，与抓住工业化机会的雄心壮志，二者都不可缺。

对于已经上马的动辄投资以亿计的建筑工业化项目，我想问问，哪个工业化项目是从市场调查开始的？哪个项目是按照既定的市场细分来设计的？哪个项目思考了既定客户的需求痛点？哪个项目现在能做到相比传统做法的成本优势？既然如此，多数项目的上马就具有盲目性，在害怕失去机遇的心态中，仓促上马工业化项目，最后必然成为企业的负担、社会的负担。

一切依靠补贴的项目，只有政策价值，不具备市场价值，必将走向死亡；不从客户需求出发的项目，只是跟风和时髦而已，不会有人为它买单，必将走向死亡；试图满足所有客户需要的项目，没有规模，不会带来成本优势，不会带来高性价比，也必将走向死亡。

从建筑工业化的喧嚣中静下心来，系统思考市场和客户需求、产品品质、成本优势，才是工业化顺利推进的根本。

（本文写作时间：2016 年 5 月）

建筑工业化，进还是不进？

2017 年，随着国家和各省市建筑工业化政策的落地，大量的投资正在涌入这一领域，一个新兴产业的帷幕正在徐徐拉开。对于想进入建筑工业化领域的企业，需要思考哪些问题？

今年过去了四月，在这草长莺飞的季节，如果让我寻找 2017 年建筑业的关键词，那就是建筑工业化；随着国家和各省市建筑工业化政策的落地，大量的投资正在涌入这一领域，一个新兴产业的帷幕正在徐徐拉开。

那么，对于想进入建筑工业化领域的企业，需要思考哪些问题？

1. 靠产业政策还是塑造产业优势？

在未来的 2 ~ 3 年，建筑工业化政策会为进入这一产业的投资者带来政策红利。目前政府正在大力推进建筑工业化，国家要求在 10 年内把房屋建筑装配比例提高到 30%；一些经济发达城市已经要求现有建筑的施工中，带有一定比例的装配构件；上海及其周边的 PC 工厂正满负荷生产，这就是政策红利的效应。很多新兴产业在发展初期，都有政策支持的影子，但从长远看，政策支持力度会慢慢减弱，进入者必须努力在政策红利期塑造产业优势，使建筑工业化在成本、建造速度、项目管理等方面比传统建造模式具有更综合的优势；否则，建筑工业化就不可能颠覆传统建筑业。建筑企业进入工业化领域，如果没有这样的信念，很难长远胜出。笔者最近与一位从事建筑工业化的老总沟通，他坦诚目前某些市场 3000 元 /m³ 的构件价格很难长期持续，构件工厂要努力降低成本，把构件价格降低到目前的 50%，才会形成建筑工业化的竞争力，没有产业竞争优势，光靠政策红利，很难支撑建筑工业化的长远发展。

2. 进入的时机是否成熟？

进入一个行业的最佳时间点莫过于市场爆发的前夜，既不用为等待市场机会而耗费时间、精力和金钱，又能抓住迅速凸显的市场机会；第一批进入建筑工业化领域的企业已经有近10年的历史，他们在艰难的煎熬中坚持，长期的亏损考验着他们的信念和信心，部分企业已经为此投入了大量的人力、物力，财力等。那么现在时机成熟了吗？在政策强力推动的今天，任何犹豫、迟疑，也许都会丢失最佳的进入时机。事实上，现在准备进入建筑工业化的企业数量很多，方式多样，思路不断创新，再有迟疑，则建筑工业化市场已经万紫千红，那时也许太迟。

3. 如何寻找自己的定位？

笔者以为，建筑工业化有两种思维，部件思维和产品思维，这两种思维都有企业在尝试。建筑工业化启动比较早的远大住工、迅速发力的中民筑友，都推出了自己的别墅产品，全装修交付的别墅，每立方米3000元左右的定价，他们从建造和居住的角度考虑，全方位思考环境、户型、装饰、维保等，这是典型的产品思维。远大住工的别墅产品，每年销售近千套，企业已经稳定盈利，同在长沙的中民筑友，也推出了系列别墅产品，同样供不应求。第二种是部件思维，从楼梯到阳台这些常见的部件开始，逐步构建完整的部件体系，提高部件的通用性；只有通用、大批量生产的部件，才能形成规模经济性；没有规模效应，就不会有经济效益，这是工业化的基本规律，欧洲国家建筑工业化部件标准化程度达到80%以上，美国市场建筑部件的标准化程度接近100%，正是部件的标准化，提升了建造效率。笔者一位前同事，一点不懂建筑，移民美国，可以从市面上购买各种木质构件，自己搭建出房子，可见构件标准化程度之高。从这个角度看，产品思维和部件思维的企业，在未来的建筑工业化市场中，都有自己的出路，关键是品质和成本。

4. 如何选择自己的商业模式？

想取得巨大成功的企业，在大量投入之前，需要仔细思考自己的商业模式。某大型央企的二级公司购买3000亩地，做建筑工业化的产业园区，投资数十亿；另一个民营企业准备在全国建造100个标准工厂，其单个工厂用地10～15亩，投资控制在2000万元以内。这是两种不同的定位和商业模式，前者是多产品、小批量、超大型工厂的模式，后者是标准产品、大批量、小工厂分布广的模式。哪种模式更具竞争力？哪种模式更有未来？或许前者适合于为大型和超大型城市服务，后者适合于为美丽乡村、小城镇服务，我们静待时间和实践证明他们的成功。

5. 建筑工业化企业之间会形成竞争吗？谁能胜出？

毫无疑问，建筑工业化企业间的竞争是必然的，一位在建筑工业化领域经验丰富的企业领导认为，建筑工业化企业间的竞争会比传统项目模式企业之间的竞争更加激烈、分出胜负的时间更短；有核心技术、装备、管理、信息化体系的企业可以快速复制，用加盟模式迅速占领市场，如果连锁加盟模式获得突破，国内建筑工业化的成功企业不会超过 20 家；未来建筑工业化领域的竞争将会是品牌、品质、技术、成本、管理、后期服务的竞争；而建立这样的综合优势，则需要企业在前期大量的投入，没有投入和实践的修炼，竞争优势的塑造只能是水月镜花。

在政策的强力推动下，建筑工业化已经成为充满希望的新业务，大量企业以只争朝夕的心态，竞相进入；但如果没有长远的考量、没有投入产出的系统规划、没有产品或部件准确定位、没有产品与设备的良好匹配，将导致客户－产品－技术－生产－安装等体系之间相互脱节，最终的结果显然是高投入、低产出，即使有最好的政策环境，企业也难以盈利；机会总是偏爱那些有准备、有思想、有行动的人，他们才是这个行业的未来。

（本文写作时间：2017 年 5 月）

短命的住宅，是功还是罪？

英国的住宅统计寿命近 130 年，欧洲大多数国家接近 100 年，美国以木结构为主的住宅统计寿命约 80 年，日本 50 年，而中国不到 30 年。短命住宅，是我们眼前的现实，它像丧钟一样促使我思考，但我仍然期待着长命住宅的未来。

2012 年我到硅谷一位留学生家做客，他那一层的木结构房子建于 20 世纪 60 年代末，占地 600m²，房屋面积 150 多平方米，3 房 2 厅 2 卫，卫生间用的马桶、水龙头也是 30 年前的科勒产品。我很感慨，60 年代造的房子，其居住功能今天也不落伍，可见当初美国的生活水平，普通木结构，经历 50 多年的时间考验，今天依然没有结构问题，证明材料的品质和建造者的认真。

我老家在湘中农村，20 世纪 80 年代前后，农村的经济有了一定改善，农民开始建房。以我伯父、堂哥家为例，80 年代初建了土砖房，其后推倒重建为红砖房，2000 年改建为两层的红砖房，今年春节，伯父的孙子，再次推倒了两层的红砖房，开始建农村小别墅。40 年左右的时间，建了 4 次，平均使用时间为 13 年，而在农村，这并不是个案。想想我们现在居住的城市住宅，寿命长不到哪去，见诸媒体拆迁问题、电影《战狼 2》所拍的拆迁镜头，都见证着中国城市住宅的短命。

住宅寿命的差异，折射出国家间发展阶段、管理方式的不同。据可查证的数据，英国的住宅统计寿命近 130 年，欧洲大多数国家接近 100 年，美国以木结构为主的住宅统计寿命约 80 年，日本 50 年，而中国不到 30 年。

今天，中国正处在日新月异的发展阶段，巨量的新房建设伴随着大规模的旧城拆迁，既创造了大量的 GDP 和工作机会，加快了社会的发展，提高了人们的生活水平，但也缩短了住宅的寿命，带来一系列的社会问题和环境问题。

社会问题是房屋拆迁和建设的反复折腾劳民伤财，耗费社会、家庭大量的财力和精力。拆迁是中国城市建设的普遍矛盾已经有目共睹，即使在没有拆迁矛盾的农村，建一套房子要耗费家庭几年的收入、一年甚至更长的时间，让人精疲力竭。

环境问题是无论新建还是拆迁都产生大量建筑垃圾，对环境造成危害。新建需要使用建材，目前中国使用的水泥、钢材占世界总用量的 50%，并已持续 10 年；住房和城乡建设部一位领导提到："我国建筑垃圾的数量已占到城市垃圾总量的 30%～40%。据对砖混结构、全现浇结构和框架结构等建筑的施工材料损耗的粗略统计，在每万平方米建筑的施工过程中，仅建筑垃圾就会产生 500～600t；短命建筑导致巨大的拆除量和巨量建筑垃圾，每万平方米拆除的旧建筑，将产生 7000～12000t 建筑垃圾，中国每年拆毁的老建筑占建筑总量的 40%。"

笔者曾经在朋友圈调侃，谁有本事把中国住宅的寿命提高一倍，他对人类和地球的贡献可以跟袁隆平院士媲美。显然这只能是调侃，延长住宅寿命并非一人能为之，很多媒体把短命建筑的责任归为"豆腐渣工程"，让建筑企业承担，这既不公平也不正确，短命住宅是一个全社会的问题。

中国社会的剧烈变化是短命建筑的首要原因，在极短时间内居住要求从"能住"到"住好"是需求变化的跳跃，这是中国社会的巨大进步，30 年前的决策者和建设者很难想到过去 30 年的发展速度和今天中国所到达的发展水准；但也明显存在着决策者、行业从业人员的职业水准不高、短视等原因，念念有词的"百年大计"并没有进入心坎，"对历史负责"往往写在随处可丢的废纸上；中国有 60 年前北京旧城保护的争论，而美国华盛顿特区 200 年前的规划还在起着作用，两件事所形成的鲜明对比，可以看出决策者、管理者在前瞻性和远见上的差异；如果往事不可追，今天的中国，拥有 8 亿城市人口、拥有世界最多工程经验，我们的政府管理部门、建设者，又如何去构建未来长寿的建筑、长寿的住宅？

政府管理部门是规划、法律、技术标准这些规则的制定者和问题的解决者，需要尊重规律，需要有对未来负责的使命感。雄安新区的建设提出了千年大计，也许这种对未来负责的眼光，让我们看到短命住宅、短命建筑终结的可能，而农村建设的新思路，对农村住宅建设也会起到良好的引导作用，或者能让我们看到农村住宅寿命延长的曙光。

而建设者，则要努力建设能经受时间考验的单幢、单套住宅。单套住宅的短命，不在结构强度，而在功能的适应性，即使土结构、木结构的房子，只要维护得当，自然寿命也可以超过50年，功能的短命才是短命住宅的命门。德国和日本，在50年前也造过很多短命住宅，问题就在功能的短命上；中国正处在大规模的建设时期，在我们可以预见的时间内，会有大量的住宅使用功能过时，比如，早期建设没有电梯的多层住宅，在老龄化社会到来时，将过时；最近20年建设的固定房型结构，随着家庭在不同时期的人口变化（结婚时2人，生孩子时5~6人，老了1~2人），功能无法满足需要；今天正在大量建设的、单套面积不大的保障房，如何在可使用的70~100年，满足时代适应性、功能需求的适应性、技术的可改造性，这些都是影响住宅寿命的关键影响因素。刘强东先生乐观地预测12年后中国进入共产主义社会，可见社会变化之快，笔者畅想，中国今天建设的大量保障房，使用寿命不会超过30年，我们兴致勃勃搬入的新居，也许是功能短命的住宅；数十年前的东德和日本政府也曾经建设过大批住宅，其后又大规模拆除，原因就在于功能的短命。

那么，延长住宅寿命的关键是什么？维护和可改造性。就总体而言，无论是农村还是城市，住宅的维护在中国都是重大问题，农村住宅几乎没有维护，城市住宅的维护远不如办公楼；欧洲一些国家立法，要求住宅外装饰每隔多少年要维护一次，林语堂先生提到"世界理想的大同生活"中就包括"英国乡下的别墅"，英国曾经的辉煌和富有，让他们住宅设计和建造上能做到功能前瞻，平均100年以上的历史让每幢建筑都成为一本可读的书；今天发达国家一半以上的房屋建设投入都在维保上，可见对维护的重视；其次是住宅的可改造性，在北上广深这样高房价的城市，多数家庭很难随心所欲地更换住宅，住宅功能的可改造性将越来越重要；家庭的不同阶段具有不同的人员结构，就会产生不同的功能需要，需要房子具有可改造性，目前大量建设的住宅，由于结构设计的限制，功能很难随意改变；而未来，需要从事建设行业的地产商、设计院、建筑企业做出适应家庭不同时期功能需要的"百变住宅"，这是提高住宅寿命的诀窍。

短命住宅，是我们眼前的现实，它像丧钟一样促使我思考，但我仍然期待着长命住宅的未来：那时，我们的子孙可以住在我们曾经住过的房子里，可以住在100年前的文学家、科学家、艺术家曾经住过的房子里，讲关于这些老房子的历史故事……

（本文写作时间：2017年11月）

美丽乡村的喜与忧

　　每年 800 万套的乡村住宅建设市场，是一个巨大的蛋糕，然而，在 A 股市场，我们还未曾见过依靠乡村市场成就卓越经营业绩的企业。乡村住宅建设需要企业经营和管理者们怎样的勇气和魄力？又需要这些拓荒者们怎样的努力和情怀？

　　"在英国人的脑海里，英国的灵魂在乡村。"林语堂曾说，"世界大同的理想生活，就是住在英国的乡村。"

　　中国的乡村呢？今天中国的城市不输欧美，而乡村与欧美的差距依然巨大。中国的 13.8 亿人口中有 6 亿居住在农村，按照平均每户 3.7 人计算，大致有 1.6 亿个农村家庭、1.5 亿套乡村住宅。即使以寿命 20 年计算，乡村每年也需要建设 800 万套。

　　相比城市复杂的建设管理、强大的建设能力、充裕的建设资金，以住宅、道路、电力为重点的乡村基本建设差距实在太大，而其中属于家庭的住宅建设差距尤其大。没有专业的规划、设计、建设队伍，多数停留在陈旧经验的低水平建设，功能落后、质量低劣、寿命短暂，大量浪费金钱、精力，反复折腾。以我伯父家为例，20 世纪 80 年代初建了土砖房，其后推倒重建为红砖房，2000 年改建为两层的红砖房，今年春节，伯父的孙子再次将其推倒，建成农村小别墅。而每建设一次，需要耗时一年左右。

　　过去 40 年中国经济飞速发展，建筑业发展也日新月异。但专业的房屋建筑企业基本上是针对城市建设市场，由于乡村住宅建设标准低、单个项目合同小、区域分散，它们几乎没有关注过这一建筑市场，如中国建筑这个高达 1 万亿元营业收入的建筑企业，农村住宅建设的营业收入也是零。你可以想见每年近千万套住宅的中国乡村建筑市场，是一个多么巨大的建设难题，又会建出何等品质的住宅。没有政府引导、没有科学理念、没有设计、没有标准，乡村住宅短命，也就不足为怪了。

好在情况正在改变，从2015年开始，一些工业化建筑企业正在进入这一市场，既有草根出身的初生牛犊，也有大资本背景的贵胄，它们不约而同地开始了艰难的探索之旅。

进入乡村住宅领域的主要有轻钢结构、混凝土PC结构两类。由于轻钢结构进入门槛不高，技术难度也不算大，已有数十家企业进入，典型代表是北京的定荣集团，品牌为"定荣家"；相比而言，PC结构的企业数量不多，其技术难度、资金门槛要高得多，典型代表是中民筑友房屋科技"筑友家"和远大住工的"B-House"。无论采用什么结构形式，我们都要为这些探索者点赞，以笔者的观察，这些企业要在财富密度极低的乡村实现盈利并不容易，却对美丽乡村的建设起着引领的作用。

第一是改变了乡村居住理念。这些企业从乡村习俗、居住功能、配套设备、成本控制等诸多环节进行系统的功能设计、部件制造、现场装配，一些企业更在构建完整的配套服务。系统、前瞻的研究和思考，让他们远远超越目前的乡村建设水平，工厂化的制造方式，提升了工程的品质。

第二是迅速提升了性价比。在逐步富裕的中国乡村，住宅建设普遍存在大、空、差的特点。以笔者了解的湘中农村为例，大多数家庭3～5口人，新建住宅普遍三层，面积往往在$500m^2$以上，大的甚至接近$1000m^2$。巨大的建筑面积造成巨大的空置，而在功能上却普遍不配套，卫生间的数量少，卫生间面积小，走道设计不合理等等均为普遍现象。把大量的财力、物力放在面积建设上，装修、家具、园林的投入则远远不够，所以即使建了大房子，依然没有好的居住享受。同时，由于乡村的工匠体系已经崩溃，乡村建筑队伍远不如城市的马路游击队，建造质量普遍低劣：浇注的混凝土空洞多、瓷砖贴不直、设备安装质量差，大量低价劣质建材充斥农村市场。而工业化建筑产品逐步走入农村，正在改变这种现象。无论是"设计奠定一切"带来功能合理从而延长其寿命，还是专业采购、专业制造，都大大提升了乡村住宅的性价比。

第三是解放了建房家庭。传统农村家庭建造新房,都是自己负责设计、建设管理、材料采购。从专业的角度看,其实都是外行。在住宅功能日益丰富的今天,这些工作对于农村家庭来说往往勉为其难,而要获取专业的服务,却找不到、付不起。即使做勉为其难的建设,也要花费一年甚至更长的时间。工业化建筑企业走入乡村,这种新型建造方式只需要 2 个月时间,就能达到交钥匙的程度,极大地减轻了建房家庭的体力、心力负担。

第四是减少了环境污染。工业化建筑实行部件工厂制造、现场干法作业,几乎不产生垃圾,相比乡村传统的建造模式,建筑垃圾大大减少。

可见,从性价比、安全、时间进度等方面,工业化的建造方式,在乡村已经体现出了明显的优势,也取得了一定的市场。然而这一模式要彻底瓦解乡村传统的低效率、低品质、高污染的建造模式,仍然存在诸多问题,需要社会、政府、企业作出更多的努力,克服诸多障碍。

首先是提升成本的竞争性。大多数中国乡村住宅是低品质、低成本的代名词,而工业化住宅在带来高品质的同时,也会带来高成本。从成本组成,我们大致可以看到成本差异,传统建造方式的成本主要是材料和人工费,而工业化建造的成本要复杂得多。除了材料、现场人工费用,为工厂投资的资本成本、研发设计成本、远距离运输成本、公司管理费用、税费等,都是传统建造方式没有的。公司制模式下,人员社保费用也远比传统建造方式的用工成本高。即使在建筑业密度非常高的城市,工业化建筑的成本尚且偏高,在农村,工业化住宅的成本劣势更加突出。

如何塑造工业化住宅的成本优势,来进一步提升工业化住宅的性价比,推动乡村住宅的进步?笔者认为,以总书记在十九大报告中首次提出的"实施乡村振兴战略"为契机,政府可以大有作为。中国为推进乡村进步,有过家电下乡、汽车下乡政策,对于工业化建筑下乡,国家既可以采用免税政策(事实上传统的乡村建筑业务都是现金交易,并没有税收),也可以采用补贴政策,而政府得到的,将是一个有着"美丽未来"的乡村。

其次是突破运输条件的局限性。传统建造方式的建材具有就地取材和运输的可分散性特点，没有大件，工业化建造方式则具有集成性。以 PC 建造方式为例，对运输道路和安装环境有一定的要求，并非所有的地方都能完成这样的作业。对于从事工业化住宅的从业者，则需要从构件和运输设备等方面，不断改善对环境的适应性。

再次是关注产品的适应性。中国是面积大、民族多、历史悠久的国家，不同区域存在巨大的文化差异，也形成了丰富的建筑文化。工业化产品种类的局限性、文化承载的薄弱性，使人们存在心理障碍。笔者老家的湘中农村，是轻钢结构企业推广力度比较大的地区，当地乡亲普遍对轻钢结构住宅存在轻视和质疑，比如不隔声、缺乏厚重感、不适合潮湿气候等等。采用轻钢结构技术的建筑企业，不仅应该从方案上消除人们的顾虑，更要努力用实践结果证明技术的可行。

最后是突破企业经营和管理难题。做 20 亿元营业收入，对于中建这样的企业并不算难，一个大项目，组建几十人的项目组，2～3 年即可搞定。但一个从事乡村住宅建设的企业，做 20 亿元营业收入，则要建 3000～5000 套住宅，并且每套分布在不同地方，每位业主需求不同，每套住宅需要一支队伍。恐怕难以计算完成 20 亿元营业收入需要跑多少路？需要投入多少沟通时间？需要承担多少管理成本？

我常常想，一个 6 亿人居住的乡村建筑市场，"没有政府引导、没有科学理念、没有设计、没有建设标准"，在福建长乐侨乡如此，在江浙富裕的农村如此，在湘中亦如此，政府尚且难以为之，企业的优势又何在？在 A 股市场，我们还未曾见过依靠乡村市场成就卓越经营业绩的企业。乡村住宅建设需要企业经营和管理者们怎样的勇气和魄力？又需要这些拓荒者们怎样的努力和情怀？

城市的活力是流动，乡村才是灵魂的归属。每年 800 万套的乡村住宅建设市场，是一个巨大的蛋糕，足以让创业者去成就一番事业。相信建设者们定有足够的胆识和智慧，在"中国乡村"这片承载了 5000 年历史而又财富稀薄的土地上，做出更多的"筑友家"、"定荣家"来，承载华夏的一半灵魂。

（本文写作时间：2017 年 11 月）

谁在建筑业第一方阵？

　　建筑业"第一方阵"的企业是什么样子？以笔者的理解，大致可以有规模、利润水平、管理和企业特征等几个方面的指标，细分行业不同，指标存在差异，建筑业既有全能冠军，也有单项冠军，他们都应该是"第一方阵"的代表。

　　一位建筑企业领导告诉我，公司"十三五"的目标是进入建筑业第一方阵：超千亿合同额，千亿营业收入，一万管理人员。新一代建筑企业家显示出的雄心壮志让人振奋和感动，即使行业下行，建筑业发展的车轮仍在滚滚向前，行业的竞争是企业的竞争、是企业家（人）的竞争，更是一种奋勇向前信念的竞争。这位老总也给我这样的研究者提出了一个新的问题：建筑业第一方阵到底是什么样子？

　　我们对"第一方阵"最直接的印象是国庆阅兵的三军仪仗队：身体的禀赋、职业的训练、团队的自豪、军威的使命感，无不显示出"第一方阵"的非比寻常；每年中考、高考，进入省市重点中学、北（大）清（华）复（旦）交（大），给学校、家人和自己带来的荣誉感、给学生带来的成就感，显示出属于他们、属于时代"第一方阵"年轻人激荡的青春、光明的未来。

　　建筑业"第一方阵"的企业是什么样子？相比阅兵、学生升学的标准，似乎很难找到一个精确和大家公认的标准，一家之言则容易引起争议，以笔者的理解，大致可以有规模、利润水平、管理和企业特征等几个方面的指标，细分行业不同，指标存在差异，建筑业既有全能冠军，也有单项冠军，他们都应该是"第一方阵"的代表。

　　首先是规模。"吨位决定地位"，众多世俗的排名，都以营业收入为排名的主要指标，"世界五百强"、"中国五百强"概莫能外。建筑业"第一方阵"的总包企业，合同额、营业收入应该超过500亿元，到"十三五"末，这些指标将会接近 1000 亿元的水平；专业公司的合同额、营业收入目前应该接近或超过 200 亿元，到"十三五"末，同样应该有翻番的表现。目前建筑业正处在一个增速下降的阶段，但即使如此，"第一方阵"的企业应该有这样的信念，"最难的行业也有很好的企业"。

其次是利润。利润是企业生存的根本，"第一方阵"企业（归属股东）利润应接近或超过 10 亿元，根据攀成德研究部的统计，建筑央企的二级单位、央企内独立的建筑企业、省级建工集团、民营建筑集团利润达到 10 亿元的建筑企业逐年增加，2010 年为 4 家，2015 年接近 30 家。利润超过 10 亿元的企业逐年增加，显示出建筑业正从自由竞争走向垄断竞争，强者恒强的态势正在出现。在利润超过 10 亿元的同时，企业需要关注利润率和利润的波动性，建筑行业是利润率比较低的行业，但"第一方阵"的企业净利润率不应该低于 2%，且利润相对稳定。万喜在世界建筑业的江湖地位一直难以被撼动，其（营业）利润率稳定在 10%，企业净利润率稳定在 5%，利润 20 亿欧元，且不受市场变化、领导更替等内外因素影响。

再次是管理。"第一方阵"的企业不应该只靠规模取胜，成为肥而不壮的企业；也不应该只靠资源取胜，成为养在笼子里的老虎；而应该在高度市场化和激烈的竞争中保持活力，在竞争中取胜。良好的管理则是企业取胜的重要保证：进取的文化、有底线的经营准则，适应市场需要、客户满意的产品和服务，良好的管理模式、规范的管理体系，有战斗力、能力互补和配合良好的人才团队，一线的工匠精神，支持企业高效运作的信息体系，都是"第一方阵"的企业必不可少的竞争利器。"第一方阵"的企业要成为能长跑的马拉松选手、而不是昙花一现的"网红"，良好的管理就是保证，从长远看，管理既是企业追求卓越的保障，也是基业长青的保障。

最后是专长和独特文化。"第一方阵"的建筑企业应有各自不同的性格、特长，有在细分领域的让人刮目相看的能力，在管理上形成自己与众不同的风格，从而让客户产生毋庸置疑的信任，在行业引领技术的发展。中建三局、上海建工的超高层建筑、大桥局和二航局的造桥、金螳螂的装饰、隧道股份的市政工程、中铁四局的铁路建设等等；中建三局的"争先"文化、五局的"信和"文化、金螳螂的"学习"文化、龙信的"孜孜以求"工匠文化。在建筑业的江湖中，在建筑人的茶余饭后，人们都会去议论他们，探讨他们，羡慕他们，学习他们，这是"第一方阵"选手的与众不同。

在激烈竞争的建筑市场中，要进入第一方阵，犹如在二千多年前那个波澜壮阔的年代成为"春秋五霸""战国七雄"，"向内"是痛并快乐的修炼，成为被追赶者的日子，注定只有向前一条路，要承担"无人区"的困惑，要承受"筚路蓝缕"的艰辛，正所谓"天将降大任于斯人也，必先苦其心志，劳其筋骨，饿其体肤，空乏其身，行拂乱其所为"。"第一方阵"的企业更应有"向外"的社会担当，在享受竞争优势红利的同时，更应承担行业进步的责任：构建从优劣无序到优胜劣汰的竞争规则，推动从粗制滥造到工匠精神的转型，引领从传统模式到工业化模式、从施工总承包到工程总承包的发展，追求从国内竞争到国际竞争的新高度。

金刚组一千多年来留下的经典作品，让我们看到了日本建筑企业的某种精神，同样，中国"第一方阵"的企业需要从更高的层次来寻找自己的使命感、审视自己定位和行为，没有"第一方阵"企业责任的觉醒，就不会有中国建筑业思想的未来，即使建造再多的工程，这个时代也只不过是建筑业挣钱的思想"空囊"时代，无以担当大国复兴的建筑业重任。

（本文写作时间：2017 年 1 月）

为什么中建逆势增长？

过去两年对建筑业的挑战不小，投资增速放缓，大多数企业过去两年营业收入和利润持续下降。在大势并不太好的背景下，中建依然在"强劲"增长，为什么中国建筑能交出如此靓丽的答卷？

过去两年对建筑业的挑战不小，投资增速放缓，民营投资几乎没有增长，市政行业几百家中小型市政企业同场投标几百万市政项目的场景不断在微信圈出现，装饰上市企业出现普遍的业绩增长停滞，大多数企业过去两年营业收入和利润持续下降，建筑行业似乎透出一股悲壮的信息。

然而，在大势并不太好的背景下，依然有企业在"强劲"增长，让我们看看中国建筑截至 9 月底的经营情况：

营业收入 6700 亿元，同比增长 9.6%，归属于上市公司股东净利润 247 亿元，同比增长 30%；建筑业务新签合同额约 12800 亿元，同比增长 34%；其中，房屋建筑工程 9180 亿元，同比增长 15%；基础设施建设与投资 3600 亿元，同比增长 140%；境内新签合同额 11900 亿元，同比增长 34%；境外新签合同额 921 亿元，同比增长 35%。正是立足提质增效，坚持稳健经营，保持良好的发展态势，规模效益优势进一步扩大。

我们能大致理解数据背后的逻辑，营业收入更多反映的是过去的合同在现在的执行情况，利润和现金流反映经营质量，新签合同预示着未来的经营是否能持续。

为什么中国建筑能交出如此靓丽的答卷？

首先是应时而变。

从今年的建筑市场看，房屋建筑的增长基本停滞，中建在这一领域取得了 15% 的新签合同增长，这是一个很不容易的业绩，中建在房屋建筑市场过去一直坚持"大市场、大业主、大项目"的三大经营策略，在行业下行的过程中，迅速改变了策略，业务迅速向中端延伸，一些工程局的领导要求下属企业把每一个项目信息当成"碉堡"，以"拧着炸药包"的精神一个个攻坚克难，逐步从过去"三大"的思维中走出来，一些地方国企、民营企业向笔者诉苦，过去中建看不上的项目现在他们也来了，而且攻势凌厉，势在必得，正是这种奋勇向前的勇气，确保了房屋建筑业务的强势增长。

基础设施高端市场出现井喷，中建在基础设施方面的新签合同 3600 亿元，实现 140% 的增长，既有外部环境带来的机遇，PPP 模式正处于最好的机遇窗口期，也有内部的努力，中建基础设施原来基数不如其他央企比例大，良好的资信、充裕的资金保障为中建在基础设施的发力提供了背书，但不可否认的是，中建"十二五"期间的战略布局，并由此形成在基础设施方面的竞争力，是取得基础设施快速增长的重要前提。"十二五"期间，中国建筑及其下属工程局，在 BT/BOT 项目和基础设施项目施工总包的修炼，让中建对这一细分行业加深了理解，锻炼和积累了团队，同时对基础设施的项目管理、客户特点积累了深刻的认知，今天的果实来自于昨天的耕耘，当战略机遇期出现的时候，自然成为最幸运的人。

其次是品牌、实力、市场化早所形成的管理基础。

对于企业而言，最舒服的日子莫过于垄断，但最好的修炼在于市场竞争的残酷过程。在众多的建筑细分领域，房屋建筑市场是市场化程度最高的，中国建筑生在房屋建筑领域，需要和机制灵活的民营企业竞争，需要和在区域市场有政府支持的地方国企竞争，正是这种激烈竞争的生存环境，造就了中国建筑的市场生存能力，中建三局的"争先"文化、中建八局的"铁军"文化、中建五局的"信和"文化，都是与市场结合的产物。当他们在一个领域修炼出过人的功力后，进入新的领域，即使碰到困难，也会产生巨大的爆发力。过去的五年，中建进入铁路、公路、市政、港口航道、大型桥梁、隧道等陌生领域，虽然与传统优势相比还存在距离，但其进步的速度却是新进入者中最快的，也让传统优势企业惊出一身冷汗。

再次是前瞻的战略思维。

由于工作的原因，在过去五年，笔者阅读过数十次中国建筑的"十二五"战略规划，毫无疑问它是中国建筑企业中最好的规划之一，而印象最深的莫过于其中的"五化"策略（区域化、专业化、国际化、标准化、信息化），攀成德参与了部分工程局的标准化体系建设，回头来看，"五化"策略未必完全达到最初理想，但战略引领依然成为推动中国建筑发展的重要驱动力，中建五局某领导告诉我，传统业务在房建领域的五局三公司，进入基础设施领域也做的很好，重要法宝之一就是标准化管理手册和作业手册，中建八局从局总部到项目部使用一套管理手册，使3万人的大型企业实现上下的管理贯通，高效管理，而很多建筑企业依然停留在"项目做得好不好,关键看项目经理"的阶段（参见建筑前沿文章《为什么接了业务，转型还是不容易？》）。

最难的行业，也有很好的企业，中国建筑今天的成就并非偶然，也许未来还会经历更大的挑战，但前瞻的眼光、积极的行动是战胜行业下行困难的利器；无独有偶，在迅速下跌的装饰行业中，金螳螂的业务已经开始逆势增长，似乎人人都是股神的建筑牛市已经过去，"沧海横流，方显英雄本色"的时代正在来临。

（本文写作时间：2016 年 11 月）

您看不见的中建三局

2016 年新签合同 3100 亿元，营业收入 1440 亿元，利润 55 亿元，这是一般建筑企业难以企及的目标，让中建三局成为所有建筑央企二级工程局里合同额、利润、营业收入最高的企业。除了《敢为天下先》里的中建三局，这里还有另一个外部人看不到的中建三局。

中建三局出了一本书——《敢为天下先》，记录了三局 50 多年来的发展历程，展示三局辉煌背后的筚路蓝缕和几代人的攻坚克难、勇攀高峰。发展到今天，三局已经成为所有建筑央企二级工程局里合同额、利润、营业收入最高的企业，2016 年新签合同 3100 亿元，营业收入 1440 亿元，利润 55 亿元，这是一般建筑企业难以企及的目标。

攀成德与三局从 2005 年开始，长期合作，由于这种工作关系，笔者与三局接触比较多，参与过三局"十一五"到"十三五"的三个五年规划，参加过三局的一些会议，读过三局所有的制度、流程文件，与 2005 年来的核心领导有过比较多的交流和沟通，在我看来，除了《敢为天下先》里的三局，还有另一个外部人看不到的三局。

看得见的是成绩，看不见的是心酸和苦涩。

建筑人的心酸和苦涩只有建筑人知道，三局人的心酸和苦涩只有三局人知道。今天，三局在高层建筑领域确立了领先地位，用三局的话来说叫"高、大、精、尖、特"，成功的背后，是一次次艰难的技术突破，而技术突破的背后，是一次次失败后的咬牙前行：三天一层的"深圳速度"经历过连续三次失败；鲁班奖的背后是"四砸马赛克"的痛苦选择；"地王大厦"钢铁铸就的辉煌是冒着生命危险在事故现场寻找原因；今天在国内市场的布局完善，来自于早年在无数不受待见、拒之门外的冷眼后对市场保护的突破；海外布局，是那些一波三折工程的艰苦磨炼。《敢为天下先》里的三局总是"屡战屡胜",其背后却是"屡败屡战"的精神在支撑。无论过去还是今天,三局人并不比其他建筑企业人聪明,成功背后是"五加二"、"白加黑",是承受更多的委屈、经受更多的挫折,在心酸和苦涩中奋勇前行。

看得见的是能力,看不见的是开放和包容。

巨大的成就奠定了中建三局今天的江湖地位,作为旁观者,我以为在企业管理、团队建设、项目管理等方面,三局超越了很多建筑企业。当你跟三局人沟通的时候,他们有一种满满的自豪感,但仅停留在这种感受,那就错了,能力的背后,是一种开放的精神。笔者参加过三局"十一五"到"十三五"三个五年的规划工作,在"十二五"规划评审时,三局邀请了最强的竞争对手上海建工的高层领导参与评审,会后一起吃饭,这位领导发自肺腑地说:"三局这种开放精神太值得我们学习了!";"十二五"规划中,提出大力发展基础设施、海外业务,三局到中交四航局、上海城建学习,三局去学习的团队规模之大、层次之高,可以看出他们取经之诚;去年11月份,我去国内某顶尖造桥企业调研,与其董事长沟通,他谈到三局想进入桥梁建设领域,用PPP模式拿下了宜昌一座大桥,三局董事长亲自跟他联系沟通,这两家企业在宜昌的长江公路大桥上开展了合作。攀成德为中建三局服务时间已经到了12个年头,以笔者的体会,三局的开放精神是文化和理念的开放,经营的开放。

"泰山不让土壤,故能成其大;河海不择细流,故能就其深",开放和包容,这是您看不见的中建三局。

看得见的是拼搏,看不见的是忧患和前瞻。

三局的拼搏精神,攀枝花的"弄弄坪"算是起点,往后则是"深圳速度"、"中国高度"等。为什么三局会持续拼搏?是一种深深的忧患意识,三局的忧患意识不仅是对未来之忧,也是上下同忧。

做"十二五"战略规划期间,笔者与三局的一位高层领导有过一个下午的沟通,这位领导跟我探讨的问题是,大型工程企业的核心能力究竟是什么?三局如何塑造这样的核心能力？塑造这种能力需要多久？作为研究者，我一直认为工程企业的核心能力是两个：（1）工程总承包能力；（2）BOT业务能力。这位高层领导对三局如何建设这些能力，表现出深深的忧虑：三局三万人，人员的结构和能力高度重复，主要集中于施工总包；即使收购了设计院，设计的技术能力依然难以塑造，设计和施工的融合困难重重；而BOT对于当时的三局，既没有这样的业务机会，也没有金融能力，转型慢慢长路。这是高层之忧，是前瞻的未来之忧。

无论是私下的沟通，还是公开的会议，三局内部很少讲成绩，多是谈问题。一位局总部企划经理总是跟我说，"我们三局问题太多，夜以继日也解决不完"，其言之忠诚、其情之恳切，让人感觉到力量；我到三局某子公司去沟通，接待我的领导跟我探讨："高大精尖特"的项目正在减少，三局也需要承接一些普通的住宅建设业务，如何在做这些业务时，打造和江浙民营建筑企业同样的成本优势？笔者去过三局的西北公司、广东公司、华东公司，他们总会提出各种忧虑。这是前线将士之忧，也是上下同忧。

"生于忧患、死于安乐"，这也是您看不见的三局。

作为优秀的建筑企业，三局闪光的地方很多，比如基层员工的务实、快速反应、迅速执行，中层领导的拼搏、开放、包容，高层领导的使命感、系统思维、乐观与忧患意识并存等等，这些都是优秀企业的共同品质。我曾经问一位三局退休10年的老同志，能否用一句话总结三局的成功经验？他说："从来就没有什么救世主，也不能指望神仙皇帝，企业要直面市场竞争，自己救自己"。

对于如三局这样的优秀建筑企业，未来的挑战将越来越大，原因很简单，建筑业目前正处在一个关键的转型阶段，建筑企业也必须转型，而大企业、优秀企业的惯性非常大，转型更难，正如易军副部长在《敢为天下先》序言中所说，"奋斗追逐着梦想，足迹孕育辉煌"，有梦、有奋斗、才有辉煌，三局能，我相信其他建筑企业也能。

（本文写作时间：2017年4月）

多数建筑企业需要"结硬寨"、"打呆仗"

在建筑业激烈竞争的今天，大多数企业都在探讨业务的转型升级，探讨"四两拨千斤"的投资模式，希望找到一种巧妙的捷径，笔者以为，这是少数企业能为之的策略，大多数那建筑企业需要"结硬寨，打呆仗"。

"结硬寨，打呆仗"是 150 多年前湘军的战术，清朝正规军在太平天国面前不堪一击，但非正规的湘军凭借"结硬寨，打呆仗"的"拙"劲，最终剿灭了太平天国。

什么是"结硬寨，打呆仗"？为什么"结硬寨，打呆仗"能产生这么大的力量？

湘军每开到新地，无论寒暑，立即挖壕沟，限一个时辰完成。营垒的防御墙，内侧叫子墙，士兵站这里，墙外面一层是篱笆，防马队，再外边是壕沟，防步兵，这就是湘军的"结硬寨"；通过"结硬寨"实现"制人而不制于人"的角色转换，湘军本来执行的是进攻的任务，但是通过"结硬寨"的方法把进攻任务转变成了防守任务。

安营扎寨结束以后，不主动进攻，而是等着敌人进攻；湘军每到一个城市边上，并不与太平军开打，而是就地挖壕，而且每驻扎一天就挖一天壕沟，这就是"打呆仗"。当年被湘军攻打的城市，如安庆、九江等，城墙外围的地貌全都被所挖的壕沟改变了。湘军打一个城市用的不是一天两天，他们用的是一年两年，不停地挖壕沟。一道加上一道，无数道无数道地围，无数道无数道地挖，一直让这个城市水泄不通，断敌粮道、断敌补给，等着城里弹尽粮绝，然后轻松克之。

"结硬寨，打呆仗"的成绩如何？从 1853 年到 1864 年，湘军与太平军缠斗 10 多年，除了攻武昌等少数几次有超过 3000 人的伤亡，其他时候，几乎都是以极小的伤亡，获得胜利，"结硬寨，打呆仗"的战术，起了很大的作用。曾国藩非行伍出身，湘军本身也并非训练有素，"结硬寨，打呆仗"这种"守拙"的办法，成就了曾国藩的胜利，湘军的胜利。

在建筑业激烈竞争的今天，大多数企业都在探讨业务的转型升级，探讨"四两拨千斤"的投资模式，希望找到一种巧妙的捷径，笔者以为，这是少数企业能为之的策略，大多数那建筑企业需要"结硬寨，打呆仗"。

商业世界有很多用"拙"劲的公司。2016年有个华为任总的访谈视频，视频中任总反复谈及华为的傻劲，似乎和曾国藩的"结硬寨，打呆仗"有异曲同工之处："华为没那么伟大，华为的成功也没什么秘密！华为为什么成功，华为就是最典型的阿甘，阿甘就一个字'傻！'。阿甘精神就是目标坚定、专注执着、默默奉献、埋头苦干！华为就是阿甘，认准方向，朝着目标，傻干、傻付出、傻投入"，"华为走到今天是华为人的'傻付出'，我们……经历了多少苦难！流了多少辛酸泪！……华为人就是比别人付出的更多，华为人付出了节假日，付出了华为人的青春和身体健康，靠的是常人难以理解和忍受的长期艰苦奋斗"。

华为塑造辉煌用的是傻劲，日本金刚组这个长寿公司用的也是傻劲，活过1430年地老天荒历史的金刚组，坚守修庙一个业务，历经千难万险、跌宕起伏，也是信守"结硬寨，打呆仗"的信念。

中国的建筑行业，需要有一批信守"结硬寨，打呆仗"的建筑企业，也确实有这么一些企业，他们坚持在建筑业这个利基很薄的行业，做自营、做要求高而毛利润很低客户的业务。

一周前，笔者拜访了上海家树建筑工程有限公司董事长邹银寿。邹总从事建筑业30多年，从做包工头开始就为万科服务，2001年成立的家树建筑工程公司，依靠苦干、实干成为万科建筑总包类A级合作伙伴。

在工程建设领域，房屋建筑企业的毛利率很低；而在房建业务中，为房地产开发商做住宅是毛利最低的；在房地产开发商中，给万科做工程，除了毛利低，要求还很高，做这样的工程是苦差事。正是做这样的苦差事，家树获得了发展。

今天，家树在上海有独立的办公楼，在嘉兴有工业化工厂，却没有银行贷款，正是依靠"结硬寨，打呆仗"的精神，成就家树今天的成就。

邹总的家乡是绍兴，那里是中国的建筑之乡，在建筑业快速增长的年代，当地部分企业依靠联营挂靠，迅速做大，但这种依靠资质成长的虚胖并没有增强企业自身的能力，而家树一直信守全自营、踏踏实实把活干好的信念，在今天建筑业下行的大背景下，依然业务饱满，在市场不好的大环境下，家树却走在逆袭的路上。

笔者顺便查阅了最新的万科建筑总包类 A 级合作伙伴，在 29 家企业中，规模巨大、技术水平高超的知名建筑总包商比较少见，万科把施工总包的大部分业务机会给了那些有"结硬寨，打呆仗"精神的中小规模总包企业，所以在传统行业的建筑业，踏实干活的企业也有很好的生存空间；与那些规模大、声名显赫的大型建筑企业相比，没有负债、踏实为上游企业干活的中小型建筑企业，生存能力未必差。

在快速发展的今天，选择和长期信守"结硬寨，打呆仗"理念的企业越来越少，而最后胜出的，却往往是这些企业，正应了那句有点鸡汤味道的话"成功的路上从来不拥挤"。

（本文写作时间：2017 年 8 月）

02

战略与变革

国有建筑企业的新机遇

虽然目前多数建筑企业经营良好，但抗风险能力都比较弱，在经济情况尚可的情况下，推进混合所有制经济，对于解放这些国企的生产力，提升竞争力是非常有意义的，不失为明智之举。混合所有制虽然存在着难度，但恐怕是目前能够选择的最佳路径。

在世界范围内，目前还难以找到足够的统计数据证明国有经济比民营经济更富有效率和竞争力，而中国有庞大的国有经济，净资产达到数万亿美元（根据社科院研究，国有资产 8 万亿～9 万亿美元，国有企业资产在 2 万亿～3 万亿美元），相比一些资本主义国家区区数百亿、上千亿美元的国有资产规模，中国国有经济的好坏对中国经济的影响要大得多。正是基于这样的认识，十八届三中全会在过去提出的混合所有制经济思想基础上进一步明确国企和国有经济的改革思路，其核心在于股权混合以及国有企业治理方式的改进。

"国有资本、集体资本、非公有资本等交叉持股、相互融合的混合所有制经济，是基本经济制度的重要实现形式，有利于国有资本放大功能、保值增值、提高竞争力，有利于各种所有制资本取长补短、相互促进、共同发展。允许更多国有经济和其他所有制经济发展成为混合所有制经济。国有资本投资项目允许非国有资本参股。允许混合所有制经济实行企业员工持股，形成资本所有者和劳动者利益共同体"。这些概括告诉我们什么是混合所有制，为什么要混合，混合所有制的大致模式等，是明确股权结构的改变。

"完善国有资产管理体制，以管资本为主加强国有资产监管，改革国有资本授权经营体制，组建若干国有资本运营公司，支持有条件的国有企业改组为国有资本投资公司。国有资本投资运营要服务于国家战略目标，更多投向关系国家安全、国民经济命脉的重要行业和关键领域，重点提供公共服务、发展重要前瞻性战略性产业、保护生态环境、支持科技进步、保障国家安全"。这是对国有资产管理方式的改变，国有企业过去或多或少存在股权混合的情况，但是国有股权的话语权实在太大，即使股权混合也难以建立规范的治理结构，国资以资产运营公司的方式管理资产，有利于推进治理结构的科学化。

从十八届三中全会的公告中，我们可以看到中央的决心和勇气，然而对于几万亿美元的庞大国有资产，这样的改革也并不容易，国有企业规模庞大，涉及社会的方方面面，既有垄断性行业、涉及国家安全的行业，也有完全市场化、不涉及国家安全的行业，不同特点的企业，其混合难度各不相同。在笔者看来，规模大、人员多、垄断性强的行业混合难度大；而规模小、人员少、市场化程度高的行业混合难度相对较小。

显然，建筑行业的国有企业属于后者，由此看来，在建筑行业推进混合所有制更加具有可行性和可操作性。目前建筑行业的国资情况如何？依据攀成德统计，建筑类国有控股的上市公司所有者权益约为 5000 亿～6000 亿元，其中属于国有资本的资产约为 3500 亿元。在这些国有资本里，属于中央政府的国有资本为 3000 亿元，最大的企业为中国建筑，国有权益约为 730 亿元；属于地方的国有资本约为 800 亿～1000 亿元，最大的为上海建工，约为 100 亿元。同时，我们粗略估计非上市建筑国企的资产为 500 亿～1000 亿元，总计为 4000亿～5000 亿元。

对于建筑行业这些庞大的国有资本，要实现混合所有制经济，显然还存在两个问题：一是谁愿意拿钱来买和怎么买这些国有建筑企业的资产？二是买了以后的管理模式。笔者认为，两个方面都存在诸多的不确定性。从组建国有资产运营公司的角度看，最好的模式莫过于在这些集团的总部层面进行股权混合所有制，但资产大小不同，混合的难度也不尽相同。

相比较而言，混合所有制最难的是大型建筑集团，我们把它叫做第一层次的企业。这些企业的净资产超过 100 亿元，甚至达到 1000 亿以上的规模，要进行混合所有制经济，能够成为其股东的，只有大型的投资基金和超大型的民营企业。

以目前笔者的目光所及，恐怕国内能够找到的战略投资者屈指可数，即使他们有这个能力，他们是否愿意投资建筑这个行业，尚是一个值得思考的问题。从应收账款和部分企业净资产收益率两个方面来看，建筑业于其他行业并不存在明显的吸引力。同时，从行业壁垒来看，行业护城河的宽度并不太宽，这些都是投资者需要思考的问题。在这些大型企业中，净资产超100亿甚至1000亿元的超大型建筑企业对于一般的投资公司、民营资本而言，几乎是难以撼动的巨无霸，这些传统和完全竞争的企业要创造较高的净资产收益率对于任何管理者来说都是一个巨大的挑战。

第二个层次是10亿~100亿元净资产的企业，在笔者看来，混合所有制的难度属于中等，不同的企业会有不同的选择。一些具有专业能力和综合能力、人员精干高效、资产质量高的企业，对投资者的吸引力相对较强，混合的可能性大增；而没有这些优势的企业，可以采用资产折扣的方式给予一定的优惠，如果有政策配套，也会增加混合的可能性。

第三个层次是10亿元以下净资产的企业，这些企业应该是最容易建立混合所有制的企业，无论是进行员工持股、管理层收购部分股份还是吸引外部战略投资者，可行性都大大增加。

在混合的方式上，可以从总部和子公司两个层面进行。如果在企业集团总部层面难以进行混合股权，在企业子公司层面进行混合股权也不失为一种选择。事实上，一些地方性的企业正在或者已经进行了这样的尝试，陕西建工、山西建工这些大型集团在多年以前，就对下属的困难子公司进行了混合所有制改革，既有国有的股份、又有民营企业股份和员工持股。然而，在这些混合所有制的运营过程中，也或多或少存在让人担心的问题。尤其是员工持股的企业，在企业亏损时，员工常常要求退出，上级集团出于稳定的目的被迫在支付利息的情况下买入股份，在企业盈利时，也存在上级集团强迫员工退出的情况。总体上，在契约精神不足、治理结构不规范的情况下，难以形成真正投资意义上的混合所有制。

对于上市建筑类企业，在治理结构和交易价格方面相比非上市建筑企业更容易。以笔者的观点看，这些企业的混合所有制更具有可操作性，关键在于投资的回报率和投资后治理结构中不同资本发言权的问题。非上市类建筑企业，如果其资产规模不是太大，能吸引外部投资，并让企业管理者和员工持股，实现混合所有制也是可能的。

建筑类企业的混合所有制在所有国有企业中相对容易实现混合所有制模式，其业务的高度市场化使这些改革更加容易，而行业的吸引力相对不足，回报率不高，经营风险较大是其对资本吸引力不足的地方。

以笔者对国有建筑企业的了解，虽然目前多数建筑企业经营良好，但抗风险能力都比较弱，在经济情况尚可的情况下，推进混合所有制经济，对于解放这些国企的生产力，提升竞争力是非常有意义的，不失为明智之举。同时，混合所有制，也给一些有实力的民营建筑企业提供了新的发展契机，他们可以借助国企的混合所有制机遇，进入长期难以进入的高端市场。在中国的绝大多数建筑领域，高端市场依然被国有企业占据，在某些缺乏竞争的细分领域仍然保持着惊人的低效，如石油领域、核电领域的建设。

没有改革就没有未来，混合所有制虽然存在着难度，但恐怕是目前能够选择的最佳路径，除此之外，就只能直接出售，但是苏联的教训不可不吸取。

（本文写作时间：2014 年 6 月）

国企有活路，民企有吗？

建筑业不断传出民企希望被国企收购的消息，民企到底是应该选择大树下面好乘凉的快意？还是应该咬着牙前进、把自己的未来寄托于核心能力的建设？

攀成德研究部每年都会统计利润超过 10 亿元的建筑企业，包括央企的二级建筑子公司、地方国企、民营企业。如果把企业性质简单分为国有和民营两类看，2013 年利润超过 10 亿元的企业合计 22 家，国有 17 家，民营 5 家；2014 年合计 18 家，国有 14 家，民营 4 家；2015 年合计 28 家，国有 26 家，民营 2 家。年利润超过 10 亿元的建筑企业，大致可以称为中国建筑企业的排头兵，从排头兵的数量变化看，国企总体保持了稳定的发展，从 17 家增长到 26 家，而民企的数量却逐步下降，从 5 家减少到 2 家，是什么原因导致这样的结果？

对此，攀成德分析认为主要是四个原因：

1. 国企更容易抓住 PPP 带来的发展机遇

从 2013 年开始，"PPP 模式"成为中国建筑行业的一大市场热点，"PPP 模式"是有钱人的"游戏"，大国企、上市公司正积极投身于这一"游戏"，而国有大型上市企业则更有优势：信誉优势，银行乐于把钱给国企；市场的优势，在高压的反腐态势下，政府官员多一事不如少一事，只敢把项目给国企；能力的优势，大型建筑国企在品牌、规模、能力上更胜一筹。几个优势叠加，使目前绝大多数"PPP"项目成了大型央企、省级国企、上市建筑企业的囊中之物，中小建筑企业、专业领域离"PPP 模式"模式比较远的企业与"PPP"项目很难结缘。即使通过市场化竞争，拿到的"PPP"项目往往规模小、数量不多、实施难度大。无论是公开还是非公开的数据，不同的经营结果大致可以看出市场的端倪。笔者从非正式渠道了解的信息，某建筑央企的在建项目合同投资（含 PPP 项目）超过 1 万亿元，可见投资在其业务发展中的地位之高。

2. 国企更容易抓住国际建筑市场机遇

随着"一带一路"的倡议，中国在发展中国家的投资不断增加，这些投资主要由进出口银行、国家开发银行给予所在国贷款，大量中国资金投入到这些国家的基础设施和其他建设领域。无论中国给予的贷款形式如何，协议条款如何，发展中国家都乐于接受这些贷款，而贷款投向的项目，基本上由中国的工程企业设计、采购中国的设备、由中国建筑企业实施，在项目的实施整个过程中，民营企业很难从中分到市场，基本成为国有建筑企业的食物。民营企业只能通过完全的市场竞争，获得所在国自己投资的项目或者分包中国投资的项目，国有建筑企业在海外得到的这些项目风险小、可控性强、利润率高，从而大大提升了国有建筑企业的盈利能力，从主要从事海外业务的央企二级子公司的利润总额，我们可以看到央企的优势，在可以预见的未来几年，这些业务不会出现大的波折，继续为国企提供业务来源，利润来源。

3. 国企更容易抓住国家投资大项目机遇

经济下行，需要投资来拉动经济增长，2016 年前几个月的统计数据显示，民间投资增速已经显著下降，国有投资则强劲增长，大量的国有投资，正在投向大型基础设施，国有投资总体上是投向大型项目，如高铁、高速公路、地铁、海绵城市、管廊建设一类，这些大型项目，几乎与民营企业无缘，成为国企的囊中之物，民营企业主要驻守在中低端房屋建筑、装饰、幕墙、中低端市政、工业建筑的某些专业领域，或者为大型企业做分包，民企要在下行的市场中，找到增长的机遇，实在太难；而国有大型企业更有能力抓住这些大型项目实施所带来的机遇，从企业的经营数据也可以看出端倪：2015 年，中国建筑在房屋建筑领域营业收入下降，但在基础设施领域的营业收入在快速上升；这一趋势在短期内恐怕难以改变。

4. 国企更容易在目前市场竞争规则中取胜

在激烈的市场竞争中，投标是最常用的竞争手段，投标标准的设定对于大型企业似乎更有利，无论是资金实力、项目实施能力，以及各类奖项如鲁班奖、国有工程的加分，大型国企都居于有利的位置。民企依靠体制机制的优势要在投标的前端竞争中取胜似乎很难，毕竟体制机制的优势要在项目履约的中后期才能发挥作用，不合理的标准和招投标的竞争，不利于中小型企业的发展。

面对目前建筑企业的发展态势，我们常常陷入这样的思考：这到底是一个强者恒强的时代还是资源决定胜负的时代？抑或二者兼而有之？

大型建筑国企在政策、资源、品牌、项目管理、技术等方面，居于明显的优势，然而，其他行业大量僵尸国企，也不断给我们敲响警钟。国企有它固有的难处，在获得资源的同时，上帝也给了国企另一面，体制和机制的劣势。或许有一天，当大量 PPP 项目无法兑现的时候，建筑国企也会陷入僵局？建筑国企的优势能持续多久？

而民企要靠体制机制的优势在短时间内实现逆袭似乎很难，也许目前是民企最艰难的时世，顽强的活下去才有未来。建筑业不断传出民企希望被国企收购的消息，民企到底是应该选择大树下面好乘凉的快意？还是应该咬着牙前进、把自己的未来寄托于核心能力的建设？

这是一个"选择"的年代，"国进民退"或许只是短期的景象，"PPP"和"一带一路"在建筑业发展的历史长河中，只是一段时间的风口，风口的猪总有掉下来的那一天。国有、民营建筑企业各自的未来需要历史给出答案，大家都需要回到那个永恒的主题：客户价值和企业核心能力。

（本文写作时间：2016 年 6 月）

新形势下民企如何生存？

民企从过去的市场进攻转为全面的市场防守，大多数民企主要从事房建领域，难以在新领域、新模式上实现根本性的突破，甚至在房建领域的中高端也难有作为，逐步退回原有阵地，这是民企生存最艰难的时代，要如何寻找自己的生存之路？

据国家统计局最新公告，2016 年建筑业产值 19.3 万亿，比 2015 年 18.1 万亿增长 1.2 万亿，增速 7.1%。往前追溯一年，2014 年建筑业产值 17.7 万亿，2015 年比 2014 年产值增长 0.4 万亿，增速 2.3%。从数据看，建筑业 2016 年的市场形势明显好于 2015 年。

果真如此吗？不一定，几家欢乐几家愁。首先是建筑材料的涨价，一定程度上推高了建筑业产值的增长，以可比价格计算的市场增长并不如数据反映的那么美妙。其次是 PPP 推动的建筑业增长并非所有企业的盛宴，主要增长集中在大型、优势企业：中国建筑新签合同 1.8 万亿元，增长 22%；中国中铁新签合同 1.2 万亿元，增长 29%……窥一斑见全豹，大型央企突飞猛进，占据了增长空间；与此同时，地方大型国企、优势民营企业实现了不同程度的增长。这类企业不仅吃掉了行业的增长空间，还在大量挤占其他企业的生存空间。

从企业的数量上看，大型建筑集团的数量并不多，民企占据着数量上的绝对多数，但数量多和体制、机制的优势，并没有让民营建筑企业形成市场的竞争优势。从市场的份额看，10 年前大致分布为：国企 25%，江苏浙江企业 25%，其他企业 50%；而今天，国企的占比正在大幅度的提升，将近 35%，江浙建筑企业艰难保持，其他民营企业的市场空间正在大幅度的压缩。从竞争态势看，民企从过去的市场进攻转为全面的市场防守，大多数民企主要从事房建领域，一度向基础设施等领域发起冲锋，力求在新领域占有一席之地。目前的竞争态势，民企难以在新领域、新模式上实现根本性的突破，甚至在房建领域的中高端也难有作为，逐步退回原有阵地。

建筑业总的市场已经基本稳定，在市场总空间一定的背景下，总是存在此消彼长的现实：10个苹果，两群人分，一群人多拿，另一群人就必然少拿。国有企业"是我们党和国家事业发展的重要物质基础和政治基础""理直气壮做强做优做大国企"，这是建筑国企发展最辉煌的时代，却是民企生存最艰难的时代。

那么，建筑民企如何寻找自己的生存之路？

一、认识变化，适应变化

笔者把目前建筑业市场的变化总结为六个方面：

（1）国内市场总体下行；

（2）建筑业细分市场分化；

（3）国际化加速；

（4）建设模式快速变化；

（5）管制方式逐步市场化；

（6）企业竞争分化。

垄断竞争与自由竞争在不同的业务层次并存，这六个方面，我们细述一二。

中国正处在最大规模的建设时期，抛开建筑业的产值只看建材的使用量，钢材、水泥、建筑用玻璃的使用量超过或接近全世界的50%，而中国人口占20%，即使我们处在城镇化的关键阶段，这也是不可持续的建设速度。中国庞大的建设能力，注定僧多粥少是未来建筑市场不争的现实，从整体上看，建筑企业需要放弃行业快速增长的梦想，企业自身的增长只有依靠竞争，抢占他人的生存空间。

在整体市场空间不再无限的同时，不同建设细分行业的市场空间正在此消彼长。笔者曾将不同细分市场比作桶：全空的桶是海绵城市、地下管廊，空间无限，但谁为装水的人付钱、怎么付钱还需要探讨；半满的桶是公路、轨道交通、高铁，但灌水的人很多，灌水的速度很快；最大的桶当然数房屋建筑，桶装了70%，未来空间还是很大，但装水的速度正在放慢；接近装满的桶是火电、水电、水工等，空间已经很少；有些桶的水已经外溢，煤炭、钢铁、水泥、平板玻璃等去产能的领域，几乎没有建设空间了。即使能看到新的市场机会，去不去抓需要勇气，会不会抓需要智慧，能不能抓需要资源和能力，没有准备，机会也会溜走。

面对目前不断变化的环境，民企需要在关注、研究、适应上做文章。

第一层次是关注变化。中、高端市场形成的垄断竞争局面正把大多数民企排除在外，而中低端市场激烈、无序的自由竞争正在推高民企的经营成本，再加上政策变化——营改增、资质进一步放开，冷冽的市场寒风让多数民企瑟瑟发抖。不关注变化的民企应该几乎没有，但仅仅关注环境变化，显然是不够的，那就要加强研究。

第二层次是研究变化。正如我们谈到的建筑业正在发生的六大变化，变化的特点各不相同，整体市场的变化是长期的，细分市场的变化是起起伏伏的。国际化加速并非是所有企业的机会，建设模式的变化是行业发展的必然，政策的变化是短期即固化的，市场竞争的分化意味着未来的竞争将基本稳定。外部环境的变化必有其原因，对每个企业的影响各不相同，企业既需要做短期的调整，也需要做长期的准备。在笔者看来，能深入思考、深入研究和找到对策的企业比例不会太高，即使找到了对策，能实施吗？

第三层次是适应变化。目前激烈变化的市场，将会在5～10年趋于稳定。要适应目前的变化，企业需要审视自身的经营模式、管理模式、激励模式是否和市场的需要相适应，适应则坚持和修正，不适应则趁早进行大的改变，改变是一件并不容易的事情。达尔文提出适者生存，这是生物界的规则，适者生存也是商业界的规则，如恐龙因不变而灭绝，企业也会如此。那么改变容易吗？2000年前商鞅实施变法，即使有秦孝公的支持，改革者依然被失败了。路径依赖是领导意识、团队能力、品牌形象、资源禀赋长期累积的结果，放弃旧的路径、找到新的路径是巨大的挑战。建筑行业最简单的莫过于从联营向自营模式的转型，又能有多少联营企业能成功？工程总承包转型、国际化转型，如果没有壮士断腕的决心，又有多少企业能成功？

站在 2030 年看今天的建筑业、企业和我们自己，一定有很多需要改变，但能看清的能有多少？看清找到新路的有多少？筚路蓝缕走新路的又能有多少？会不会让"晚上想想千条路，早上起来走老路"成为宿命？

二、寻找生存之路

数量众多的民营建筑企业可以划分为不同层次：第一类，大而强的民营建筑企业，经过 30 年的发展，他们已经做大，形成了自己的核心能力，赢得了市场和客户，成为建筑民企的中坚力量。虽然他们还不能和大型国企在资源禀赋、专业覆盖、品牌、团队上相提并论，但其机制、体制的优势，艰苦奋斗的精神，奋勇向前不放弃的勇气，成为他们生存的利器；第二类是大而不强的企业，这类企业利用早前的资质优势，依靠联营挂靠模式，做到了一定规模，但客观说，自身在项目的签约、履约、结算的能力薄弱，资金、技术、团队的积累少，专业的转型几无可能，模式的转型迫在眉睫，在新形势下面临巨大挑战，要么生存、要么死亡是未来的抉择；第三类是中型有实力的企业；第四类是中型无实力的企业；第五类是小型有实力的企业；第六类是小型无实力的企业。从这样的分类中，读者大致可以理解笔者的意思，企业可以大中小分类，亦可从有无实力的角度分类。在建筑业市场分化的今天，建筑企业面临的最大挑战主要不是规模大小，而是实力强弱，或者说规模只是实力强弱的一个因素。

对于民营建筑企业，笔者的总体建议是三个：

（1）主动或者被动退出建筑业

这是一种无奈的选择，但并非不明智的选择，尤其是主动退出。"功名利禄"成就于建筑行业，退出建筑业需要巨大的勇气。笔者见过这样的企业，营业收入 5 亿~10 亿，利润 5000 万元以上，经营不错，但团队强烈依赖老板本人，老板的孩子不再从事建筑业，老板无心、无力打造出一个不依赖自己的经营、管理团队。笔者给他的建议就是主动寻求被收购，趁企业在值钱的时候脱手，这是最好的选择——企业前进、老板主动退出。老板和企业被动退出，则是企业破产，随着行业不再强势增长，这样的案例正在增加，与其坐以待毙，为啥不抢先出手？放弃是放弃者的墓碑，奋斗就是奋斗者的金牌。如果不愿意放弃，那就撸起袖子加油干，在建筑业奋斗下去。

（2）提前预见变化，早做准备

无论如何转型，施工总承包还是民营建筑企业未来 3～5 年主要的生存业务。在资质放开、营改增推行、四库一平台联网几股外部力量的夹击下，联营不再有空间，自营才是王道，无论是联营、自营并行的双轨制还是痛下决心、招兵买马、放弃利润坚定转型的一刀切，朝自营转型都是不二选择。"市场在资源配置中起决定性作用"，资质已如今天求职的大学学历，不再有多大价值。没有自营的转型，何谈 BIM？何谈标准化、精细化？何谈专业的转型？何谈工程总承包的转型？何谈价值链的整合？转型自营，需要 3～5 年甚至更长的时间，需要培养团队、需要培养经营、管理能力，需要形成和运作高效的管理体系，需要堵住可能四处漏水的项目运作；然而，这样的能力不塑造，能有未来吗？没有随随便便的成功，不会有无缘无故的失败。自营能力强大的企业，既可以在成功的路上继续向前，也可以把成功的经验推广到新的模式、新的业务领域进行复制，但前提是在既有业务上已经取得成功。**是固守，还是增加新业务，没有对错**。仔细研究金螳螂可以发现，过去 20 年，金螳螂固守在装饰领域，房地产行业曾经如火如荼，金螳螂没有进入房地产，在装饰行业的深耕细作成就了装饰行业的奇迹，但今天我们看到，金螳螂正在以 PPP 模式强力进入市政行业；中建是房建领域的强者，正强势进入市政、交通等基础设施行业，推动企业进入新的发展阶段。中建 PPP 模式背后的资源来自何处？金融支持来自于房建、地产现金流形成的企业信用，核心团队来自于房建业务的千锤百炼，管理体系来自于房建业务的管理弹性。没有核心业务的艰难修炼、艰苦成长，不把豆腐磨好，不可能有新的无源之水、无本之木，做好今天的工作，就是为抓住明天的机会做准备，没有长期的准备，最好的机会也只能是水月镜花。

民营建筑企业，面对目前的变化，在业务上做加法是一种选择，做减法则是另一种选择。笔者见过一些规模并不大、能力并不强的建筑企业，业务数量很多，业务区域很广，但业务量都不大，所谓弃之可惜、食之无肉。**笔者的建议是在慎重评估以后，应该做出选择，要么增加资源、改变机制，把业务做起来；要么选择放弃，伤其十指莫若断其一指，不消化的贪吃毫无价值。**万科当年放弃很多业务专注于房地产，谁能说不是明智的选择？东方不亮西方亮的业务幻想，如果没有精心的培养，激烈竞争的结果必然是东方不亮西方也不亮。

（3）内外兼修，强身健体为本

坚持把建筑业当成使命来做的民营建筑企业的最高选择是内外兼修，强身健体为本。外修是深入研究市场和客户，以市场和客户价值为重。万古长青的建筑业总会凸显出新的机会：开发区的热潮过了，旧城改造的机会来了；新建的高峰过去，维保的市场正在与日俱增；以建设为核心的时代过去，全生命周期的时代正在走来。关注客户的需求，为满足客户现在的需求干活、为满足客户未来的需要做准备，这是外修。内修则是提升自己的能力、效率、服务品质，更为未来的变化做好准备，建立有适应性和延伸能力的团队，以奋斗者为本的激励体系来激发团队的战斗力；建立健康的财务体系，建设开放、包容和创新的企业文化，这些都是企业内修的要素。

对于民营建筑企业，市场似乎夜幕四垂，PPP、国际化、大项目都成了央企为主的国企之盛宴，"民"不聊生；但我们又分明看到星河横亘，新模式、新业务、新市场给机制、体制灵活的民企新的空间。国企的政策优势不会永恒，也吃不尽所有的业务，不会适应所有的模式，建筑业只有客户价值、市场规律永恒。艰苦奋斗、坚韧不拔的民营建筑企业精神，总会在那里、在这里，在近处、在远方，找到自己的空间。

祝福建筑民企，祝福中国建筑业，祝福中国。

（本文写作时间：2017 年 3 月）

小型建筑企业的出路在哪里？

　　建筑业市场环境正发生巨大的变化，从事高端业务的优势企业逐步进入中端市场，而从事中端业务的企业被迫走向低端。很多过去从事低端业务的小型企业，逐步被挤出市场，生存苦不堪言，出路在哪里？从长远计，我们还是可以给小型企业提供一些生存的建议。

　　近期"建筑前沿"发了一篇文章《建筑企业倒闭的十大原因》，引起了很多读者的围观。一家三级民营建筑企业老总在后台留言说很后悔做建筑这一行，这家企业已经做了20年，老总觉得做建筑企业已经没有活路，痛苦告诫子子孙孙都不要做建筑了，那么小型建筑企业难在哪里？

　　1.资质维护难：二三级企业资质升级成本太高，前几年一个建造师挂靠成本在6万~7万元，现在平均一个建造师挂靠成本也要4万~5万元，有些专业的挂靠还更贵。二三级企业支付不起资质升级的成本，只能选择挂靠，给挂靠企业交投标报名费、投标成功后交挂靠费，扣掉挂靠费企业利润非常薄了。（注：最新政策，资质无需与建造师数量挂钩了）

　　2.能力提升难：二三级企业自身没有核心竞争力，主要做劳务的分包，又总是遭遇到围标串标，拿不到项目，他感慨工程行业的水比大海的水还深，所谓的工程招投标全都是拼人脉关系，像他们这种干实事好好做工程的企业，不知如何才能生存。

　　3.找到方向难：未来的路在哪里？继续这么熬着？走专业化的道路？很迷茫，很困难。

　　这位三级企业的老总给"建筑前沿"的编辑诉苦，不去找项目待在家里，无事可干，等死；去找项目，一个小项目甚至是分包的业务都有无数的投标者，中不中标不知道，投标的费用也难以支付，就算勉强中标，前期的垫付，工程款的拖欠，都是不能承受之重，再加上营改增、更严格的行业管理，他感叹真是无计可施，只有坐以待毙。

这位企业老板的迷茫反映了当下不少中小建筑企业的生存现实。在建筑业快速增长的阶段，大型建筑企业往高端发展，选择"大市场、大业主、大项目"和"高大新尖特"的业务战略，这样的战略，意味着大型建筑企业放弃低端市场，给中小型企业留出生存空间。现在建筑业的市场环境发生了巨大的变化，从事高端业务的优势企业逐步进入中端市场，而从事中端业务的企业被迫走向低端，很多过去从事低端业务的小型企业，逐步被挤出市场，生存苦不堪言。"兴，小企业苦；衰，小企业苦"，正是这些中小建筑企业生存的真实写照。

作为一个从事建筑企业管理咨询的顾问，我深刻理解小型建筑企业老板的困难。小型企业，从企业内部看，资源欠缺、人才少、品牌弱、管理不规范、发展受诸多因素的制约；从客户角度看，小型企业风险承受能力弱，履约过程中资源调配能力不足，服务难以让人放心；从政府角度看，"三去"压力很大、投资增长乏力、经济增长逐步下行，对中小型企业、民营企业的支持只能喊喊口号，给予信心鼓励。无论从哪个角度看，阳光很难照到小型企业，雨露很难滋润到小型企业。在行业下行的情况下，已经陷入困境的企业要解决生存问题很难。这是市场竞争的必然结果，最先陷入困境的是竞争能力最弱的，弱势企业死亡是市场经济的正常规律，也是推动社会进步的力量。

从长远计，我们还是可以给小型企业提供一些生存的建议：

首先，坚定生存的信念。据攀成德的研究，美国有70多万家建筑企业，超过500人的大型公司约1000家，绝大多数是小型建筑企业，可见，即使在建筑业高峰已过的成熟社会，小型建筑企业依然存在生存空间。一位学者说当下中国最急迫的是三个方面：国家的方向感、精英的安全感、老百姓的希望感。小型企业如经济领域的普通老百姓，希望感是最重要的，无论是新建市场还是存量市场的维保，未来建筑行业一定存在大量的小企业生存空间，有了生存的信念，小型企业需要努力去寻找自己的生存支点。

第二，找准自己的定位、形成自己的特点。既然是小型企业，不要什么都做，客户是谁、做什么，一定要聚焦，小型企业要坚信这样的生存信念："小即是美"，"浓缩的才是精华"。做一家有特点的饺子店、有特点的手工作坊，生存的法则就是特点，小型建筑企业的生存之路也是特点。那么，小型企业应该形成哪些自己的特点？可能是服务，我能干的事情，别人都能干，但是我的服务贴心，我守信用，说到做到，让人放心；可能是专业，我只做某个很小的业务领域，大公司要养这样的专业成本太高，小公司在某个专业服务一批大公司，分摊他们的成本，而且质量比大公司做得更好，与大企业形成优势互补；可能是低成本，小公司没有过多人员和机构，没有过多制度和流程，灵活快捷，综合的管理成本低、反应速度快，做相对简单的业务，在保证质量的情况下，能显示出成本的优势。坚守自己的优势，不要有太大的经营半径，做好眼前的事情，经营老客户，是很好的生存之道；不要太多的装备、技术投入，重视一线的作业，体现出工匠精神，是生存之道；不要太多的关系投入，甘作大型企业的铺路石、协助大型企业成功，走共生之路，也是生存之道。

第三，老板就是竞争力。大中型企业的组织能力是主要的竞争力，而小型企业老板就是竞争力，"小胜靠力、中胜靠智、大胜靠德、全胜靠道"，小型企业的老板恐怕四个方面都需要修行，笔者曾经和一位劳务企业的领导探讨，做好劳务需要有"风里来、雨里去、泥里滚、酒里泡"的准备。

第四，安心做好"小"、做实"小"。要相信小有小的美，大企业、大企业家固然有令人羡慕的地方，但也有他们的难处，大企业和大企业家很少能有退路，他们承担太多人的期待、承担太大的责任，他们必须在生存中寻找诗和远方，他们必须在没有希望的时候谈希望，而小企业可以非常宁静、从容。大企业的寿命很难长久，而有的小企业却奇迹般长寿，如果说活下去是一种美，建筑小企业的美未必亚于大型企业。日本金刚组并不是大企业，1428年的超长寿命，给我们显示的是"基业长青"的奇迹，这本身就是一道卓越的风景。

在建筑行业，大企业需要构建一种生态，在大企业的生态里，需要一批小而美的企业。8月初，笔者在南通参加了一个劳务的研讨会，两个从事劳务的企业已经成为某央企工程局依赖的合作伙伴。在我看来，没有人会轻视企业的小，只要你有特点，只要你干出的活让人信服，只要你体现出坚韧不拔的精神。未来的中国建筑行业，会出现更多的小而美的企业，关键是这中间有没有你。

（本文写作时间：2016 年 8 月）

专业化是通往巅峰之路的选择

虽然建筑业市场规模足够大，但竞争也日趋白热化，要成为一个足够强大的竞争者，选准自己的定位至关重要，对于多数企业而言，资源和能力都受到限制，规模的扩张在未来也会受到挑战，专业化就是一个比较明智的选择。

我们常常会听到这样的称赞，"这个人做装饰非常专业"，"这个公司做地铁非常专业"，从这些平常的称赞中，可以感觉到人们对于专业人员、专业公司的信任：做事情专业，代表着高水平。人们对于给自己提供服务或者产品的企业非常关注其专业性，然而，当自己经营企业的时候，则常常陷入专业化还是多元化的选择困境，他们往往认为多元化能争取到更多的机会，"东方不亮西方亮"，而专业化则正是有这样的危险，当行业陷入困境，企业日子不好过，当企业在其所处的行业没有竞争力的时候，日子同样不好过。

一、为什么要专业化

企业到底应该走专业化还是走多元化的道路？这个争执由来已久，我们可以找出很多多元化成功的案例。世界 500 强的大公司多数选择了多元化，一二个行业容纳不下这些企业的市场需要，只有足够多的行业市场才能容纳自己的身段。然而，我们仔细分析这些世界级的大公司，往往发现他们的多元化并非一般所想，首先是这些公司的多元化往往是有原则的多元，即相关多元化。同时在这些大型公司内部，其不同业务采取专业化的经营、专业化管理，其单个业务也堪称世界级的大型专业集团。与此同时，我们看到一些经历风风雨雨，依然坚毅挺拔的专业公司，虽然规模未必很大，但并不妨碍他们成为行业令人尊重的霸主。由此看来，专业化既是大型集团内部经营和管理的选择，也是中小型企业整体经营和管理的战略选择，如果说他们专业化之间有差异，则主要是专业化的宽度和深度不同而已。正如我们每个人，或许能者可以在几个领域都成为专家，而多数人能在 1～2 个领域成为专家就已经相当不错了，原因很简单，一个人的能力有限，精力有限，资源有限。

对于中国建筑企业而言，到底应该多元化还是专业化？整体而言，中国建筑行业目前的产值规模已经达到 13.5 万亿，产业的价值链不断延伸，业务的模式也因客户的需要不断创新，巨大的建设市场既可以容纳相对多元的大公司，也可以容纳足够规模的专业公司，有核心能力的公司都可以找到足够的生存空间。但仔细分析每个细分行业，参与竞争的企业也非常多，中国有 13 万家建筑企业，每个细分行业的参与者数以千计，数以万计。虽然市场规模足够大，但竞争也日趋白热化，要成为一个足够强大的竞争者，选准自己的定位至关重要。笔者认为对于多数企业而言，资源和能力都受到限制，规模的扩张在未来也会受到挑战，专业化就是一个比较明智的选择，如果专业化的事情尚且做不好，多元的扩张就非常困难。

那么，专业化的优势何在？

专业化的优势首先在于集中资源，一个企业在专业人员、资金、技术、设备、管理、经验、市场等方面的资源总是有限的。每个市场化的企业面临竞争，要比竞争对手做得更好，集中资源比分散资源更有优势，正是各种集中的资源使企业能实现更高效率，为客户提供更好的专业服务和专业价值；相反，如果一个资源不多的企业追求多元化，有限的各类资源就会被分散，很难集中精力创造出具有竞争力的素质，博而不专，使自己的各类业务缺乏竞争力，成为没有"核心竞争力"没有特色的二流企业。中国有很多名言如"业精于专，而毁于随"，"多则迷，迷则乱"，大致也是表述这样的道理。

多元化，尤其是盲目多元化，即使是世界顶尖的企业，也会碰到难以承受之重，正是他们曾经犯过类似的错误，走了不少弯路，所以世界顶尖企业都十分强调专业化发展。奔驰的一位前任总裁曾想让奔驰成为全球最大的科技公司，为此他收购军火企业、航空企业、电子企业等，宏伟蓝图和伟大梦想的道路让此时的奔驰走得异常艰难，以至于其收购的企业家家亏损，只有老本行汽车行业盈利，慢慢地，奔驰陷入以盈补亏的困境，日子非常难过，这位总裁也只好引咎辞退。事后人们帮他算了一笔账，1999 年，整个集团亏损 76 亿马克。今天我们看到的奔驰，已经东山再起，成为全球汽车行业中的"老二"，而其当年收购的多元化企业已经消失在历史的尘埃中。即使是奔驰这样的老牌企业，其资源也是有限的，而这种有限的资源是在发展过程中持久、连续积累起来的，而且来之不易、局限于汽车行业。格力前任董事长曾经说："我们一心搞空调，其他我们搞不过人家，搞也等于'以卵击石'。但搞空调他们不如我们，因为这是我们的强项，有几十年经验积累，有久经锻炼的人才和丰富的资源"。

这些事例，提醒我们建筑行业的企业家：在中国的建筑行业，我们企业处于什么地位？在我们主业的细分行业，我处在什么位置？能力如何？在我们主要的市场区域，企业处于什么位置？能力如何？如果答案都不是那么令人激动，甚至比较沮丧，企业就必须集中有限的精力、智力、时间，做好 1 ~ 2 个行业，做好 1 ~ 2 个区域。战略的随心所欲，战术的四面出击，最终只会忙于应付，力不从心，结果自然会事倍功半，甚至全盘皆输。

专业化的力量不仅在业务经营方面，在内部管理方面，在客户价值方面都显示出优势，在资本市场也得到积极的响应。

专业化的公司，金螳螂营业额 140 亿元，市值 300 多亿元，东方园林营业额 40 亿元，市值 210 多亿元，江河幕墙营业额 80 亿元，市值 110 多亿元，建筑业中营业收入超过 500 亿元的多元化公司，其市值相对于营业额远低于这些专业的公司。

二、如何避免专业化陷阱

专业化企业存在陷阱，最大的风险莫过于把所有的鸡蛋放在一个篮子里的比喻，篮子掉下，所有的鸡蛋都会破碎，即专业化公司陷入专业化陷阱。对于专业化的公司，如何考虑选择什么样的篮子，篮子里面的鸡蛋怎么放，谁来提这个篮子，篮子怎么提这些问题？

首先是选择好的业务，也就是所谓"篮子"的问题。建筑行业是一个专业非常宽，价值链非常长的行业，业务的选择既可以从专业的角度进行选择，也可以从价值链的环节进行选择。

笔者认为建筑行业不同的细分行业特点各异。最近几年无论是总承包还是专业承包的企业，都获得了长足的发展，可以说都找到了好的篮子。但从长远看，总承包和各类专业的市场会存在显著的差异，一些行业建筑物的存量越大，未来的市场空间越小，比如建筑总承包，土木工程总承包、建筑机械等。而一些细分行业会随着建筑物存量的增大，市场空间同比例上升，比如装饰装修行业，建筑智能行业，土木工程的桥梁维保、高速公路维保。以笔者所见，装饰企业在资本市场广受欢迎，投资者既看中这些企业的专业能力，专业品牌，更看中这一专业领域的市场空间。笔者做过简单测算，到中国城市化基本完成时，中国的城市人口将达到 9 亿，城镇存量建筑达到 550 亿 m^2，其中住宅 350 亿 m^2，公建 200 亿 m^2，持续的改造升级给这些专业化公司的机会既是巨大的，也是永恒的。与此相比，市政路桥的建设企业，在基础设施建设的高峰过后，新建也将基本完成，这些基础设施的维保，更多的是路面、桥面的维保工程，市政路桥总承包企业将被迫向维保、路面进行转型。

第二是专业化的企业要有空间拓展能力和远距离控制能力，也就是我们比喻的"鸡蛋怎么放"的问题。

专业化意味着要在某个细分市场有比较高的市场占有率，在比较宽的区域空间进行市场开拓，要在全国，乃至全球进行专业性的业务开拓。笔者服务过重庆一个专业从事钢桥面路面铺装的公司，10 亿元年营业额业务遍布全国，他们甚至希望把业务拓展到国外去。显然，这样的专业公司，如果只在重庆或者西南区域拓展市场，其生存空间将非常有限。

与业务的空间拓展能力相匹配的是企业远距离业务管理、业务控制能力，没有这样的控制力，业务失控所带来的经济和声誉的损失也是企业不能承受之重。毫无疑问，与远距离的空间拓展能力，远距离管理控制能力相对应的是高经营成本、管理成本，更好的专业设备、专业材料配送能力，要支付这些高成本。企业要么需要品牌溢价，要么需要更高的专业效率，否则很难实现对客户更高的性价比，没有合理的性价比，企业的专业化就失去了存在的理由。

专业化的企业需要创新，即专业能力或者模式的不断创新，使其与非专业企业相比保持领先的地位。有生命力的专业能力的不断提升，更好地满足客户需要，与非专业企业相比保持领先性。同时，需要提升资金运作能力，相比多元经营的企业，专业化公司的经营往往与行业的发展紧密相关，很难实现不同行业之间景气程度的平衡。当高铁建设突飞猛进的时候，专业的铁路建设企业业务非常良好，但行业景气度下降，企业就面临经营的窘境，如果没有一定的资金运作能力，也许企业就倒在黎明前。

第三是专业化的企业需要建立专业化的文化和团队。尤其是企业的领导者或者团队，需要坚信专业化的力量，这就是谁来提篮子的问题。建筑专业化企业面临经济周期性的问题，没有坚定的信念，就会半途而废，很多专业化的公司走到半道，就心生犹豫，要么走向多元化的新困境，要么倒在专业化的门口，正是任正非、董明珠、朱兴良、刘载望这些人才成就了华为、格力、金螳螂、江河这些专业的公司。

三、如何专业化

不同规模、不同历史的企业，选择专业化的路径也会各不相同。

对于大型和超大型的建筑企业，资金、技术、人才资源都比较丰富，其业务领域往往比较宽，中国建筑领域的央企和省级建工集团属于此类企业，可以通过内部资源的整合进行专业化。

依据攀成德的分析和研究，国际大建筑企业内部基本都采用了专业化的事业部模式。日本大成按照专业领域对内部的业务进行事业部制的管理，大成集团总部的部门设置相对简单，下属业务都分属不同的事业部，事业部的部门设置系统完整，支持业务的经营和运作，形成内部的专业能力。虽然大成是业务广泛的建筑企业，但其每个领域都由专业化的部门完成，能专业化地服务客户。事业部模式的设置，解决了公司总体业务多元，但具体业务由专业业务部门运作的问题，每个业务部门要么只从事一个专业领域，要么只从事一个价值链环节的业务，在内部实现专业人士从事专业业务。

由于传统的惯性，国内大建筑企业难以做到专业化，规模领先的国内大建筑企业集团也正在内部实行专业化调整。力度最大的当属中国建筑，其内部专业化的思路与国际大建筑企业基本一致，中国建筑正在其内部建立专业化的产业集团，地产集团、装饰集团、安装集团、商用混凝土集团等等。正是遵循了专业化能力、专业化管理的规律，使中国建筑在业务层次提升、品牌提升、管理能力提升、盈利能力提升等诸多方面成为大建筑企业集团的楷模。

中等规模建筑企业的专业化需要缩窄、缩短战线，把资源和精力集中在少数几个领域，少数几个区域。笔者见到一些建筑企业，规模几十亿元，业务领域涵盖十多个，区域国际国内，专业和价值链跨度都比较大，遵循"东方不亮西方亮"的观点。虽然子公司、分公司数量很多，但大多盈利能力不强，甚至一些机构还亏损，领导们往往意识不到这些战略上的失误，把责任归咎于下属企业。当一些企业意识到战线太宽太长，进行专业化调整时，内部阻力非常大。可以预见，这些公司要么下定决心进行资源整合缩小战线，要么就在温水中慢慢窒息死去。

对于小规模的建筑企业，笔者认为，唯有专业化一条发展道路。在完全竞争的建筑市场，已经证明了这样一个规律，少数大型建筑总承包企业，大量的中小型专业分包和劳务分包企业，小企业的生存线路就是很窄的领域，很专业的能力，用一个拳头的力量与大企业一个指头的力量去竞争。小企业的领导者要去研究今天已经强大的专业公司如金螳螂、江河幕墙的发展历史，从他们专业化的成功经验中寻找自己的未来。

　　没有专业化就没有多元化，无论是小型建筑企业还是大型建筑集团，这都是需要思考的问题。大建筑企业需要追求内部专业化，调整虽然艰难，但必不可少；对志存高远的小企业，专业化不仅是成功的起点，也将是他们走向成功的捷径，至少他们离多元化还比较遥远。

（本文写作时间：2013 年 3 月）

为什么接了业务，转型还是不容易？

建筑企业业务转型很难，进入新的业务领域并不顺利，通常是接了项目，实施并不顺利，也很难盈利，类似的情况很多，为什么？

最近与一家大型建筑企业的领导探讨业务转型，他说转型很难，即使接了业务，转起来也很不顺。这家企业是矿建行业的佼佼者，其核心业务是为矿山做地下工程，技术、人才、业务管理都是行业的领先者，然而其所在行业的投资出现雪崩式下降，这家企业的矿山业务也出现雪崩式下降。企业只能业务转型，进入地铁、城市管廊等业务领域，这既是一种被动的选择，也是一种主动的出击，被动是原来的老业务很少了，主动是企业的核心能力在地下工程。

然而，企业进入新的业务领域并不顺利，接了项目，实施并不顺利，也很难盈利，其实类似的情况很多，为什么？

在我看来，是组织和激励策略的转型与业务转型没有配套，有点像头伸出了窗户，身子并没有过去，头伸得越长，身体越难受，最后，头也只能缩回来。在业务转型以后，即使企业与业务相关的资源足够，资源的组织方式也需要改变，以便适应新的业务、新的业务模式。以这家企业为例，过去的生产组织方式，主要是适应矿山的建设方式，在进入地铁以后，工程的环境变了、业主要求变了，其下属生产单位的组织，并未发生改变，资源的组织方式也不变。以一种不变应万变的组织来做新的业务，显然很难适应新业务的需要。

我常常把企业的核心管理总结为三个模式，业务模式、管理模式、激励模式。业务模式是企业的根本，无论是目前建筑业的下行，还是新技术的出现，都对建筑企业过去的业务模式提出了挑战,这就要求企业调整或者改变目前的业务模式,比如设计和施工结合出现 EPC，总包和投资结合出现 BOT 等模式，企业在业务模式上能做的只有跟着市场走，没有选择，虽然施工行业的模式变化并不快。在业务模式改变以后，马上需要做的是，调整企业的组织模式和激励模式，让后两者与业务模式配套，有什么样的业务或者业务模式，就需要与之配套的组织和激励模式，钱德勒的《战略和组织》一书阐述了这其中的关系，如果不对组织进行调整，组织会阻碍业务模式的调整，这不是"先有鸡还是先有蛋的游戏"。

目前，建筑企业正进入一个业务和业务模式调整的关键时期。在电力、煤矿建设、冶金等领域出现大规模的业务下降以后，这些企业正在努力进入市政和基础设施领域；在"四库一平台"和"营改增"的压力下，联营建筑企业正在朝自营模式改变；在建筑工业化如火如荼的态势下，建筑企业正在进入制造环节；在 PPP 业务蓬勃兴起的时候，建筑企业进入投资领域；无论哪一种业务或者业务模式的调整，都对组织的调整、人员的调整提出了或高或低的要求。三个月前，和一个开展 PPP 业务的企业沟通，我给他们"三个一"的建议：固化一种模式，建立一套体系，培养一支队伍，三者都不可缺。而工程企业朝 EPC 转型似乎更难，自开始从事 EPC 业务，坚持"三个一"的思路，按部就班，五到八年应该能做的很好，但如果没有这样的系统思考，就可能总是在低水平徘徊。

接了业务，转型还是不容易，主要原因就在这里。

（本文写作时间：2016 年 5 月）

转型升级之路充满荆棘

无论是理想还是实际需要，企业转型升级都是必然，但这条道路似乎充满了荆棘和泥泞，是艰辛之路。企业无论大小，要取得转型升级的成功并不容易，那么，转型升级为什么这么难？

转型升级已经成为政府、行业、企业的战略思维之一。在国家层面，李克强总理在记者招待会上提出要打造中国经济的升级版；在行业层面，产业化、绿色建筑成为行业的热门词汇，并成为行业转型升级的主题；在企业层面，商业模式、管理模式以及迎接产业化、绿色建筑的各种努力，都显示出企业在转型升级方面的努力。

然而无论是国家、行业还是企业，转型升级并不容易。目前我国多数产业的产能过剩，层次不高，局面长期难以改变。如钢铁行业集体陷入亏损，汽车行业民族品牌中端也难以进入，对于国家总理而言，转型升级难如其所愿。对于企业家也是如此，有人总结过温州企业的四次转型，第一次向房地产转型，第二次向矿产转型，第三次向高科技转型，第四次向金融转型。总体来说，"温州炒房团"名扬全国说明了他们的成功，但同样温州企业家的跑路以及企业陷入互相担保的泥潭，则反映了他们转型的艰难。

无论是理想还是实际需要，企业转型升级都是必然，但这条道路似乎充满了荆棘和泥泞，是艰辛之路。企业无论大小，要取得转型升级的成功并不容易，那么，转型升级为什么这么难？

就笔者所见，转型有三难：

一、转型之难，难在心态

一次在青岛出差，一位企业家给我讲了他们参股的一个酒庄——一位德国葡萄酒商在蓬莱做葡萄酒的故事。酒庄租用土地 2000 亩，建筑面积 5000m²，雇

用的员工约 50 人，前五年德国酒商把生产的葡萄全部烂在土地里面，据说是为
了改善土壤，在酒庄进入成熟期后每年产酒 2 万瓶，销售额约 1 亿元。一个酒庄
的成熟可能需要 30 年或者更长的时间，短时间很难有回报，这位德国酒商认为
极其正常，他的祖辈几百年也就做了一个酒庄。

这个故事在国外也许很平常，不同的心态决定了不同的策略。

建筑业务在总体上是微利业务，业主的压价，行业的不规范，以及劳动力成
本的不断攀升，消耗着建筑行业经营管理者的热情，而其他行业不断爆出的"暴
利"新闻吸引着大家的眼球，企业的趋利导向引导着建筑企业不断进入新的领域，
这就是我们平时探讨的转型之路，进入房地产、投资高科技、投资矿产和有色……

"一万年太久，只争朝夕"，一些企业以一种急功近利的心态快速进入这些新
的业务领域。

建筑行业利润低固然是建筑企业转型的理由，然而，企业不能仅仅因为这个
理由就选择转型。不同行业特点不同，建筑行业的相对低利润全世界皆然——相
对比较传统的技术、进入门槛不算太高、经营风险相对比较低(订单生产、无存货)、
市场空间长远广阔、全面和深入的市场竞争，这些特点决定了建筑业不太可能高
利润，其实大多数全面竞争的传统行业都如此。而暴利行业显示出不同的特点：
一些行业的暴利来自于政策管制，比如烟草；一些行业的暴利来自于特殊的技术，
比如制药行业的新药；一些行业的暴利来自于巨量的投资，如石油化工；一些行
业的暴利来自于行业起步阶段的不规范或者说野蛮生长，如中国过去 10 年的房
地产；一些行业的暴利来自于业务本身的风险溢价，如风险投资；一些行业的暴
利来自于精细的管理。此外，不同行业暴利的特点也各不相同，一些行业的暴利
来得快去得快，稍纵即逝；一些行业的暴利长期存在，而要进入行业则异常艰难，
退出的成本也非常高，没有长期的经营难以进入角色。任何行业都不存在无理由
的、长久的暴利。思考这些问题，是企业家需要做的基本功课，没有这样的功课，
企业家常常会被一些假象蒙蔽，以为别人能挣的钱自己也能挣，别的企业能挣的
钱自己企业也能挣，一时能挣的钱长期也能挣。

笔者看到在光伏行业投资的建筑企业，在煤炭行业投资的建筑企业，在有色行业投资的建筑企业，客观地说这些企业的转型带有一定的投机心态，踩准了时机，偶尔也有短期成功的案例，多数失败在所难免。据我的观察，这些企业在行业暴利时候进入，成本最高，进入者众多推高了进入成本，这些成本包括资源获取成本的提高、机遇的减少、竞争激烈推升的失败率等，这就是为什么商界高人往往不会在行业最热闹的时候进入，同样他们也不会在退潮的时候被人们看到"光着屁股"。高潮进入，决策者往往被行业繁荣的现状蒙蔽，对行业前景产生过于美好的预期，正如施振荣曾经的首富光环让多少光伏行业追随者趋之若鹜，而巴菲特却对此处之泰然。

所以笔者以为，企业的转型需要机遇但不要机会主义，要有沉稳和长期的打算，把转型的事情放到 10 年、20 年或者更加长远的时间段来考虑。

二、转型之难，难在经验

业务转型可能进入全新的、前无古人的领域，这对于所有企业而言都一样，要付出学习成本，人类社会正是在这样的探索中前进的，但对于企业而言，却有着巨大的风险。硅谷的大多数创新企业属于这样的类型，正是由于他们的尝试和创新，推动了社会的进步，从而占领行业的最高点。但硅谷成功企业的背后是大量企业的死亡，每一个成功的企业背后，以数以百计企业的死亡为代价，这就是成功的风险投资回报率高的原因，从事药物开发的企业也面临这样的境况。全新的企业转型存在着这样的风险，而企业家们往往不会想到自己的转型存在这么巨大的风险。建筑产业化就属于这样的行业，至少五年以前，包括建筑行业的宝业、房地产行业的万科等企业都开始建筑产业化的尝试，虽然大家付出的精力和金钱已经不少，结出的果实依然非常有限。莱钢建设、宝钢等企业也在默默无闻的付出，其结果也大致类似。今天，远大也大张旗鼓的开始这样的尝试，从总体来说，多数企业离产业成型还有距离，离产业的成熟还很遥远。探索就有付出，探索就不会平坦，探索就有代价，这是我们为积累经验需要付出的代价，不过无论如何，是转型的代价。

转型也可能进入别人已经成功，而对企业自身则是全新的领域，在这种情况下企业面临新的现实——无需培养市场，但面临全面的竞争，与已经在行业耕耘的老手相比，新企业需要寻找自己的竞争优势。坦率说，多数在行业已经耕耘的企业，其之所以能生存下来，一定有其优势，新来者首先要使自身有效的运转起来，逐步达到竞争对手的高度，再逐步去超越竞争对手。一些新进入者试图成为行业的搅局者，行业老规则的破坏者、新规则的建立者。然而，转型企业在新的行业实现从运行顺利到超越，要付出的代价也很大，有时甚至付出高的代价也未必能达到目标。毕竟如乔布斯那样的颠覆者比例并不高，行业的规律建立不容易，同样打破也不容易，这是行业转型的难度。在建筑行业，房屋建筑中建和上海建工的地位短期无人能撼，同样在铁路建设领域，中铁建和中铁工依然占据领先地位，而中交和中冶在各自传统领域依然是强手。在这些强手背后，偶尔的成功进入者和数量不多的成功项目背后，进入者往往付出了高额的代价，中建、中交大量的铁路设备闲置就是代价。

在中国经济快速发展的阶段，各个行业成功者不断涌现，给企业转型带来了信心，即使如此，进入新行业成功的比率仍然不高，平平者居多。

转型过程中，企业需要相信经验的力量，需要为积累经验付出代价，这些代价包括金钱、时间、人力等等。有了这样的思想准备，企业在考虑转型的时候，才会更加从容，更加坚定。

三、转型之难，难在资源

转型时多数企业不希望在所进入的领域小打小闹，也不愿意经历太长的业务发展期。企业家们也意识到"巧妇难为无米之炊"，但在今天转型所需要的"米"之多可能超出我们想象。经营新的业务需要资金投入，需要设备（厂房），需要成熟的配套技术，需要有信任度的客户关系，需要能形成梯队的人力资源、需要成熟的管理体系等等。

对于转型，企业家们首先要想到给钱给人。资金投入，人力资源的投入是基础，10年20年以前企业可以尝试"四两拨千斤"的思维模式，"海南航空20年资产增长3.6万倍"，这些在今天只能成为震撼人心的故事，不要梦想空手道也能成功。并非所有的企业都能具有这样的能耐，遇到如此好的机遇，多数企业只能遵守循序渐进的发展模式。笔者看到，某建筑集团想进入港口航道领域，集团提供经费10亿元，从中交系统挖来很多港航领域的专业人员，然而几年过去了，其业务依然靠传统的路桥领域业务来支撑，挖来的港航领域的专业人员由于业务的不足或者不连贯，逐步回流到他们原来的企业中去了。

资源的准备需要从两个角度考虑，首先是必备的资源，第二是资源之间的配套。比如做房地产，必须有资金和土地，但只有资金和土地，并不一定能把房地产做好。

朝房地产转型是很多建筑企业的选择，离建筑业务近，相对熟悉。以笔者的观察，要过七关：角色关、观念关、决策关、土地关、现金流关、人员关、管理关，后面四关都是与资源紧密相关的。土地是房地产业务的首要资源，没有土地，就无从谈房地产业务，房地产企业都把土地当成企业持续发展的基础。依据笔者的统计，多数成熟的房地产企业的土地储备都在3年以上，虽然土地储备占用了大量的资金，但是土地本身的不可再生性，以及土地本身的增值性，为房地产企业带来了巨大的收益。一些房地产企业把对土地的经营，当成利润的最大来源，可见土地经营的重要性。现金流是企业的血液，对于房地产公司而言，现金流显得比一般企业更加重要。一定意义上来说，房地产行业就是一个玩资金的行业，没有钱，这个行业是玩不起的。工程企业对现金流的担心，远不如房地产企业。以笔者对工程企业的了解，很少有工程企业是因为现金流问题而倒闭的。虽然，目前工程企业也存在一些拖欠工程款的情况，但大多数情况下还是给多少钱干多少活，垫资不是太多。房地产企业对人员素质和能力的要求与施工企业有很大的差距。存在哪些差异？我觉得可以总结为几个方面：知识结构、能力要求和经验要求。一个好的施工企业管理者、经营者未必能做好一个房地产企业的管理者、经营者，施工企业领导要做好房地产企业的领导还有很多知识要补充、能力要提升、经验要积累。在企业管理上，房地产企业与施工企业的差异性也比较大。房地产企业管理的重点环节在决策环节、资源整合环节，其战略管理、组织管理、流程管理、项目决策、市场分析、政府关系的处理上，都和施工企业存在差异。同时，房地产企业管理的每一个环节都非常重要，一个环节的迟缓，有可能导致整个开发进程的延缓，将大大影响企业的效益和声誉。因此，房地产企业管理的特点不在人多，而在于各个环节的紧密结合。

其他模式如 BT/BOT 模式，选择合适的项目并作出决策，企业自身需要有关系和信息资源，需要有决策能力；同时，这些业务投入的资金比较大，企业自身的资金实力是转型需要考虑的问题，解决资金问题，则需要有融资能力；第三，有了决策能力和资金，业务的管理能力也是企业业务成功不可或缺的基础。

有些模式则是以技术和管理能力为基础的，比如企业朝 EPC 转型，企业需要有一定的技术基础，并在此基础上不断积累新的技术能力，建筑企业在 EPC 上成功的案例仍然不多，转型所需要的时间也相对较长。

认识到资源在转型中的重要性，企业家就不会打无准备之仗，不会在资源不足的情况下强行抢滩，不会在资源不配套的情况下短时间追求成功。

由此可见，企业转型并不容易，企业家需要把转型当作自身心智磨炼的新挑战，把转型当作对企业整体考验的新挑战，只有系统思考、周密部署，转型的成功概率才会提升，那么企业家需要考虑哪些问题？

（1）为什么要转型升级？朝什么方向转型升级？如何转型升级？

（2）过去有哪些企业是这样转型升级的？有何经验？成功的概率多高？需要什么资源？

（3）转型升级会有哪些困难？如何面对这些困难？

（4）谁来领导企业的转型与升级？

转型和升级的模式多种多样，然而企业需要结合自身的情况来思考，企业不能朝所有可能的方向转型。多数情况下，大型企业能选择的方向稍多，中等企业的可能选择是几个，而对于小型企业，能转型的方向就比较有限。而在没有思想准备、经验准备、资源准备的情况下，做好眼前的业务、眼前的工作，未必不是最好的选择。

（本文写作时间：2013 年 8 月）

转型尤其需要关注风险

现阶段的中国建筑企业多数处在一个巨大的转型阶段，转型加大了这些建筑企业的风险，不仅单一方面的风险正在不断增加，而且各类风险又不断聚集、相互交织。建筑企业，尤其是那些行业跨度大、经营模式多样的大型建筑企业，风险正在迅速聚集。

建筑业是一个非常传统的行业，市场、竞争、技术、材料、企业管理和团队总体上成熟而又稳定，一些大型国际工程企业，除了技术上的逐步演进，经营和管理模式几十年都没有太大变化。建筑行业经验丰富的经营者、管理者，即使到了退休年龄，在行业内依然非常抢手，常常还被企业以高薪返聘，发挥"余热"，这种"余热"现象在软件、通信、互联网行业等新兴行业不可想象。正是由于行业成熟、稳定和变化缓慢，再加上订单生产模式、轻资产等特点，建筑企业总体风险并不算大。如果乐意挣白面的钱过日子，建筑业还是一个不错的行业，国际上有很多建筑业的百年老店，其生存的过程既不辉煌灿烂、挣得盆满钵满，也没有惊涛骇浪、一夜崩溃的尴尬。

但现阶段的中国建筑企业有些不同，多数企业处在一个巨大的转型阶段，转型加大了这些建筑企业的风险，不仅单一方面的风险正在不断增加，而且各类风险又不断聚集、相互交织。建筑企业，尤其是那些行业跨度大、经营模式多样的大型建筑企业，风险正在迅速聚集，我们可以大致把建筑行业正在发生的案例简述：

（1）在行业迅速发展阶段过去后，部分靠增长掩盖问题的企业，经营难以为继；

（2）从事联营挂靠的企业，项目风险接连爆发，官司缠身；

（3）从事投资的企业，比如 BT/BOT 项目，购买方不守信，应收账款暴增，且回收遥遥无期；

（4）走向海外的企业，由于环境不同、模式不同，项目履约困难，一个项目的陷阱就让企业溃不成军。

这个时代转型升级给我们带来了梦想，但同时也带来了无限的苦恼。

如果对转型阶段的中国建筑企业面临的风险进行分类，笔者以为建筑企业风险增加主要来自三个方面：

一、投资风险

PPP给中国建筑企业带来了前所未有的发展机遇，通过自有资金、合作伙伴的资金成立项目公司，项目公司又从金融机构借来贷款，使众多的PPP项目迅速落地，建筑企业既可以从项目公司投资获利，也可以从工程承包获利，可谓一箭双雕。从大型企业的战略规划到年度总结，从新签约的经营简报到财务报表显示的利润，我们都可以看到PPP所带来的新希望，在不断放大的杠杆面前，形势一片欢欣鼓舞。然而，在这样一个起高楼、宴宾客的阶段，也需要认真思考有没有楼塌的可能，如果楼塌，我们有没有承受的能力？我们是不是第一个从楼里跑出来的？一路高歌猛进的企业，不能忘记"只有退潮的时候，才知道谁在裸泳"这句名言，如果退潮的时候离我们还远，现在就不是分出胜负的时候。正是在这样一波潮起的过程中，参与的建筑企业把自己的资产杠杆加到了前所未有的高度，杠杆既可以把人推上天堂，也可以让人跌入地狱。虽然建筑企业的PPP项目有政府信用的背书，但地方政府不守信用的案例并不鲜见。

二、运营风险

在外部环境相对稳定的情况下，企业的运营风险是比较小的，但中国建筑企业目前面临的外部环境极不稳定，风险的不确定性显而易见。

首先是市场不稳定。一些细分行业的建设市场，直接从沸点降到冰点，煤炭建设市场、风电建设市场都经历这样的变化，而今天的PPP市场、建筑工业化市场则迅速增大。不稳定的市场，使企业的资源和市场需求不一致，导致严重的资源不匹配，要么导致资源严重浪费，成本高企；要么导致资源严重不足，迅速提升企业的经营风险。

其次是新业务的运营风险。 如建筑工业化，对于进入这一领域的建筑企业，既要面对重资产的新经营模式，也需要面对工业化带来的诸多其他挑战，需要企业具备设计、制造、运输、安装等价值链环节的综合能力和成熟团队，目前多数建筑工业化企业亏损的现实，让我们看到了这个新业务的风险。

再次是国际化风险。 走向海外的建筑企业都会面临海外业务的运营风险，无数案例显示出中国建筑企业走出去的艰辛，从沙特轻轨项目到波兰高速公路项目，以及更多没有报道出来只有企业自知的亏损项目，告诉我们成功背后是苦难的现实。

最后是经营模式转换风险。 过去 30 年，建筑企业的超越多数是在施工总包模式下，实现高度、速度、规模的超越，造更高的楼、更长的桥梁、更快的铁路，这些我们都取得了成功。现在到了经营模式转换的时候，从施工总承包向工程总承包转变，大多数建筑企业在并不理解工程总承包，不具备工程总承包的能力的情况下，开始了工程总承包的实践。如果说模式不变，实现高度、速度、规模的超越，主要依靠"体力"，那么，工程总承包模式转变，实现建筑企业综合能力的提升，则主要依靠"脑力"。这样的转变不能依靠增加人员、脚手架、设备去解决，需要调整企业的组织管理模式、调整人员结构、调整思维方式。要实现综合技术能力的提升，需要从过去的"加法"思维转变为"乘法"思维，没有能力提升的模式转换，风险就会大幅度的增加。当年沙特轻轨项目的世纪巨亏，人们事后总结了很多原因，其中之一是我们过高估计了自己总承包的能力，对工程总承包模式带来的困难估计不足。

三、管理风险

过去 30 年建筑业的快速增长，给企业发展带来了很好的机遇，但也掩盖了企业的管理问题，多数企业并没有因规模的增大、利润的增加，形成具有竞争力的管理模式和体系，没有增强企业的核心能力，那些不断进行外科手术式调整的企业管理变革，其管理体系、线路都很不清晰，总让人担心"一朝天子一朝臣"的玩法，到底能走多远。

最近，乐视、万达给我们演绎了企业经营和商业界的跌宕起伏，这也显示出当今时代风险的突发性、动态性，现阶段的中国建筑企业已经非同以往。不断变化的环境、经营模式、业务模式，逐步把建筑企业从过去的低风险、稳定经营的状态推向高风险、大起伏的新经营状态，企业没有风险的意识，没有前瞻的思考，即使是"万里江山"，也可能在瞬间崩溃，让我们前功尽弃。越是机遇无限的时候，建筑企业越需要清醒：走得最远的不是走得最快的，而是走得最稳的。

（本文写作时间：2017 年 8 月）

建筑企业的业务转型——谈施工企业的业务发展路径

如果说寻找合适的业务发展路径是战略问题，而推进业务的实施则是战略落地。国际和中国优秀的建筑企业的发展已经证明，正确的业务选择，以及业务的良好实施能力是成功的两个环节，要做好哪个环节都不容易。

"低水平、低能力－低附加值项目－低收入、低利润－低积累、无发展－低水平、低能力"这是一些行业领导对建筑行业某些企业现状的总结，这一现状和中国很多制造企业有着惊人的相似，从改革开放初期开始，以代工为主的中国制造业开始陷入不良业务模式的泥潭，技术、设计、品牌、渠道等诸多环节的欠缺使这些企业最终要么走向亏损关门，要么走向富士康式的代工王国，有人说，是业务模式的欠缺，注定了这些企业的命运。中国建筑企业如何避免这样的结局？

一、业务转型的意义

目前，中国多数的建筑企业与制造型企业在这一方面差异不大，也是挣些辛苦钱。笔者做过一个统计，中国建筑行业市值超过 100 亿元 13 家公司，在盈利模式上获得投资者认可的差异度非常大，见表 2-1。

中国股市市值超过 100 亿元的建筑企业

表 2-1

序号	公司	市值（亿元）	营业收入（亿元）	市值 / 营业收入
1	中国建筑	945	3704	0.26
2	中国中铁	455	4737	0.10

续表

序号	公司	市值（亿元）	营业收入（亿元）	市值／营业收入
3	中国中冶	439	2068	0.21
4	中国铁建	437	4702	0.09
5	中国水电	393	1015	0.39
6	中国化学	311	326	0.95
7	葛洲坝	280	366	0.77
8	金螳螂	197	66	2.97
9	中材国际	162	239	0.68
10	中工国际	123	51	2.43
11	上海建工	113	711	0.16
12	亚厦股份	111	45	2.47
13	中南建设	103	91	1.13
	均值	313	1394	0.22

数据来源：营业收入为 2010 年年报收入；市值为 2012 年 2 月 14 日开盘价；数据由攀成德研究部提供。

这里统计的是目前中国 A 股市场市值超过 100 亿元的全部 13 家主业是建筑的企业，单从资本市场对建筑企业的估值来考虑，我们可以看出以下几点：

1. 规模不再是一切

中国建筑业有着世界上营业收入最高的公司，与业务规模相比，投资者对企业的业务模式和盈利更加重视，业务模式好的公司估值高，业务模式不被看好的公司估值比较低。2010 年，中国建筑比中国中铁、中国铁建的营业额低 20%，但最近几年，中国建筑在一级土地开发、房地产、大型 BT 项目的投资上战略性进入，塑造了不同于传统建筑业盈利模式的新型业务模式，这一转型的模式和力度已经显示出了价值。当然，中国铁建和中国中铁也在进行相应的模式转型，但其转型模式、转型力度、转型的速度上与中国建筑还存在一定差距。目前这两家公司传统的建筑施工业务依然占有绝对的地位，再加上 2011 年铁路建设市场投资的急剧下滑，投资者自然无法给予其更高的价值认可，目前中铁与铁建两家企业市值之和还略小于中国建筑。

2. 建筑与地产地两个业务协同效应受到认可

建筑和地产齐头并进的协同操作方式成为建筑行业比较受人关注的业务模式。在建筑行业规模并不领先，技术上也是人人能做的普通业务，专业又无明显特点的中南建设，采用建筑与地产业务协同、齐头并进的方式，凭借这一独特的业务模式，进入市值超过 100 亿元的建筑企业行列。与上海建工相比，中南建设的建筑业务在规模、技术能力、企业品牌等方面，还是存在相当的差距，两个企业的规模相差 8 倍，而其市值仅仅相差区区 10 亿元，10% 都不到。资本市场对于这两个企业的评价颠覆了我们传统评价企业的观念，投资者更关注企业的商业模式和未来的盈利预期。

3. 相信专业的力量

在市值超过 100 亿元的 13 家企业中，规模最小的三家是亚厦、中工国际和金螳螂，亚厦和金螳螂是专业的装饰企业，中工国际是机械行业设计院转型的工程总承包企业，都是从事细分领域的专业型企业。与之相比，论能力和实力上海建工应该是 13 家企业中最优秀的全能型选手之一，其业务涉足建筑产业链的上下游，建筑业务涉及各个专业领域，在每个建筑专业领域又能做到这个领域的高端。拿上海建工和金螳螂比较，上海建工能做的，金螳螂未必能做，金螳螂做的事情，上海建工基本也能做，只是未必做到了那么专业。恰恰这一点，赫赫有名的上海建工，其市值和亚厦相当，低于金螳螂，而后两者的营业收入甚至均不及前者的十分之一。

由此看来，循着中国建筑业过去发展的老路，已经不能适应未来的发展，建筑企业面临着新的挑战。过去成功的模式也许不再适应未来，过去见效的思路在未来也许就是负担。

同样的统计方式，我们选取了 13 家国际企业，让我们看看国际企业的数据（见表 2-2）。

市值最大的 13 家国际公司　　　　　　　　表 2-2

序号	国际公司	市值（亿元）	营业收入（亿元）	市值 / 营业收入
1	法国万喜	1789	2842	0.63
2	法国布依格	643	1932	0.33
3	德国霍克蒂夫	333	1826	0.18
4	西班牙 ACS 集团	614	1300	0.47
5	美国柏克德		1242	
6	澳大利亚 Leighton Holdings	497	1166	0.43
7	法国埃法日集团	186	1117	0.17
8	美国福陆	643	1083	0.59
9	西班牙营建集团	197	1012	0.19
10	瑞典斯堪斯卡建筑集团	450	922	0.49
11	日本清水建设	209	907	0.23
12	日本鹿岛建设	211	907	0.23
13	日本株式会社大林组	202	862	0.23
	均值	498	1317	0.38

数据来源：营业收入为 2011 年 ENR 国际承包商 225 强数据，选取的是前 13 强；市值为 2012 年 2 月 14 日开盘价；数据由攀成德研究部提供，为计算方便，所有价值都已折算为人民币。

　　以 2011 年 ENR 国际承包商 225 强数据为基础选取的前 13 家企业基本上代表了目前世界建筑业规模领先企业的水平，中国建筑企业无论在业务模式，管理能力，融资能力等诸多方面，与国际企业都有很大的差距，从我们在国际工程市场的竞争态势和竞争结果、从人均营业收入等都可以反映出来。通过与中国企业相关数据对比，我们可以发现几点：

　　（1）中国企业平均业务规模 1394 亿元，比国际企业平均业务规模 1317 亿元高 6%，中国建筑企业在总规模上已经与国际企业站在同一起跑线上，业务规模扩张已经不是中国建筑企业最紧迫的问题；

（2）中国建筑作为中国市值最大的建筑企业，其业务量远超过万喜30%，但市值只有万喜的52%，万喜200亿元的年盈利几乎也是中建的2倍，资本市场基本准确地反映了中国顶尖企业与国际顶尖企业的差距；

（3）中国企业平均市值313亿元，比国际企业平均市值规模498亿元低37%；如果市盈率接近的话，国际建筑企业的盈利能力高于中国建筑企业，市值／营业收入中国企业均值0.22，国际企业0.38，中国企业比国际企业低42%，也就是盈利能力比国际企业低42%，提升企业的盈利能力是中国建筑企业最紧迫的问题。

二、业务转型的方式

提升企业盈利的策略有两个，一个是改善业务模式，二是在不改变业务模式的基础上改善管理，在这里我们重点探讨改善业务模式。

那么，中国建筑企业在业务发展模式上，有哪些可以探索的路径？

1. 业务转型的发展模式

中国正处在城市化、工业化、信息化快速发展的阶段，正是这一力量的推动，使中国处于投资最热的历史时期。城市化、工业化、信息化在推动建筑业发展的同时，也催生出众多的新业务发展机会，而这些机会，无疑也属于建筑企业。那么建筑企业家应该如何面对这些机会？应该抓住哪些机会？

笔者认为，大建筑业务领域的上下游业务是最值得建筑企业关注的。建筑企业的业务不能太宽，但是也不要太窄，业务太宽对企业的资源和能力是一个重大的挑战，风险大，业务太窄会使企业失去很多难逢的机会，而行业相对较近，有一定的相关性，资源有一定的共享性的业务最值得企业家们关注。

从投资角度考虑，可以参股正在蓬勃发展的商业银行，通过参股银行，可以为建筑业务发展的融资做出铺垫。

可以从事房地产业务，与其他业务相比，房地产业务是离建筑业务最近的业务之一。依据笔者的统计，中国有超过30%的优秀的房地产公司最初出身于建筑业，中海地产和中建地产，碧桂园等莫不如此，目前大多数优秀的建筑企业或多或少都从事房地产业务。或许房地产的黄金阶段已经过去，但是在中国城市化快速发展的今天，房地产的机会依然存在；

建材和建筑设备，也是建筑企业可以思考的领域。2011年中国首富梁稳根先生来自于工程设备领域，很像当年美国西部淘金热的那些故事，开金矿的挣钱，但挣钱最多的是卖铁锹和牛仔裤的，或许梁稳根董事长就是那个卖铁锹的老板。事实上，中国建筑企业也有这样的尝试，上海建工的混凝土业务，上海城建和中铁隧道的盾构制造，中国中冶的冶金设备制造，都是值得称道的业务创新。

从施工业务向建筑部件制造业务发展也是建筑企业的一种选择，以钢结构安装为主的企业，如果不从事钢结构加工制造，那将是不可想象的。

2. 业务模式转型的发展模式

中国传统的建设模式是投资、设计、建造、运营各个环节相互分开，基础设施的投资多数是政府主导的投资公司的事情，房地产行业的投资是房地产公司的事情，设计是设计院的业务，建造是施工企业的业务，运营多数情况下是投资者的事情。传统的建设模式造就了今天中国多数建筑企业能力单一的现实，然而建设模式正在快速发生变化，EPC、MEPCT、DB、BT、BOT、BOOT这些被国际工程公司熟练运用的新模式正快速进入中国建筑企业的业务领域，被高端的建筑企业所接受。

要实现业务模式的转型，我们需要深刻认识每一种业务模式的推动力量，以EPC、MEPCT业务为例，企业要从事这些业务并不容易。住房和城乡建设部几年前推动中国新的特级资质就位，其实质就是推动中国建筑企业从施工总承包向工程总承包转型，事实上，国际上从事工程总承包的企业主要有三类：以核心设备推动的工程总承包，如中国华为从事电信业务总承包；以技术设计能力推动的工程总承包，如中国化学下属的设计院从事这类工程总承包业务；以工程综合管理能力推动的工程总承包，如日本大成从事的总承包业务。如果既没有领先的设备能力，也没有技术能力，管理能力一般，要从事工程总承包，可能性是相当渺茫的，即使强行进入这些业务领域，最初收获的可能是累累伤痕或者辛酸的泪水。

BT、BOT、BOOT 则主要是以投资推动的工程业务；这类业务的起点是投资分析和投资谈判，接下来就是融资的能力；对于多数从事这类业务的企业，首先要思考的是现金流的平衡。

在传统施工总承包领域，中国有近 6 万家猎食者，这一领域从关系经营到价格竞争，已经非常残酷，虽然施工业务利润依然存在，如果没有自身的特长，赢得较高的利润已经相当困难。相比而言，随着市场的需要，新型业务模式的需求越来越大，采用新业务模式的企业在市场中具有更好的竞争优势，甚至有企业家认为，新型的业务模式将把一些传统的建筑企业挤出建筑市场。虽然转型并不容易，但如果不转型，传统的建筑企业发展很困难，甚至会消失在残酷的市场竞争中。

3. 专业领域转型的发展模式

对于业务和业务模式转型困难的企业，在自己专业领域以外发展建筑业务也是一种很好的尝试，能平衡各个细分行业的发展周期。建筑业务的兴衰依赖于投资，不同行业的投资有高潮，也有低谷，而生活必需继续，企业必须有持续的业务经营。所以随着外部投资态势变化，各个行业的发展交替变化，企业的专业领域也需要随着外部态势的改变而进行调整：从安装进入施工总承包，从铁路领域进入水利领域，从房屋建筑领域进入土木工程领域，都是企业进行业务领域调整很好的尝试。

4. 项目经营和管理模式转型的发展模式

目前国内工程项目的经营和管理模式大致有三种类型，攀成德把其总结为联营模式，总包分包型模式，总包专业核算型模式。这三种模式特点各异，在风险可控度、规模效应和管理方面存在显著的差异，我们将其大致总结见表 2-3。

三种项目经营和管理模式特点对比　　　　　　　　　　　　　　表 2-3

联营模式	总包分包模式	总包专业核算型
典型企业 －某些企业	典型企业 －央企如中国建筑	典型企业 －龙信建设集团

续表

联营模式	总包分包模式	总包专业核算型
风险可控度 – 较低	风险可控度 – 中等	风险可控度 – 高
规模效应 – 企业和项目经营管理分离 – 人均产值高	规模效应 – 管理和作业层分离 – 人均产值较高	规模效应 – 管理和作业层不分离 – 人均产值较低
核心能力建设 – 无核心能力	核心能力建设 – 经营和管理能力强	核心能力建设 – 管理能力强
企业利润率 – 较低	企业利润率 – 中等	企业利润率 – 较高

目前多数建筑企业已经认识到依靠机会主义心态，捞一把就走的方式在建筑行业不再见效，唯有建设自己的核心能力才是长久之道。一些大型企业已经明确提出消灭联营项目，可以想见，总包分包型模式将逐步成为建筑企业项目经营和管理的通常做法，而具有鲜明个性的龙信集团采用的管理和作业层不分离的总包操作型模式也将成为一些具有特点企业的核心能力。即使固守自己的业务，只要把项目的作业和管理做到极致，让客户满意，生存的空间也是存在的，或许这样的活法也如波尔多的拉斐酒，虽然不多，难以卓越，却独具风格，基业长青。

每个企业面对不同的情况，各自具有的资源不尽相同，业务发展和路径也不会相同，没有一成不变的思路，赢家通吃的难度很大，形成自己的独特风格显得尤其重要，历史久远的国际企业经过长久的探索，多数形成了自己的风格。以建筑业市值最高的万喜为例，经过 120 年的发展，形成了建筑、特许服务、道路和能源的四大业务组合，通过保持巨大的建筑工程承包业务量，维持公司的稳定运行。工程承包业务像是一个运营平台，而在此基础上，重点开发特许服务业务，让特许服务成为推动公司发展的主要动力，承包业务和特许经营服务相结合，形成巨大的协同效应，就像底盘和发动机相结合，制成万喜这台超级战车。目前，万喜特许服务经营超过 1300km 的收费高速公路，81 万个停车场车位，20 余个机场和多个体育场馆，这些经营业务的利润率超过 30%，给万喜提供近 40% 的利润。除了利润，有了这些业务经营的经验，再加上强大的建设能力，万喜特许业务正协同建筑业务一起瞄准全球范围内更多地基础设施投融资项目，形成一种独特的业务方式。

三、结束语

如果说寻找合适的业务发展路径是战略问题，而推进业务的实施则是战略落地。业务模式是可以借鉴和部分复制的，但却未必能落地，要成功实施业务的发展企业必须建设自身的能力，技术密集，管理密集，资金密集，客户关系密集将成为推动建筑企业发展的动力。万喜能成就今天的业务，其总结自身成就的三大动力——工程项目建设和运营的管理能力，融资能力和风险管理能力，大致可以总结为管理密集和资金密集。

国际和中国优秀的建筑企业的发展已经证明，正确的业务选择，以及业务的良好实施能力是成功的两个环节，要做好哪个环节都不容易。

显然，容易的事情不是卓越企业做的，也不是卓越企业家干的，卓越的道路注定充满挑战。

（本文写作时间：2012 年 2 月）

转型推动企业变身

　　无论是政策层面的变化还是企业被更大的市场所诱惑，无论企业是走投无路还是主动出击，战略转型几乎总会成为企业亟需解答的一道难题。如果能把握转型的时机，并正确选择转型的方向，企业将因此实现其完美变身。

　　2007年7月1日，国家调整2831项商品出口退税率，浙江四分之三企业被波及，引发了企业大面积的焦虑，更触发了人们对浙商模式的反思。2007年3月13号，住房和城乡建设部修订了《施工总承包企业特级资质标准》，要求特级企业具备高技术含量、强融资能力、高管理水平、并要向工程总承包发展，这又引起众多特级企业对能否保住资质的担忧……

　　无论是政策层面的变化还是企业被更大的市场所诱惑，无论企业是走投无路还是主动出击，战略转型几乎总会成为企业亟需解答的一道难题。纵观全球波澜壮阔的企业界，一些国际巨人为我们展示了企业不断转型的生动案例：1865年，一位工程师在芬兰西南部的一个小镇设立了一家纸浆厂，这个纸浆厂就是诺基亚，诺基亚涉足过电力、橡胶等诸多领域，今天，它已成为世界上最优秀的移动电话生产商，但其转型的步伐并未停滞，它又开始向成为优秀的网络服务商迈进。1878年时，通用电器还只是发明家爱迪生的一个生产灯泡的小厂，而今天，其业务已涵盖资本、航空、工程塑料、生物、电器、工业控制、运输等10多个大型领域，共有250多个业务单元，而在这些业务单元中，通用电气基本处在第一或第二的位置。不仅如此，通用电器在业务不断拓展的同时，其管理理念也在发生着深刻的变化，并影响着中外企业界。

　　转型中既有成功的喜悦，亦不乏冷静的思考和痛苦的煎熬。十年前，海尔开始在美国设厂，五年前TCL开始国际化的收购，三年前联想收购IBM的PC部门……然而，海尔收购美泰克失败，TCL从国际化收购开始陷入持续亏损，柳传志坦言联想国际化遭遇品牌和国际化人才的双重挑战……战略转型，让人欢喜让人忧。

一、战略转型概念剖析

要讨论战略转型，首先需要弄清楚战略和战略转型的含义。

波特认为，所谓战略，就是企业创造一种独特、有利的定位，通过成本领先、差别化和专业化方法来构建企业在短期或长期的竞争优势，即企业建立短期或长期比较竞争优势的系列方案，以及为实施方案的一系列经营活动。企业要保持持续竞争的战略优势，必须从建立系统战略思维、建立战略信息系统、建立战略运作系统，并要在三个方面做到环环相扣、默契配合，以获得整体企业战略竞争力，并用系统的战略来保持企业持续的成功。

所谓战略转型，就是因为环境发生变化，企业原定战略在新的环境下不再适用，因此需要进行相应的战略调整，甚至是战略的根本性改变。也就是说，企业战略转型不是战略的局部调整，而是各个战略层次上的方向性改变。战略转型可分为公司战略层面的转型、业务战略层面的转型以及职能层面的转型三种类型。其中，战略层面的转型是企业最彻底、最本质的改变，涉及企业的愿景、使命、核心价值、长期发展目标和业务界定等，这种转型将导致企业脱胎换骨、改头换面。企业要进行战略层面的深层次转型是一件艰难且风险很大的事情。当年，德隆从一个小型的房地产企业转型为大型战略投资公司，其战略管理思想在今天依然有其合理性，但是德隆失败了，可见对于大型和超大型企业集团，战略层面转型的困难之大。业务战略层面的转型是指企业核心业务的改变，企业所从事的行业、产品定位、市场定位、业务总目标等发生改变，这是一种比较多见的转型方式，也是本文主要讨论的转型方式。企业职能层面的转型，是指企业一个或几个职能部门职能模式的改变，或者在企业整体转型中进行组织职能的配套转型，它是在公司战略和业务战略两个层面确定的基础上来开展的，这种转型不会改变企业的核心基础和核心业务的本质,大型集团对其管控模式的转型往往具有这样的特点。

二、战略转型的前因后果

　　企业是否应该进行战略转型?从长期来看,答案显然是肯定的,任何企业都是在一定的环境下生存,在进行战略设计时,都必须考虑其所处的政治环境、经济环境、市场和行业的环境、技术环境,以及企业内部的资源环境,任何一项环境或资源的变化都会对企业产生影响。因此,企业也需要随着各项环境的变化,在战略和组织管理、人员、资源分布等方面进行转变。环境每天都在改变,对任何企业来说,转型的需求总有一天会不约而至。

　　面对环境和资源等诸多因素的变化,在什么时候启动转型?不同的企业管理者显然有不同的答案,不同的境界和高度决定了转型时机的把握。当企业的预见性非常好的时候,可以进行比较先导的准备,使转型成为流畅的企业变革,这就是联想前任领袖柳传志先生的"拐大弯"的思想,缺乏前瞻思维的企业往往会走上逼迫式转型之路。

　　是什么力量推动着施工企业转型?从外部看,行业竞争日趋激烈,行业管理的要求越来越高,企业的利润空间会越来越窄,在整个产业价值链中,施工企业处于弱势地位,向行业上下游房地产、建材转型成为企业转型的动力。即使在施工这一价值环节,如何通过提升自己的战略能力,从单纯的施工总承包,向工程总承包模式转变成为施工企业的战略性选择。

　　毋庸讳言,战略转型在为企业打开成功之门的同时,也蕴含着巨大的风险。每次重大的转型对企业来说都意味着一场赌博:联想 17.5 亿美元收购 IBM 的 PC部门,其成败对于联想无异于一场生死战;10 多年前,万科从一个多元化的公司转型为单一商品住宅企业,注定其在房地产市场只能成功,不能失败。尽管如此,转型却往往又无法避免,正如中粮总裁宁高宁和四川长虹董事长赵勇所言:企业战略转型的风险很大,但不转型风险更大。

　　总体说来,我国施工企业这几年发展势头迅猛:三个中字头企业已经进入世界 500 强名单,ENR 国际承包商 225 强中也不断增加着中国施工企业的名字。2006 年,我国施工企业营业额达到 4.1 万亿元,施工行业成为中国经济发展中的最重要五个行业之一。但这些成绩却掩盖不了一个尴尬的事实:施工企业的数量在不断扩张,综合能力却并没有相应的提升。大型企业的规模逐步接近甚至超过大成、万喜等国际著名建筑集团,但是综合能力却很弱。据研究,我国施工企业与国际大型施工企业相比,存在以下七个方面的不足:全过程服务水平较低,与全过程服务相匹配的组织结构不健全,业务领域过于宽泛,技术开发能力不强,信息管理水平较低,人员总体素质不高,融资能力相对较弱。特别是在项目运作中,采用以包代管的施工企业,其核心能力非常弱,甚至有些企业的核心能力就在资质一项,其他能力都集中在了项目部,而项目部又主要取决于项目经理。而对我国大多施工企业来说,尽管转型不是目前生存发展的唯一出路,但优秀的企业应该通过主动预见未来的变化,主动进行转型以迎接新的环境。要知道,当事情由主动变为被动,需要付出的成本往往会大大增加,而所拥有的机会将会大幅减少。

三、战略转型的突破口

战略转型不是随意的行动,需要有良好的基础、充裕的资源。资源的准备包括人员、资金、技术、管理、品牌等诸多方面。企业不同、转型的程度和方向不同,对资源的要求也不同。在联想的国际化转型中,柳传志认为最大的问题是国际化品牌和国际化人才,对于施工企业向房地产转型,最大的问题可能是资金和人才,而施工总承包朝 EPC 转型最大的问题是技术和人才,但无论哪种转型,解决资源瓶颈都是首先要考虑的问题。

同心多元化是解决资源瓶颈的重要策略之一。企业要进行业务转型,进入新的领域,必须具有与新进入行业相匹配的资源:资金、人力、管理、技术、营销渠道等。新行业资源要与现有资源有一个比较大的共享空间,使本企业在现有行业取得成功的某些关键因素能够方便、快捷而且有效地复制到新进入的行业之中，从而使企业一开始就能站在新进入行业的高起点之上。战略专家哈默和普拉哈普拉德认为，企业进行战略转型要遵循核心能力扩张的原则，而要做到这一点，首先，必须找出自己主业成功的核心优势，并在新进入的行业内，不断复制主营行业成功的经验和能力，并在短期内迅速建立起在新行业中的相对比较优势和核心能力。否则，企业在新进入行业从头开始，白手起家，成功的概率会非常低。IBM 从硬件向服务的转型是成功的例子，值得施工企业借鉴：IBM 从 1998 年宣布进入 IT 服务业之前是全球最具规模的个人及商用 PC 生产制造商，是现代电脑的鼻祖，在 PC 以及 IT 领域具有良好的知名度和美誉度，拥有全球最有价值和最广泛的 PC 销售网络和渠道，以及较高的客户忠诚度。而原行业与其欲战略转型的行业——IT 服务业之间，也有着非常大的共享空间——巨大的品牌忠诚度、大致相似的目标客户群体，以及 IBM 多年在 PC 领域练就的高技术特性等等。所有这些，都为 IBM 顺利进入 IT 服务业打下了坚实的基础。这样，纵使当时在 IT 服务业中，有着一些全球知名的 IT 咨询服务企业，IBM 依然凭借自身在目标客户以及技术上的雄厚积累，在 IT 服务领域迅速抢占到了一席之地，并一举成为 IT 业务的代名词。

对我国大多施工企业集团而言，从产业链来看，以施工为主的企业向房地产、建材行业转型都具有与 IBM 业务转型相同的优势：已经得到大家的认同，目前施工企业从事房地产经营成功的例子比较多，一些施工集团在房地产和其他业务上的赢利已经超过建筑业；从价值链看，许多施工企业选择了业务升级，多数高端施工企业逐步从施工向施工总承包、EPC 等模式转型。

财力，特别是现金流，是企业战略转型成败的关键。无论是同心多元化还是无关多元化，或者专业化等，是否拥有充足的现金流是企业能否成功转型的关键。许多转型成功的企业，都拥有非常稳定的财力特别是现金流的支持。麦肯锡的一些案例表明：很多转型失败的企业，在实施战略转型时，不是行业选择错误，而是由于企业不能提供稳定的现金流或者说足够的财力支持才导致失败的。很多企业在主营业务没有发展好甚至还需要大量投资的情况下，就贸然地进入新的行业，结果，有限的资金无法满足企业的发展，资金运用分散，无法形成竞争优势，免疫能力严重不足。

需要强调的是，很多施工企业，特别是民营施工企业采用以包代管的模式，把项目定义为利润中心，这一模式曾经发挥了很大的积极作用，推动了企业的发展，但在今天，这一模式难以塑造企业的核心能力。从长远来说，项目从利润中心向成本中心转移，提升总部能力，将是中国施工企业战略转型、职能转型的关键。

四、战略转型的方向

笔者在调研中发现，我国施工企业业务层面的战略主要包括以下几种类型：一是由单一行业施工业务向多个施工业务拓展。这一转型对多数施工企业而言是最具有操作性的，浙江很多房建企业在几年前通过战略性收购，进入路政、电力施工行业，巧妙地绕过了资质和业绩等多重限制，收到了良好的效果。二是由单一行业（或多个行业）施工向业务链上下游延伸拓展。这是一种提升竞争能力的有效手段，安装企业成功进入钢结构制作，房建施工企业进入房地产等，成功的转型成为推动企业发展的动力。三是由单一行业（或多个行业）施工业务向无关多元化转型。目前，有些施工企业出现了向教育、纸业等领域的拓展，但总体说来，这种拓展风险不少，但一旦拓展成功，会显示出无限的生命力。四是由多个行业施工（或其他类型的多元化）向专业化施工转型。这是一种典型的业务聚焦思路，这样的转型将有效地集中资源，促进企业在专一领域的成功。五是业务国际化的转型。随着我国国际化程度的提高，一些企业逐步在国际化的过程中享受美餐。六是向投资型转型。严格说来，这应该包含在第二种转型之中，而之所以单独列出，是因为这种转型很有代表性。施工企业在完成积累后，就逐步从实业型向资本型过渡，是非常典型的一条出路。浙江企业逐步从施工集团转为控股集团，总部逐步从具体业务中抽身，进入更加广阔的资本市场，就是非常典型的。七是彻底向其他行业转型，这种转型显然是彻底放弃了施工的转型，企业成了其他行业的新进入者。

五、战略转型的关键点

战略转型不是一件容易的事情，它不单是一个管理技术问题。企业需要从核心文化、战略管理和内部资源等诸多方面进行变革，系统地思考和实施战略转型是战略转型成功的关键。

调整企业文化以适应战略转型需要。企业文化是最有效的员工凝聚剂，一个企业要把成功长久地持续下去，必须要有与企业发展相适应的企业文化，特别是企业核心价值观。

但是，并非所有文化都对企业的转型有利，著名医药企业强生信奉的是分权，在强生的文化中，分权＝生产力，当强生试图对下属的各个企业进行集权时，这样的文化成为强生管理转型的强大阻力。对于将项目部视为利润中心的施工企业，要把项目部转变为成本中心，就需要进行文化的转型。大型施工集团都有一种财务集中的管理趋势，财务集中从技术和管理方法上都是比较成熟的，然而，企业在推行时却经常碰到各种问题，仔细分析发现，最大的问题往往还不是利益问题，而是企业文化中的"山头主义"思想。企业的战略转型是一次重大的变革，而所有的变革都是对现有平衡的破坏，原有企业文化的惯性必然会阻碍变革。因此，企业进行转型时，必然要将新的文化在员工中进行深刻宣贯，否则，旧的理念和思想会成为转型的阻力，甚至导致转型的失败。

策划战略转型的每一个环节，并实施到位。战略转型一般都会涉及进入新的业务领域或引入新的价值链模块，而战略转型本身就是资源被分散或转移，而企业的资源是有限的、宝贵的，这在给企业发展带来机会的同时也给企业带来了一定的潜在危机，一旦失误，不但新领域的拓展失败，更可能会影响到企业在原有领域的经营。战略的分析要抛弃理想主义，要理智、谨慎，并要认真筹划每一个细节。TCL 在国际化转型后出现巨额亏损，为其匆忙和欠缺严谨付出了代价；而联想从 TOP 计划，到 LEGEND 改为 LENOVO，再到并购 IBM 的 PC 部，是一连串严谨缜密的行动，这使其在并购后 100 天即实现盈利；IBM 也是战略转型的成功典范，在看到硬件行业越来越关注制造成本，IBM 在这方面的优势会越来越弱时，IBM 进行了周密的战略规划，从建立咨询平台，到收购，再到出售其硬件业务，每一步都坚定而稳健。

筹备内部的组织转型，建设管理体系。从企业内部而言，其生存发展的最关键部分就是其管理体系和人力资源。管理体系是战略落地的体制保障，而人力资源是战略成功实施的关键支持，这两点都是需要在战略转型之前就提前进行准备和规划的部分。管理体系是企业转型和转型后快速发展的基础，万科从多元化公司向房地产专业公司转型后，已建立国内最为严谨的内部管理流程体系。人力资源是战略转型成功的另一支持因素。战略转型将导致组织形式和经营方式发生转变，因此要求员工的能力需跟上组织转型的需要。企业应该在战略转型前就对人力资源进行规划，再根据转型过程的推进，逐步将需要的人才组织到位。没有现有人员的战略转型或者与战略转型相匹配的人才，战略转型就无法真正落实。

妥善规避风险。由于转型失败导致企业一蹶不振甚至倒闭的例子并不鲜见，但很多企业在转型时依然对风险视而不见。当一个个"成功转型"的案例吸引着我们眼球的时候，忽视风险就显得那么自然而然，有些企业甚至狭隘地以为，一个建设集团在房地产行业取得良好利润就意味着企业业务实现成功转型，且不说企业在房地产行业竞争力的强弱，只做一个简单的假设：如果房地产行业的冬天来临，企业是否还有生存能力。

尽管战略转型的风险往往难以准确评估，但是这并不意味着风险无法控制，企业在进行转型时，需要做到以下几点：

（1）有风险意识

有风险意识很重要，要充分认识到风险的存在，要积极面对风险。在任何一个决策和执行的过程中，都要考虑存在哪些风险，企业能承受怎样的风险，假如风险来临，企业需要采取怎样的措施进行应对。

（2）建立系统、科学的决策方式

就风险管理本身而言，也具有其专业性，人们对风险的研究已经逐步深入到数量层面，因此，在企业转型的过程中，需加入风险评估，要避免头脑发热式的决策，要请风险评估的专业人士参与决策的制定，并做好面对风险的准备。应该说，只有将风险管理提高到专业水平，才有可能降低企业的风险。

（3）建立包括风险识别、风险测评、风险应对和风险监控在内的风险管理体系

企业降低或消除风险的最好办法是以风险评估的结果作为依据，识别和寻找企业的薄弱环节，并寻找弥补薄弱环节的控制措施，而通过建立完整的风险管理体系，可将风险应对措施落实到企业的制度、流程、组织职能当中。

世界在飞速发展，战略转型在所难免，如果能把握转型的时机，并正确选择转型的方向，企业将因此实现其完美变身！

（本文写作时间：2007 年 9 月）

战略规划是画延长线吗？

　　在这个剧变的年代，企业战略规划是画延长线还是转折线？用画延长线的思维来谋划企业的发展有其合理性，但处在变化剧烈的时代，仅仅画延长线是不够的，历史总会出现突变的时间点，如果没有突破性的思维，甚至可能把企业推向死亡的深渊。

　　毛大庆先生禁不住"内心的召唤"离开了万科，对社会并不稀奇，而对他本人却是一个重大的战略转型，这让人思考，在这个剧变的年代，企业战略规划是画延长线还是转折线？

　　多数企业的规划很容易做成过去的延长线，原因可能很多，但主要的是两点：首先，企业容易忽视行业变化的程度并难以做出战略性调整。建筑行业是传统行业，其变化远不如互联网行业之剧烈，微小的变化容易被忽视，或者感知到行业的变化，由于身在庐山而习以为常，忽略行业变化的累积。即使认识到行业变化和变化的累积，应对变化是艰难的选择，要付出巨大的代价和艰苦的努力，人的懒惰和避险的天性使企业选择艰辛之路的比例大大降低。其次，战略规划强调基于企业的能力和资源。领导团队的思维、企业的资金、技术、装备能力都是战略规划的基础，在行业相对稳定的环境里，这样的战略往往是正确，而且基于企业实际和能力的战略容易执行和实施。正是这样的原因，企业的战略规划做成了过去的延长线，也因此很多企业认为战略的作用不是那么大。

　　用画延长线的思维来谋划企业的发展有其合理性，但处在变化剧烈的时代，仅仅画延长线是不够的，历史总会出现突变的时间点，如果没有突破性的思维，甚至可能把企业推向死亡的深渊。国际上两个知名企业柯达和诺基亚，鼎盛时期都是所在行业的龙头，但他们的战略一直是基于生存现实的延长线，当时代逐步变化并累积到突变的时候，他们被时代无情地抛弃了。今天的建筑业已经非比过去，建筑业市场的变化正在加快：国际化改变区域边界、客户需求改变业务边界、工业化改变作业边界、投融资改变价值链边界、互联网改变商业模式边界，这些带给传统建筑企业更大的战略挑战。一个月前，一个年收入超过 1000 亿的建筑企业的高管跟我探讨他们过去 10 年的发展，除了业务收入的增加，公司在文化、战略性投资、商业模式、人力资源、项目管理等方面的进步甚微，可以忽略的进步已经让企业无法适应市场更快的变化，他感叹与另一个基础相同的央企比，差距越来越大。他的感叹让我的脑海不断浮现出中建过去 10 多年报告中反复出现的词汇："总部市场化"、"三消灭"、"项目直营"、"业务转型"、"五化"……在今天看来这些很普通的战略要点，却在过去的岁月中如烛光汇集，照亮着 20 万人走向光明未来。

2016 年，从资本的嗅觉到总理的讲话，我们依稀可以听到建筑新时代的声音，他们如同音符不断编织成未来建筑业的乐章：一带一路、工业化、BIM、PPP、互联网、两化融合……这些都不是企业过去经验的延长线能够表达的，或许我们需要改变：那就是站在未来——2030 年的时间点来看今天的战略选择。

（本文写作时间：2015 年 9 月）

战略塑造施工企业的未来

对于处于良好发展环境中的中国施工企业，战略管理将逐步成为其管理的重大课题。那么，中国的施工企业集团应该如何理解战略管理的意义，如何思考影响战略的因素，如何构建战略体系呢？

如今，巨大的中国建设市场推动了中国施工企业的迅速发展，施工企业也已深深地影响着中国经济。无论是"中国承包商和工程设计企业双 60 强"逐年迅速增长的企业销售额，还是国际工程新闻记录（ENR）225 强中中国施工企业数量的增加，都给我们振奋的信心，预示着中国施工企业光明的未来。据中国建筑业协会提供的最新统计数据，2007 年中国建筑业总产值达 50018 亿元，增加值为 14014 亿元，占 GDP 的比重运到 5.7%，在国民经济各部门中居第四位，51 家企业进入全球最大的 225 家国际承包商行列。未来中国施工企业的发展机遇将主要来源于两个方面：即快速发展的中国经济为中国施工企业提供的巨大国内市场，以及中国加入 WTO，为施工企业快速进入国际市场创造的机会。

关于施工企业战略的讨论，为我们展开了一张中国大型建设集团的发展画卷。对于处于良好发展环境中的中国施工企业，战略管理将逐步成为其管理的重大课题。那么，中国的施工企业集团应该如何理解战略管理的意义，如何思考影响战略的因素，如何构建战略体系呢？

一、战略的意义：战略是企业的指南针

"现代管理学之父"德鲁克有三个经典提问：我们的事业是什么？我们的事业将是什么？我们的事业究竟应该是什么？

经验管理大师德鲁克的三个问题毫无疑问是提醒我们思考战略、对战略做出

选择、促使战略落地。

当建筑企业的董事长、总经理们从桑塔纳时代步入奔驰时代，对事业的追求成为他们新的人生动力。而面对德鲁克的三个提问，这些大型施工集团的老总们，又该如何作答呢？

对于不同规模的企业，战略有着不同的意义：

小企业更多倾向于机遇型，抓住机遇是多数小企业的战略。原因很简单，小企业的资源是有限的，小企业的机会相对很少，能够做出的相关资源组合选择也是有限的，要在"贫瘠"的地方寻找未来，机遇就是一切，而一个小的机遇带来的效益往往可以使一个"食量"不大的企业很好地生存。

相对于小企业，中等企业的资源更加丰富，由于其更强的能力和更大的市场参与度，能够有更多的生存空间和机会。在相对较多的诱惑面前，中等已经能够有些取舍，中等企业应该开始思考其战略定位和方向，并逐步在企业运行中将战略传输到下属部门和关键人员。

对于大型集团而言，其丰富的信息、资源，成为其核心的竞争优势，大型企业意味着能为未来投入，塑造未来的能力更强，在舍与取、进与退等方面的选择随时产生，对于他们来说战略不仅意味着企业定位、企业业务的选择、与业务相配套的职能战略，而且需要有更进一步的战略分解实施计划。对于大型集团而言，其所拥有的人力资源、财务资源、设备技术资源、信息资源、品牌资源的不同搭配，会产生显著的差异，战略对于他们来说不仅意味着对外部环境的前瞻考虑，更意味着思想文化的统一。

二、战略制定的基础：内外部环境分析

对战略的思考要从企业所处的环境和企业所拥有的资源开始。

中国施工企业集团无疑拥有世界一流的经济发展环境。虽然目前建筑市场上还存在很多不规范的现象：压级压价、垫资施工、拖欠工程款、索取回扣等，但每年超过20%的市场规模的增长为施工企业提供了施展能力的大舞台，在可以

预见的未来几年，投资增长依然是推动中国经济迅速增长的力量，投资增长意味着施工企业的机遇。

中国政府塑造的良好的国际环境也为国内施工企业参与国际的竞争提供了机会。无论是行业的领头羊中建总公司还是江浙地区的优秀民营企业，近年在国际业务方面都取得了长足的进步。同时，政府努力塑造行业管理的规范性，也为施工企业的发展提供了良好的环境。

与良好的外部环境相伴而生的施工集团，内部资源也更加丰富。良性的经营为企业在技术、人才方面的投入奠定了经济基础。从中建在房地产行业的成功到江浙地区众多施工企业进入企业多元业务发展阶段，可以解读企业资源的充沛，同时多元业务的发展又促进这些企业在施工行业的发展。

丰富的资源是企业成功的重要因素，资源决定着企业的战略选择，不同资源状况的企业，需要选择不同的竞争策略。国有企业显然拥有丰富的政府和政治背景优势，而民营企业在体制和机制方面的优势却更加明显。如北京建工、北京城建成为奥运项目的最大赢家一样，上海建工和上海城建是上海世博会最大的赢家，而2010年广州亚运会最大的赢家可能是广东建工集团。"中"字头公司和地方的大型建工集团占领国内施工市场的制高点，但是很多国营大型建设集团的老总们感叹在40层以下的大楼项目上，无法与江浙的一流民营企业竞争。大型国营集团在高端更具优势，而民营企业在中低端的竞争优势逐步突出。

良好的外部环境并不意味着每个企业都能成功，作为个体的企业首先要面对的是行业内的竞争。每个企业都有自己的相对优势，寻找自己的优势，用自己的长处去竞争，塑造企业的核心竞争力，无疑是企业的制胜法宝。

三、战略制定的目的：构筑战略管理体系

外部环境、资源和竞争优势的分析是思考企业战略的基础，而企业战略思考的目的是构建一个适合企业的战略体系，并在企业管理中有效实施。战略体系是由战略定位、目标、计划和计划实施形成的逻辑体系。

1. 战略定位

定位是战略的起点，也是战略的终点。企业要在定位的前提下做出一系列关联性的决策，以支持定位。而战略成败要根据定位目标是否实现来判断，并据此调整定位或调整战略。不同的施工集团的定位，会导致不同的战略行动。

定位错位是战略设计中的常见问题，我们常听到关于施工行业内部企业结构不合理的抱怨，其根本原因是很多企业的定位趋同造成这个结果：大而全、中而全、小而全的施工企业多，小而专的小企业明显偏少，没有形成有明显梯度的金字塔形结构体系。而且，尽管大企业数量多，但具有工程总承包能力和综合项目管理能力的大企业很少，多数施工集团在经营范围、经营方式和经营能力非常类似。

如何进行差异化的定位，尽量避免竞争趋同，成为处于中低端施工企业集团在制定发展战略时需要仔细思考的问题，施工集团的战略选择主要有以下几个：

第一，对于大型的领先施工集团，可以逐步朝综合管理型工程公司方向发展。显然，对于以 BOT/BT/EPC 为主要运营方式的综合性工程公司，中国的工程集团存在明显的差距，要实现这样的转型也是一条异常艰难的道路。这些差距主要表现在：

管理体制尚未彻底转变。目前我国只有约 1% 的工程企业其服务功能、组织体系、技术管理体系、人才结构四个方面是真正按国际工程公司模式运作的，而这些企业多数是从勘察设计行业转型而来，从工程施工企业转型而来的寥寥可数。

组织体系不健全，甚至混乱。多数国际工程公司的组织结构基本采用总部管理－事业部＋区域公司－项目部的形式，专业和区域采用矩阵式，基本管理元素为项目部，一个公司在世界各地能利用公司所有资源，形成有机的整体，管理层次控制在三层。而我国国有大型施工集团基本都是直线职能式的壳层结构，总公司－工程局－号码＋专业公司－区域公司－项目部，其层次达到五层。更令人吃惊的是，许多大型民营建设集团，也正在出现同样组织的问题，其整体运行效率明显降低，内部组织中非作业人员数量明显偏多，而整体作战能力薄弱。

我国企业开展工程总承包和项目管理的组织体系不健全。虽然有很多企业具有国家总承包特级、一级资质，但很少有企业施工集团内部设立项目控制部、采购部、施工管理部、试运行（开车）部，在内部推进 BT/BOT/EPC 的组织体系建设变得异常艰难，甚至很多施工企业的思想里压根就没有想做这类业务的准备。

此外，工程项目管理技术落后、项目管理不完善、科技机制不健全、缺少高素质的项目管理人才、融资能力缺乏也是影响中国施工集团成为真正意义的综合工程企业的难题。

第二，逐步转行为工程设计与施工结合的公司。国外一些大型的建设集团具有施工图设计的能力，住房和城乡建设部对特级资质企业也在逐步增加设计能力的要求。相对于成为综合管理型工程公司，这一定位对于多数施工企业显然更加具有实际意义，具可操作性。

第三，定位于以施工为主的公司。目前多数中国的施工集团定位于此。对于这些企业，可以逐步拓宽自己的专业：广泛的专业领域，相对集中的专业特色。

2. 战略目标

相对于战略定位，企业的战略目标更加具有操作意义。对于施工集团而言，目标可以从市场方面、技术改进和发展方面、提高生产力方面、利润方面、人力资源方面以及企业的融资能力、信用额度、企业内部的和谐性和文化建设等方面设定。目标的设定用口号式的语言显然不是一种务实的办法，目标的设置应该表明设置的目的、可行性以及明确的实现时间表。

3. 战略计划

把战略目标分解到每个年度、每个业务的各项具体的指标，并逐步细化到财务指标层面，能增强计划的可实施性，与计划相应的各种资源的预算是保证计划实施的重要措施。

　　对于集团公司而言，整体战略目标的分解可能更加复杂，集团层面、战略经营单位（不同业务）层面、子公司层面、各个部门层面，指标遵循一种逐步分解、层层推进的原则。

　　对于大型建设集团而言，用战略塑造未来是一种必然趋势。做正确的事和正确地做事是建设集团战略选择和战略实施的两个方面，它意味着我们逐步能够思考和回答德鲁克"我们的事业是什么"、"将是什么"和"应该是什么"，只有这样才能真正塑造中国工程企业的核心竞争力，中国工程企业的未来才会更加美好。

（本文写作时间：2011 年 6 月）

建筑企业可持续战略管理

在建筑业高速发展的同时，很多人担心中国建筑业的可持续发展，担心未来的市场是否能持续，大型企业担心大型装备的投入是否能得到回报，担心人才队伍的建设是否会成为负担，归结起来是——市场是否可持续增长？企业是否可持续发展？

在每一个国家城市化和工业化的发展过程中，建筑业都是迅速发展的行业，随着中国城市化和工业化进程的持续推进，中国建筑业也在迅速发展，建筑业占全国 GDP 的比重达到 5.7%，排在制造业、农林牧渔业、交通运输物流业之后，成为国内第四的行业。建筑业作为国家的支柱产业之一同时又是典型的投资拉动型产业，伴随着国家经济发展周期的波动，建筑行业呈现周期性波动特征。进入 21 世纪以来，我国建筑业总产值翻了近三番，建筑业产值的复合增长率达到 22%（表 2-4），国家固定资产投资里每 1 万亿元中约有 3600 亿元变成了建筑行业的产值。

2004 ~ 2008 年我国建筑业主要数据汇总和计算　　　　表 2-4

项目	单位	2004	2005	2006	2007	2008
完成产值	亿元	27745	34765	43085	50028	61144
增加值	亿元	9572	10018	11653	14014	17017
利润总额	亿元	621	818	1071	1470	1756
缴税	亿元	959	1099	1404	1661	2058
固定资产投资	亿元	70477	88604	109870	137239	172291
平均利税率	%	3.5%	3.2%	3.3%	3.3%	3.3%
行业销售利润率	%	2.2%	2.4%	2.5%	2.9%	2.9%

续表

项目	单位	2004	2005	2006	2007	2008
完成产值与投资的比率	%	39.4%	39.2%	39.2%	36.5%	35.5%
增加值与产值比率	%	34.5%	28.8%	27.0%	28.0%	27.8%

数据来源：国家统计局

然而，在建筑业高速发展的同时，很多人担心中国建筑业的可持续发展，担心未来的市场是否能持续，大型企业担心大型装备的投入是否能得到回报，担心人才队伍的建设是否会成为负担，归结起来是——市场是否可持续增长？企业是否可持续发展？

一、建设市场可持续吗？

中国持续的经济发展为建筑业提供了巨大的国内市场，笔者统计过，在发达国家经济起飞过程中，建筑业也扮演着非常重要的角色。韩国和新加坡在经济腾飞的阶段，建筑业 GDP 超过 10%，目前西班牙建筑业 GDP 依然超过 10%，美国建筑业在 GDP 中的比重也超过 4%，中国经济尚处于城市化和工业化的早期，目前中国的城市化率在 47% 左右，即使以每年 1.5% 的速度增长，要达到 60% 或者以上，仍有很长的路要走，城市化带来城市本身的建设，以及城市之间的交通建设，都是巨大的建设市场。而工业化，带来了人们生活方式的巨大改变，目前，人们体会最深的城市堵车，以及城市中巨大的流动人口规模，都预示着一个庞大的建设市场。虽然铁路的建设、高速公路的建设，极大地改善了人们的出行，然而，这样的改善，依然只能勉强跟上人们需求的增长，预留的空间并不大，未来极大的需求将需要更大规模的建设来满足，可以预计，在未来很长一段时间内，中国的建筑业依然会在经济发展中扮演重要的角色。

中国建筑企业自身能力的提升，使中国建筑企业的国际竞争力在不断增强，而大型企业开拓海外市场的意识也在不断增强。2008 年，中国建筑企业在海外的营业额已达到近 600 亿美元的规模，一些建筑企业的国际市场产值已经达到其总产值的 40% 或者更多，中国建筑企业走向海外，为其赢得了巨大的市场增长空间。

如果说对行业和市场的信心是建筑企业可持续发展战略思考的基础，那么，研究建筑行业的特点，分析建筑企业管理的特点，则能使建筑企业可持续发展战略实施成为可能。

二、建筑企业发展可持续吗？

要实现建筑企业的可持续发展，首先解析一下建筑行业的特点：

1. 建筑业与国家固定资产的投资紧密相关

由于建筑行业的投资拉动型特征，使得行业对国家投资政策非常敏感，通过近年来国内生产总值、固定资产投资、建筑业总产值增速的对比，可以明显发现每次国家宏观调控导致的投资水平的变化都会影响建筑业的产出变化，如图 2-1。

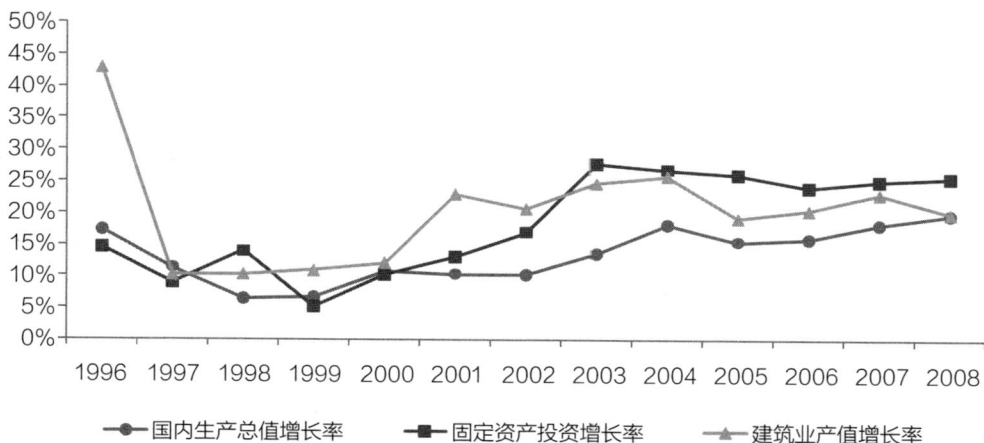

图 2-1 国内生产总值、固定资产投资及建筑业产值三者增速对比
数据来源：国家统计局

建筑业这一发展特点就要求我们的领导在做企业战略研究的时候要关注投资。关注投资可以从三个角度进行分析：

（1）关注国家总的投资态势

国家总的投资态势决定了建筑业市场的总量，投资增加快，则市场需求增速快，对建筑企业是利好；投资停滞或者降低，则市场停止或者需求减少，对建筑企业是一个挑战。对于从事国际业务的企业，关注国际总体的投资态势也是其基本功，从长期看，国际投资依然保持着良性的增长。

（2）关注行业的投资态势

这几年国家投资总量在快速增长，但是各个细分行业的增长态势不太一样。我们可以看到，前几年，国家对电力的投资增长速度很快，这几年，铁路行业、公路行业、城市基础设施、核电等行业的投资增长速度很快，相比之下，电力投资的增速放缓。建筑企业对行业细分市场的研究是很重要的。未来，哪些行业会保持投资的持续发展？以笔者的体会，新兴的工业领域、朝阳工业行业的投资会保持良好甚至爆炸性的增长；中国城市化的持续发展，会带来巨大的地铁、轻轨、大市政的建设机遇；工业化带来的环境污染会使环保建设市场成为可持续的建设市场；低碳经济会给新兴的能源带来可持续的建设市场；一些领域的建设投资从长远看可能难以持续快速增长，大规模的铁路、公路建设也许是阶段性的，有色、黑色、水泥的建设市场也许会出现萎缩，然而其巨大规模所形成的众多工程的累积，为建设企业提供了巨大的维护市场，美国高速公路网的维护为美国的建筑企业提供了巨大的市场，同样，中国各个领域巨大的存量工程规模，也会为中国的建筑企业提供巨大的维护保养市场。

（3）关注各个区域的投资态势

由于区域经济发展的轮动，全国的投资热点也在轮动，不同的地方投资增长速度是不一样的，比如，在2008年，江西、海南、天津、吉林、宁夏的投资增长速度很快，2007年，安徽、福建、陕西、河南的投资增长速度是很快的。有些省的固定资产投资量一直很大、很稳定，如山东、江苏、浙江、广东、河南等。

广东其实是全国 GDP 总量最大的地方，但是近几年我发现，它不是全国投资最大的地方，反而是山东走在前面。建筑企业需要关注投资总量大的区域，也要关注投资增速快的区域。同样，国际市场也存在阶段性的市场热点，近几年，中国无疑是全世界建设最热的区域，俄罗斯、中东一些国家，也是建设的热点，未来，东南亚、非洲的发展，也会成为世界建筑业的热点市场，这些热点市场，也为中国走向海外的建筑企业提供了稳定的市场。

2. 建筑行业整体利润率低并趋于稳定

近年来建筑行业利润率普遍维持在 2%～3%，总体的利润率不高，但已基本稳定，进一步下降的可能性应该不会太大。纵观世界建筑企业，利润率高的企业也并不多，日本大成每年 180 多亿美金的营业额，其财务报表显示的利润率也和国内建筑业的利润率不相上下，EPC 是国内建筑企业追求的新型建设模式，以 EPC 为其业务模式的优秀国际工程公司的总体利润也在 5% 左右，难以获得超额的利润。

低利润率的行业特点，要求建筑企业在业务选择、业务模式、业务管理方面，做出更精细化的思考：

（1）建筑企业要做大规模，并在规模做大的同时，不断提升综合能力

人们往往会在强和大方面做很多的争论，出现了先强后大或者先大后强的选择，其实绝大多数企业的现实是边做大边做强，利润是营业额与利润率两者相乘，企业要提升利润，无非是表 2-5 中的三种选择。

企业提升利润的三种方式

表 2-5

方式 1	利润提升	规模提升	利润率不变	业务和业务区域扩张
方式 2	利润提升	规模不变	利润率提升	技术、精细管理、核心能力增强
方式 3	利润大大提升	规模提升	利润率提升	业务和规模扩张、核心能力增强

企业增长带来的力量是强大的，一个快速增长的企业给投资者和员工都带来希望。国际和国内的资本市场印证了增长的魅力，创业板企业因为给人增长快的

印象，企业估值往往比主板要高得多。增长的企业也能给员工更多的发展空间，此外，增长也会给政府带来更多的税收和就业机会，使企业成为骨干企业，得到政府更多的关怀；增长的企业，也会使企业得到银行更多的支持，我们不是常常说"中小企业贷款难"吗？

中建、中铁、中交等大型企业近年的快速增长，使他们能站在更高的平台审视企业的发展问题，能有更多的空间调整资源配置，能有更多的资源创新业务的发展。

当然，增长的同时，不能忽视效益的增长，忽视风险的控制，这是问题的另一面。

（2）建筑企业控制组织管理成本，实行精细化管理，向管理要效益

建筑企业如果没有组织成本的控制意识，往往会形成巨大的沉默成本。比如企业的组织层次多，组织层次乱，造成人浮于事，内部沟通混乱，人均营业额低，成本管理失控，安全事故频发，显性和隐性的"魔鬼"吞噬着企业的利润。笔者做过一些简单的研究，在达到有效管控的情况下，一个较好的建筑企业两级组织结构可以管控 20 ～ 35 个项目，三级组织结构可以管控 200 ～ 500 个项目。以房屋建筑为例，上海龙鼎建设采用二级组织的矩阵式结构，总部 7 个部门，40 多人管理近 30 个项目，年产值超过 20 亿元。对于高端的土木工程企业，二级组织结构可能使年产值达到 40 亿元的规模。组织的扁平化大大减少了管理人员的数量，提升企业人均的产值，相应大大降低了项目需要分摊的管理成本。目前，国内采用总包型、作业层面分包的建筑企业，房建领域最高人均产值超过 500 万元，土木工程领域更高。然而，这个水平相比日本大成，仍然存在比较大的差距，大成人均产值超过 150 万美金。在一些垄断性建筑行业，带着层层保护伞的企业，人均产值往往停留在很低的水平，大量的与管理相关的人员成本吞噬着企业的利润。我们常常听到这样的调侃："效率提高了，我们的人员怎么办？"企业在效率和所谓的"社会责任"之间平衡，则其可持续的战略何从谈起？

（3）控制资产的总量，在利润率比较低的情况下，提升资产的收益率

建筑行业其实是一个高财务杠杆的行业，资产负债率高，一些知名建筑企业

的资产负债率甚至超过 85%，由于建筑行业都是订单生产，与工业企业存货式的批量生产存在很大的差异，每个工程项目都有与工程项目进度相匹配的付款计划，高负债率并不意味着企业的经营风险大，即使在金融风暴中，建筑企业倒闭的案例并不多。

然而，这并不意味着建筑企业不需要关注自己的资产结构，以笔者的体会，建筑企业要尽量减少非经营资产和非经营性人员。提升经营性资产的比率，提高营业额与净资产的比例，是建筑企业提升利润率的战略性资产配置策略。以中交某局为例，2009 年，公司营业额约 200 亿元，净资产为 12 亿元，营业额与净资产的比例约为 16，即使产值利润率为 2.5%，净资产的收益率约为 40%。在绍兴和南通，一些净资产 3 亿～4 亿元的建筑企业，营业额超过 100 亿元，营业额与净资产的比例更高，达到 30 倍，即使利润率为 1.5%，净资产的回报率超过 40%。

只要对企业的资产结构进行深入分析，就能找到提升资产收益率的办法。

（4）要在建筑细分业务领域来建设自己的能力，找一些利润率比较高的建筑业细分市场来做

有人提出"总包做大，专业做强"的思路，一定程度反映了目前中国建筑业的发展趋势。近年，在国内资本市场 IPO 上市的总包型建筑企业，主要是中字头企业，他们具有显著的政治或者政策照顾优势，地方和民营的总包型企业鲜见 IPO 上市的案例，倒是专业领域的企业，如金螳螂、延华智能，无政策照顾，不仅成功上市，也受到了资本市场的青睐，足见建筑细分领域的魅力。

大企业可以塑造自己在某些细分领域的专业能力，既可以支持总包能力的发展，也可以提升利润能力。上海建工建立了强大的混凝土业务，中建三局在钢结构、装饰、混凝土等专业领域的发展，既支持了这些企业总包能力的提高，也为他们赢得了利润。

专业型的公司，也可以获得相当的发展，在幕墙行业，已经有超过 200 亿元规模的企业；中铁系统的专业局获得了可观的利润，给我们展示了在专业领域做精的魅力，随着专业公司的发展和成熟，中国建筑业将逐步形成总包—专业分

包—劳务分包的行业企业格局。

（5）有资源有能力的企业可以考虑业务经营模式的转型、升级

承包模式的转型是 EPC 模式，业务加投资模式是 BT、BOT。EPC 模式是一种促进建筑企业综合工程能力提升的策略，EPC 业务在工业建设领域具有巨大的潜力，对于工业类的建筑企业而言，建设 EPC 能力是企业可持续发展战略的重要环节。BT、BOT 模式开展业务，将大大提升企业用资产的经营来带动业务的经营，同时，好项目，也为企业带来相当可观的收益。相比其他行业的投资者，建筑企业从事 BT、BOT 具有天然的行业优势，当然，投资分析能力是建筑企业需要努力提升的环节。

（6）有资源有能力的企业可以考虑业务转型

目前也有相当一部分的施工企业已经进入房地产行业，中国承包商60强中，大约70%的企业开展了房地产业务。实际上，施工企业进入房地产行业是具备一些优势的，但是，要考虑以下因素：建筑企业做房地产要进行持续经营，否则房地产就做不成战略业务而是机遇业务；其次房地产业务跟做施工业务还是有比较大的差异，要关注这两个业务之间的差异，正视差异，取长补短，才能做得更好。

（7）选择税收相对优惠的区域

建筑企业是营业额比较大的企业群体，一些地方，采用了并不合理的所得税征收方式，在建筑业行业平均利润2%~3%的情况下，带征较高的企业所得税达到其营业额的2%甚至更高，对企业可持续发展带来比较大的影响，建筑企业在总部难以搬迁的情况下，可以选择税收优惠的区域注册子公司、专业公司，为企业持续发展赢得有利的外部环境。

总之，从人类文明开始，建筑行业就伴随着人类文明的进步而进步，伴随着经济的发展而发展。在目前建筑业发展的阶段，采取合适的战略思路，进行合理的战略选择，通过合适的管理调整，多数建筑企业的可持续发展是能够实现的。

（本文写作时间：2010年1月）

管理变革要润物细无声

如果管理者能够将管理变革做得水到渠成、润物细无声，即使由于变革频率增加而适当增加管理成本，还是会由于变革风险降低、引起企业内部波动减少而大大节约成本。

前些日子，笔者参加国内一大型工程企业有关管理变革方案的评审会。该企业每年业务量达到 150 亿元，员工近万人。管理的变革方案由外部机构完成，内容涉及整个企业管理体系。外部机构对企业进行了全面调研，在了解了企业的情况后，对企业的管理问题进行了深入的分析，3 个月后提出了自己的管理解决方案。对于本次咨询服务，企业的领导认为，对企业问题的分析是符合实际的，但是管理解决方案太理想化，于是双方在这个问题上产生了严重分歧。企业领导认为，外部机构对问题的分析和提出的方案从理论上都没有错，但是脱离企业的实际，致使企业无法操作；而外部机构也满腹委屈，认为企业不操作他们提出的方案，是领导们找借口，方案没有实施，那管理咨询的价值何在？

显然，一个企业组织的变革并不容易，即便在外部环境迅速变化的今天，要实现一个变革也绝非易事，一个人要改变自己的习惯尚且困难，更何况一个组织。一个规模比较大的企业组织，涉及的人员众多，管理人员在思想观念、工作习惯上也存在巨大差异，更何况企业内部又存在各种利益之争。

这个争执使我陷入思考，企业的变革到底应该如何进行？怎样的变革方式才能争取更大的胜算？这些年，多数企业每年都在对企业内部管理进行变革，对于变革的程序，都有了初步的了解：

（1）精心设计方案；

（2）思想发动：创造氛围、明确目的方向、认清有利条件和困难；

（3）精心组织：精心设计流程、逐步推进、培训和变革同步推进、规范制度、转化矛盾。

即使这样，为什么参与方案设计的管理专家和具体操作管理的企业家之间对变革方案的理解还有这么大的差异？

毫无疑问，本案中专家们设计的方案是不可能实施的，在企业的最高决策层就被否决了，更不用说让企业的中层领导者去实施这样的方案，将其运用到企业的具体管理中去。3个月设计一个大型企业管理提升的方案本身的系统性、逻辑性和深入程度我们暂且不论，从双方争论的起点看，我认为问题首先出在变革幅度的设计上，如果变革方案设计的幅度很大，要实际操作需要很多前提条件，如果忽视这些条件，方案就只能被束之高阁。

如果我们从变革幅度和变革频率对企业管理的变革进行分类，变革幅度可以分为小、中和大，变革的频率可以分为低、中和高，通过对变革频率和变革幅度的分类，我们可以得到如图 2-2 的矩阵。

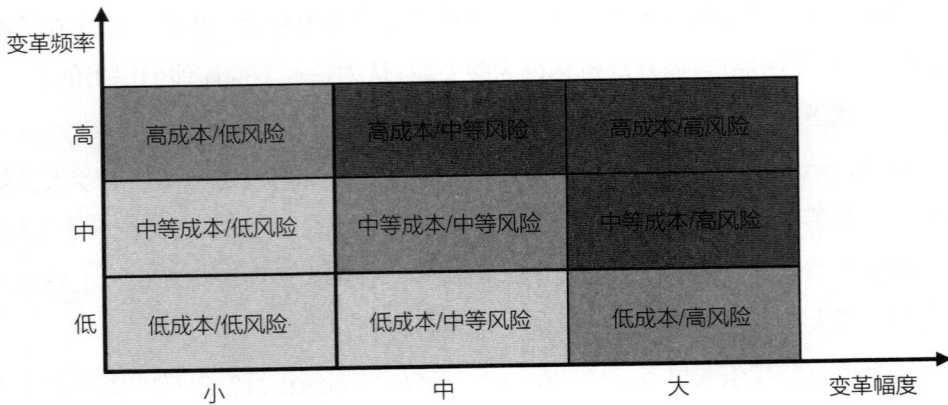

图 2-2　攀成德变革频率和变革幅度矩阵

1. 对矩阵横轴变革幅度与风险关系的理解

变革幅度小，可能意味着：

（1）变革的范围比较窄，涉及企业内部的部门、人员、作业程序等都比较少；

（2）变革的内容与企业过去的操作方式差距不是太大，不会根本改变大家的习惯和理念；

（3）更多的是优化企业的管理，而不是根本性的改变。毫无疑问，这样的变革实施的难度小，推进相对容易，实施的风险就比较低。

我们看到，企业目前进行的绝大多数的变革都属于幅度小或者中等的变革，比如在薪酬结构、梯度方面的调整，企业财务资金的逐步集中，流程的逐步完善，项目管理的规范等等。我们看到，多数企业都在不断完善企业各方面的管理，这些完善多数都在不断进行，并且效果也在不断显现。

变革幅度大，可能意味着：

（1）变革的范围比较大，涉及企业内部的部门、人员、作业程序等就比较多；

（2）变革的内容与企业过去的操作方式差距大，需要根本性改变大家的习惯和理念；

（3）更多的是塑造企业新的管理模式，而不是企业管理的小修小补。毫无疑问，大幅度的变革意味着存在较高的变革风险。

这些年，企业管理的信息化、业务模式的改变（工程企业朝 EPC 转型）、业务转型（多元化的投资等）就属于变革幅度比较大的变革方式。我们看到成功上线的信息化项目并不多见，短时间内业务模式转型成功的企业也是寥寥无几，业务成功转型的企业百分比也比较低。显然，不是企业的决心不够大，付出的努力不够多，而是事情本来确实不容易。

2. 对矩阵纵轴变革频率与成本关系的理解

变革频率低则企业在变革方案的设计、推进、内部员工适应新方案、新方案和老方案对接过程的时间、新方案实施不成功造成的损失等都比较低，相应的变革成本就比较小。如果企业外部环境、技术条件、客户需求等都不发生变化，企业无须变革，只要将内部的管理方式不断完善就行，理论上可以做得非常系统、细致、完善。这样的例子并不多见，但并非没有，法国波尔多的一些传统酒庄，演绎着数百年的传奇，他们的经营方式、管理方式很长时间都只发生很小的变化，他们固守着自己的传统并逐步形成风格，然而这样的例子并不是社会的主流，多数企业很难有这样的幸运。

变革频率高则意味着企业需要经常设计、推进方案，而内部员工需要经常熟悉和适应新的变革方案，也可能需要进一步调整相关的生产、销售程序，意味着变革成本的增加。由于企业处在变化的环境中，外部环境变化、内部技术条件变化、企业领导者的期望也在不断变化，企业的变革是必然的，不变革可能意味着机会的流失、竞争地位的下降、客户流失等。

根据上面的分析，**管理者在推进管理变革时，最需要关注的是掌握合适的变革幅度。**

在企业内部，有些变革的幅度往往是难以调整的，如企业的体制改革、企业的信息化、企业在某些行业的战略调整以及由于战略调整引起的组织结构的重大变化等。对于这样的重大变革，管理者需要有充分的思想准备，在人力、财力和内部思想的动员上进行足够的储备，以保证变革成功，这类变革包括联想集团的国际化、国内施工企业向 EPC 工程公司转型等。

多数情况下，企业要进行的大幅度管理变革都可以采用分步走的方式，适当增加变革频率，减少变革幅度，从而降低变革难度。如果管理者能够将管理变革做得水到渠成、润物细无声，即使由于变革频率增加而适当增加管理成本，还是会由于变革风险降低、引起企业内部波动减少而大大节约成本。

由此，我联想到关于国外咨询机构不熟悉中国情况、设计的方案不可实施的争论。如果我们在设计方案时，不只是简单寻找全球管理的最佳实践、简单对标国际管理的最佳水准，而是将最佳实践当作我们管理长远追赶的目标，更能从企业管理实际出发，掌握合适的管理变革幅度、分步实施，或许变革管理会相对容易，企业也能因为变革获得更大的成功。

我们再回到本文开始提到的案例，如果方案设计时，选择的标杆是国际上最佳的工程公司，要求一个传统的大型工程企业在短时间像一个管理优秀的国际工程公司那样选择业务、进行组织调整，参照国际工程公司的流程开展内部业务，而不考虑国企的领导体制、国内工程环境、企业内部人员的情况等等，显然是不现实的。如果我们在目标明确的前提下，将这样的变革分成五个、十个步骤来完成，管理提升的实际意义也许就出来了。

管理是一个艺术的过程，管理变革也是一个艺术的过程。把企业的管理变革做得润物细无声，无论对企业家还是对从事咨询的顾问，都是一个长远的挑战。我们无法做到完美，但是，如果我们更好地理解企业变革的规律，就一定能够做得更好。

（本文写作时间：2011 年 7 月）

从康熙撤藩看企业的变革管理

一般说来，企业的变革虽然困难重重，但是和康熙撤藩相比，其难度、深度、广度都要小得多，只要领导者信心坚定，遵循变革的一般规律，得到相关利益决策者的支持，变革成功的可能性还是很大的。

电视剧《康熙王朝》最近几年一直热播，其中第 14 集至 23 集讲述的是康熙撤藩的过程，我们先描述一下康熙撤藩的相关内容：

三藩由来：清廷为完成统一大业，推行"以汉治汉"的方略，封耿仲明为靖南王、尚可喜为平南王，命吴三桂率军进攻四川、云南，尚可喜、耿仲明率军进攻江西、广东等地。耿仲明卒于进军途中，其子耿继茂袭靖南王。南方略定后，清廷出于军事需要，命吴三桂、尚可喜、耿继茂（卒后其子耿精忠嗣）分镇云南、广东、福建，并称三藩。

为什么要撤藩：从政治上看，三藩军力日盛，独据一方，对中央集权形成严重威胁，而且给其他地方势力以反面的示范，严重影响清朝整体的威信；从经济上看，三藩的支出已经占到清朝一半的收入，使朝廷财政不堪重负。

朝议撤藩：从长远看，撤藩是肯定的，康熙希望迅速撤藩的决策遭到绝大多数朝臣的反对，包括索额图等重臣，而支持迅速撤藩的只有大臣明珠和陈廷敬、朱国治等。孝庄太后认为三藩年事已高，应该等待时机，三藩藩主死亡后三藩自然消失，不应激化为战争，孝庄太后劝康熙"圣君一半是勇气，一半是耐力"，但是康熙力排众议，执意决定撤藩，他说："今日撤亦反，不撤亦反，不如先发"，此时康熙 20 岁。

撤藩过程：康熙撤藩的决定一石激起千层浪、"东西南北，在在鼎沸"。京城里有杨起隆举事、宫内有太监内应，京城附近察哈尔叛乱，同时，先后发生京师大地震、太和殿火灾、皇后赫舍里氏崩；吴三桂起兵云南，尚可喜、耿精忠接应，三藩军队势如破竹入四川、湖南、湖北；山西王辅臣坐山观虎斗，不听朝廷调遣。从清朝统一全国开始的几十年里，由于长期无战事和训练不力，清朝多数部队战斗力不强。真可谓朝里朝外，外叛内变，雷火地震，天灾人祸，一时间人心惶惶，京师不少官员甚至将家眷送到江南乡里。此时，康熙处于进退维谷之中，是安抚三藩还是坚定撤藩，索额图认为朝廷处于危机之中且无胜算，应该杀明珠、周培公，安抚吴三桂。康熙的撤藩进入最困难的时期，包括他本人也对成功充满怀疑，于是命四位大臣辅政，自己退居盛京，下罪己诏，在关键时刻，孝庄太后激励康熙："大清最大的危难不在边关和内乱的太监，而是在你（康熙）的心里"。

撤藩结果：在孝庄太后的支持下，康熙重拾信心，启用周培公平定察哈尔叛军、打败王辅臣，为了安定军心民心，康熙每天游景山，观骑射，有人讽谏，康熙置若罔闻。康熙由此坚定决心，从容应对，稳定大局，经过前方将士8年的奋斗，终于平定三藩。

平定三藩是清朝历史上的一件大事，其经历的困难之大、时间之长、耗费的物资之多都是惊人的。电视剧《康熙王朝》中康熙撤藩给我们清晰地展示了一个国家中央集权的变革过程，这个过程同样对企业家推动企业内部的管理变革也具有借鉴意义。

首先我们分析整个变革过程中出现的重要角色以及他们对待变革的态度，并与企业进行类比。

康熙撤藩与企业变革角色类比　　　　　　表2-6

序号	人物角色	与企业变革类比角色	对变革的态度
1	孝庄	董事长	稳中求变，开明
2	康熙	总经理	急变，年少气盛
3	明珠、周培公	支持变革的中层领导	急变
4	索额图	反对变革的中层领导	不变

从表 2-6 的角色表中我们可以比较清晰地看出，康熙撤藩成功很关键的是有开明的"董事长"和支持变革的得力的"中层领导"，这一点告诉我们，要取得变革成功，首先是要得到主要相关主管部门的支持，并启用支持变革的中层领导。

第二，我们分析整个康熙撤藩的过程，与企业变革过程中的关键事件类比（表2-7）。

康熙撤藩与企业变革过程类比   表 2-7

序号	事件内容	与企业变革内容类比
1	事前：庭议撤藩	事前调查，利弊分析，思想发动
2	事中：决定撤藩	坚定变革决心，谋定变革方案
3	事中：三藩谋反，平藩遇挫	变革方案推进遇阻，主要领导者信心受到打击
4	事中：孝庄支持，启用周培公，不计较周培公的虎狼之师的细节问题	董事会支持，领导者坚定信心，启用优秀人才并不拘其小节，抓主要矛盾，坚定推进变革
5	结果：平定三藩	变革成功

企业在变革过程的事前、事中、事后的关键事件往往深刻影响着变革的推进，在这个过程中关键人物的态度至关重要，我们可以假设，在康熙撤藩的过程中，如果没有孝庄的支持可能是另一番结果。

现在企业都处在一个外部迅速变化的环境中，变革已经成为一件无处不在的事情，那么企业应该如何推进变革并使变革成功呢？依据我多年从事咨询的经验，企业领导者顺利推进改革应该遵循如下思路：

（1）依据变革要达到的目标，精心设计变革方案；

（2）进行变革前的思想发动工作，创造变革氛围，认清变革的有利条件和困难。在这一阶段，特别需要仔细考虑所有可能存在的反对变革的原因：

1）企业内部历史的惯性和惰性；

2）威胁到企业内部某些人员的既得地位和利益；

3）部分人未看清未来的发展趋势；

4）部分人对变革者持成见；

5）部分人心理上的障碍：求稳害怕变革；

6）变革本身的不确定性，没有人能保证变革一定能成功。

（3）对变革过程进行精心组织，并采用逐步推进的方式，变革的过程中应该多启用优秀人才，逐步规范制度，能转移和分解的矛盾要尽可能转移和分解，逐步增大变革的动力，减少变革的阻力。

一般说来，企业的变革虽然困难重重，但是和康熙撤藩相比，其难度、深度、广度都要小得多，只要领导者信心坚定，遵循变革的一般规律，得到相关利益决策者的支持，变革成功的可能性还是很大的，远不是"变是找死"的说法。

（本文写作时间：2006 年 12 月）

03

组织管控

建筑企业组织管理正在发生积极变化

建筑企业在经历规模发展后，正面临复杂的内外部环境，企业的组织管理面临前所未有的挑战，企业之间的组织管理水平差距正在逐步拉开，从经营结果就能看到差异。那么，最近十年，建筑企业的组织管理发生了哪些积极的变化？

建筑企业在经历规模发展后，正面临复杂的内外部环境，企业的组织管理面临前所未有的挑战：（1）规模大；大多数企业的规模跃上新台阶，在过去20年中，业务数十倍的增长，最大规模的中国建筑，营收接近1万亿元；（2）区域广；大型企业的业务分布已经遍布全国，而海外区域的布点也越来越多，中国交建在海外的业务已经遍布100多个国家；（3）业务领域多；业务转型让企业经营的专业越来越多，大型建筑企业内部业务之间的差异越来越大；（4）模式多样而复杂；如火如荼的"投资＋"模式、工程总承包模式在不断拉长建筑业务的价值链；（5）新技术、新挑战大；互联网时代，人员流动速度快、技术更新快、新政策层出不穷。

企业之间的组织管理水平差距正在逐步拉开，从经营结果看到差异：

（1）人均营业收入差异；从传统施工总承包业务的人均收入可以大致看到组织水平的差异，以房屋建筑自营模式为例，人均营收最高的，可以达到人均700万元以上，而一些组织管理水平比较低的企业，人均营收水平在200万元左右，差距已经相当大；

（2）转型顺利程度差异；企业转型升级常常体现一个企业的组织管理水平，高水平企业，组织管理推动着企业的转型；水平低的企业，组织阻碍企业的转型。战略转型而组织不转型，业务转型相当困难，即使接了项目，项目层面的运作效率低、质量差，挣不到钱；做 PPP 项目，即使有项目信息，能融到资金，但内部管理混乱，业务还是做不起来；

（3）风险控制差异；企业战略性进入新业务，总部常常无力支撑和管理新业务，风险管理不到位，就会成为企业发展的新陷阱；

（4）组织管理效率的差异；从企业的管理费比率的高低，也可以部分看出企业组织能力的差异，大型建筑企业管理费用控制良好的企业在 2% 左右，高的接近 5%。组织管理水平的差异，正成为企业竞争力之间的差异。组织管理的问题正成为大型建筑企业最关键的管理问题。

战略确定以后，组织管理就是决定因素，没有好的组织管理来支撑战略目标的实施，战略就会成为水月镜花，那么战略和组织到底是什么关系？

经典的管理理论认为：战略决定组织，有什么样的战略，就应该有什么样的组织管理来匹配。稳定战略需要规范结构，动态战略需动态结构，组合战略需多元结构，竞争战略需创新结构，但战略又需要考虑组织自身的承受能力，超越组织能力的战略往往难以实现，战略和组织相互影响，相互制约。

最近十年，建筑企业的组织管理发生了哪些积极变化？

首先是推动业务的专业化。部分大型企业在总部选择业务专业化的方式对业务进行管理。专业化的业务管理主要是两种模式：事业部模式和专业集团的模式。比如中国建筑在房地产、投资、建筑工业化等新型业务上，都采用了这一模式。但也有部分企业存在认识的局限性，忽视专业性的组织管理思路，组织小而散。

其次，大企业的三级组织模式被广为接受。传统施工总承包业务逐步规范为标准化的三级组织：法人总部－区域分公司－项目部，这是大型建筑总包业务的经典模式，在三级组织框架的基础上，明确不同层级之间的定位，要设计好责权利和流程，做好配套的管理体系，形成一套标准化程度比较高的管理体系。西方大型建筑企业的组织结构和管理体系，在相当一段时间里，保持稳定，也是基于业务模式基本成型，组织模式与业务的匹配千锤百炼、相互磨合，如果外部环境没有大变化，只需要不断完善和优化，无需进行大的调整。

第三，组织绩效管理越来越科学。绩效管理不容易，组织绩效管理更难，但大型集团正在面对和解决这个问题。无论是目标管理方式，平衡计分卡方式或KPI 的方式，组织绩效管理普遍存在考核指标多、数据无法摘取、数据不实、执行过程难等诸多难题，笔者最近去了一家大型的建设集团，其组织绩效的指标已达 40 多项，且都采用定量化的考核方式，如果没有良好的组织管理基础，40 项指标的数据都很难找到，更不用说客观、公正的评估了，能采用定量化的方式并被二级单位接受，可见大型企业组织管理水平的进步。

随着建筑业外部环境的变化，建筑企业的转型升级将给组织管理带来更大的挑战，企业的领导者和企业管理部门，需要投入更多的精力，对组织管理进行更多的分析和研究，使其成为企业进步的发动机。

（本文写作时间：2017 年 5 月）

建筑企业如何建设适应未来的组织？

当前，一些建筑企业组织正在或即将发生很大的改变，但认真分析后发现正在改变的组织与未来的需要依然存在很大的差距，建筑企业无论是总部还是二级单位，组织调整的空间依然很大，那么，大型企业集团如何布局适合未来的组织？

当前，一些建筑企业组织正在或即将发生很大的改变，但认真分析后发现正在改变的组织与未来的需要依然存在很大的差距，建筑企业无论是总部还是二级单位，组织调整的空间依然很大。

笔者对比研究了大型国际工程公司，其总部组织，多数都是以建设组织能力为目标，较少从事具体的业务运作，如某国际工程集团的总部，七个职能部门为：

（1）人力资源＆可持续发展部（员工招聘、培训、储备、薪酬福利、绩效考核等）；

（2）财务和商务部（税务、商务、招投标、投资、审计、风险管控等）；

（3）战略、研发、交流部（制定公司业务战略、技术研发、交流等）；

（4）项目交付部（项目管理、控制、设计、采购供应链、质量控制等）；

（5）员工职业健康、安全、保障、环境部；

（6）法务部（公司秘书处、懂业务的法务专家）；

（7）信息管理部（公司信息的储存与管理、各种公司软件的应用、开发、管理）。

其二级单位多数按照专业进行划分，采用专业事业部或者专业集团的模式从事业务运作。

而国内大型建筑企业，很多企业的总部部门多达20个以上，分工细，参与的具体事务多，人员臃肿；其二级单位往往在专业上雷同，区域上重合，专业能力分散，相互无序竞争，形成了中国特色的组织模式、经营模式。

那么，大型企业集团如何布局适合未来的组织?

不同的企业，有不同的特点、不同的战略、不同的历史，需要采用不同的组织结构模式。在战略上，大型企业如中国建筑确立了"建筑业最具竞争力的投资、建设集团"的定位、中国交建确立了"五商中交"的定位，对于这些资源丰富的建筑企业集团，总部组织最大的任务是引领。虽然大型建筑央企和省级建工集团，由于业务复杂、区域广、管理层级多，再加上历史惯性、承担社会稳定等非市场因素，组织的调整显得尤其困难，但最理想的组织结构，依然是借鉴国际企业的经验，总部承担组织引领、战略发展、风险控制的作用，从具体业务中脱离出来，业务管理采用事业部或者专业集团的模式。总部职能部门简洁、高效、引领作用强，人员既精干，又具有很强的职位权威和专业权威;业务事业部或专业集团则采用法人/区域/项目部或者法人/项目部的三级或二级模式。50多年前，钱德勒研究了美国大量的大型企业集团，发现这些企业殊途同归，采用了权利下放到业务部门的事业部或者专业集团的模式。笔者在研究大成建设的组织结构时，也发现大成建设采用了这样的组织。一些优秀央企的二级单位，如中建五局，大致也遵循了这样的设计原则，专业的人干专业的事，专业的事归并在专业的组织。

然而，由于历史和其他原因，建筑央企和省级建工集团，实现专业化的业务事业部的设置似乎很难。深入研究中国建筑的组织布局，您会发现中国建筑的组织布局存在很多悖论，无法按照"专业化""区域化"的思路来进行组织布局，在中国建筑的二级公司层面，既有按照专业来设置的如"中建装饰"、"中建安装"、"中建钢构"、"中建铁路"、"中建交通"、"中建市政"等专业类的公司，也有"中建一局"到"中建八局"的中建各局，这些中建各局内部的业务与中建的专业公司存在重叠，而小中建之间的业务在区域之间严重交叉，相互竞争。这一现象在其他建筑央企也同样存在，这是建筑央企存在的巨大组织管理难题，在建筑市场不断发展的大背景下，这一组织管理模式似乎问题不大，而未来，这样的组织调整不可避免。

　　轻装上阵的民营企业如中天建设、中南集团则基本遵循了总部职能部门简单、业务专业化的思路。业务管理采用法人－区域－项目部或者法人－项目部的三级或二级模式，遵循了管理的逻辑。

　　此外，在国内快速变化的环境中，建筑企业的组织也要和环境、客户需要相适应。一些企业为了服务好大客户，成立了针对重要客户的专门事业部，如某企业成立的"万达事业部"、"恒大事业部"，则是阶段性的战略需要。对于价值链不断延长的创新业务，如工程总承包，在业务不断壮大和成熟以后，更适合采用矩阵式组织模式，这对建筑企业提出了新的组织挑战。

　　组织和企业的战略匹配，已经成为大型建筑企业需要认真思考的问题。但明确组织朝既定的方向转型是一回事，能否成功实现组织的转型则是另一回事，并非所有的组织转型都能成功，这也侧面证明"基业长青"的艰难。大型建筑企业正处在战略调整的关键期，笔者以为："正心跬步"是建筑企业战略与组织匹配的合适选择；在战略上需要"正心"，找准方句；在组织要"跬步"，步步为营、稳妥调整。一位前央企二级单位的董事长谈他对组织调整的体会，"我在任12年，调整组织20余次，每次的调整都很小，但目标明确，必须到位，有时候一年调整两次，因为调整小，所以容易成功，因为不断调整，10多年的调整累积效果很好"，这些真知灼见，或许对建筑企业的领导们有参考价值。

　　在变化的环境中，以不变的组织应对变化的战略，这是懒惰思想。认为组织不应、不能调整的思维，是僵化的思维。而组织调整方式上，采用"沉疴需猛药，大力出奇迹"的大改革，还是循序渐进、润物细无声式小改革？可能没有对错。企业的思想基础、员工素质、领导团队的决心和能力不同，则选择的路径和方式就会不同，实用和有效是评价的唯一标准，正如德鲁克所说，管理本质不在于知在于行，管理的验证不在于逻辑而在于成果。遵循实事求是的变革思路，组织的变革效果就会更稳当和有效，离我们的理想就会越来越近。

（本文写作时间：2017 年 5 月）

大型建设集团的组织布局策略

　　大发展催生了大企业，而大企业需要大变革，大变革进一步推动企业的大发展。虽然组织模式的理想化布局的实施存在难度，如果其是一种趋势而不可避免，那我们唯一能考虑的就是如何去实现它，寻找战略性组织调整的策略。

　　每一个经济大发展时代都会造就大型的企业，大型企业的出现，往往意味着企业组织管理模式的重大变革。20世纪初是美国迅速城市化的开始阶段，城市化带来巨大的经济需求，推动了企业的迅速发展，在这一时期，美国企业的业务规模、业务区域和业务领域都迅速变化，企业战略在外部环境迅速变化的情况下发生着重大的变化，由于当时人们没有意识到这一变化需要组织管理模式的相应调整，一些大企业的组织管理模式严重滞后，导致企业出现经营和管理的危机。

一、美国企业组织布局调整经验

　　美国企业史研究大师钱德勒研究了这一时期的代表性大型企业，他分析了杜邦、通用汽车、新泽西标准石油公司、西尔斯　罗巴克四家公司发生大规模纵向和横向的业务变化、业务规模迅速增大以后的组织变化。虽然这四家公司原有的管理方式各不相同，但是钱德勒发现他们无一例外地朝集分权比较合理的事业部制方式走，以适应业务的多元化以及企业规模的扩大。这一变化使总部职能集中在政策（重点是考核政策）、资源分配和战略方向上，事业部重点在业务的运营上。在事业部的选择上，钱德勒发现他们主要是业务事业部、区域事业部两种模式，事业部制的出现对大型企业的管理模式产生了重大影响，高层从运营层面解脱出来，减轻了负担，而事业部的经理可以更主动地采用新战略进入新的区域和产品市场。

因此，钱德勒得出：战略是企业长期基本目标的决定，以及为贯彻这些目标所必须采纳的行动方针和资源匹配，结构是为管理一个企业所采用的组织设计。战略和组织结构是互动的，扩张战略必须有相应的结构变化跟随，战略性的增长来自更加有利可图地利用现存的或扩张中的资源。要有效地经营一个被扩张了的企业，新的战略就要求一个新的或至少是重新调整过的结构，没有结构调整的增长只能导致无效率。

到 20 世纪 60 年代～70 年代,超大型企业普遍使用了事业部制,或者以产品、区域分，或者以价值链的环节分。事业部的数量也从二战前的一般 10 个左右增长到 20 个以上，一些企业的事业部数量高达 50 个以上。钱德勒发现，虽然 80 年代超大规模的企业在缩减或者合并事业部、总体控制事业部的数量，但是其基本架构并没有发生大的变化。

二、中国建筑施工企业组织管理现状

如今中国正处在一个迅速城市化、经济市场化的阶段，中国企业的规模也在迅速变大，钱德勒的研究无疑对这些迅速发展的中国企业，也具有借鉴意义。

1. 施工企业规模变化

2010 年，大型建设集团规模迅速扩大，中铁建、中铁工的产值规模将接近5000 亿元，中建将接近 4000 亿元规模，大型"中字头"公司产值普遍在 1000亿元级；

一些大型的省级建工集团规模也迅速增大，上海建工离 1000 亿元也不会太远，省级建工集团普遍都在 200 亿～300 亿元之间；

民营企业产值规模在 100 亿元以上的已经有一定数量。

目前的企业规模，已经是十年前的 5～10 倍，可以说，十年让大型建设集团的规模发生了巨大的变化。

2. 施工企业业务领域变化

十年内，大型建设集团在业务领域、区域方面也发生了很大的变化。首先是普遍进入房地产领域，一部分企业开展一级土地开发，从事 BT/BOT 业务，普遍进入产业链的上下游业务；也有部分企业进入无关多元化的业务领域，以云南建工为例，其业务已经涉及建筑施工、房地产、投资和其他综合业务。

十年内，大型建设集团在业务区域上的变化朝全国化、国际化方向发展，中交的国际业务已经达到 20% 以上的比重。

3. 施工企业组织管理模式变革

十年内建设集团的规模、业务类型和业务区域迅速变化，我们可以同时审视一下十年来这些企业的组织管理模式的变化：

中建、中铁、中交沿用了他们传统的组织模式，在工程业务板块，总体上沿用总公司－工程局－号码（专业）公司－项目部的四级管理模式；在一些规模较大的号码公司，也可能存在号码（专业）公司－区域公司－项目部三级的组织模式，组织模式变为五级管理模式。这样的组织模式是基于历史的传承，存在了比较长的时间，其变化更多的是在业务规模扩大以后依靠组织自身容量扩大或增加组织的层次来适应规模的变化。对于新进入的业务领域，比较多采用的是增加子公司或者事业部的模式，比如中建总公司的房地产业务，有中海地产，采用专业子公司的模式，不过，随着中建下属局开展房地产业务，并成立自己的房地产子公司，其业务的管理模式逐步像工程施工业务一样，管理变得更加复杂。

多数省级工程集团采用的组织模式，类似于中字头企业集团下属工程局的集团－号码（专业）公司－项目部的三级管理模式，在一些规模较大的号码公司，也可能存在号码（专业）公司－区域公司－项目部三级的组织模式，使组织变为四级模式，在工程施工业务板块，也可能存在着号码公司、专业公司并行的模式，使企业在项目层面采用矩阵式操作模式。在新进入的业务领域，如房地产等，则采用在集团下面设立子公司的模式。

与此不同的是，江浙多数大型的建工集团，采用在集团上面增加控股集团的模式，从建设集团－区域（专业）公司－项目部的三级管理模式，逐步演变为控股集团－专业集团－区域（专业）公司－项目部的四级管理模式，房地产等业务成为控股公司的子公司，多数江浙的建筑集团由此变为业务多元的按照专业板块来管理的企业集团。

三、施工企业组织布局调整策略

最近几年是中国建筑企业在业务类型、规模、区域发生重大变化的时期，和钱德勒当年分析四大企业组织变化的历史阶段颇有些类似，这是不是意味着，我们的建筑企业集团也需要思考其组织结构的变革来适应这种大企业集团的战略发展需要？

钱德勒为我们展示了特大型企业集团组织变革的规律：总部无法实际深入运营层面，这意味着企业总部职能定位必须发生变化，公司总部的重点是负责监管各运营部门的绩效，并负责整个公司长远的资源分配；业务的运营必须分解到业务部门，而业务部门组合的原则只能是同类业务组合或者是区域组合，对于业务规模巨大的业务，还可以进一步按照价值链的环节进行组合。

对于目前的大型中字头公司来说，运营部门的专业化、区域化是一个组织调整的重大问题，也探讨和争论了很长时间，然而我们看到，多数中字头公司的二级工程局在业务和区域方面发生重叠，原因各种各样，这几乎成为一个组织调整无法改变的问题。在旧的问题没有解决的同时，新的问题正在逐步发生，二级工程局多数正逐步进入房地产领域，房地产业务也逐步演变成与传统施工业务组织布局一样的模式。

显然，这样的组织自然生长的模式，并不是高层管理者的理想模式，而这一组织模式的持续多数是基于母集团与子集团利益上的博弈。对于目前这些传统国营集团，未来组织的定位，尤其是母集团与子集团的定位，仍然是最具挑战的组织管理难题。而且，组织管理模式的调整并不单纯是一个技术问题，也涉及传统的管理惯性、利益机制、思想观念、国家相关人事政策等诸多方面的因素，但是如果不加以适当的调整，将会在集团内部的协同效应、专业化品质、客户服务、品牌、资源效率的有效发挥等诸多方面制约企业的发展。

与大型的中字头公司相比，省级工程集团的问题要简单得多，不过，问题的相似性也同样存在。如上海建工这样优秀的公司，在施工业务板块也同样存在业务和区域重叠的问题，当然，在专业领域似乎程度要轻些，如果能在二级机构的专业化方面不断加强，并逐步加强专业机构的营销和管理能力，则可以朝事业部模式逐步过渡，目前我们看到的大成组织模式是典型的事业部制，而其他工程企业，也多数采用总部－专业公司的模式，这样的模式，对于大型省级建工集团未来的组织布局还是非常具有借鉴意义的。

在笔者看来，业务区域的拓展只是业务在区域上的延伸，比如很多建设集团将国际建筑业务部，直接放在集团的二级机构层面，与其他业务并列，作为一个管理机构，也许这类机构的设置存在一定的理由，不过，事业部的业务并不是什么新的业务，除了环境、法律的差异，其他方面如需要的资源、作业的流程与国内建筑业务并无二致，最好的组织管理模式，仍然应采用区域公司的模式管理为宜。

相比较而言，民营企业集团的组织布局问题要简单得多，大型集团在控股层面，采用专业划分的模式，在规模相对较大的建筑业板块，采用区域布局的模式，这一组织布局，与钱德勒研究的美国企业采用的组织模式比较吻合。

比较三类大型集团的组织布局，我们不得不承认，相比前两类国企，大型民营建设企业集团的组织更多的适应了业务类型、业务规模、业务区域的变化，大型国企在组织结构的调整上显得阻力重重，致使大家都认为理论上对的模式，在实际操作时，也困难重重，以致没有人有勇气去碰这种艰难而重大的变革。

基于现实的改革总是艰难的。脱离现实来构想一个理想的组织模式，会是什么样子？

笔者认为，大型工程集团理想的战略性组织布局应该是这样的：

总部和二级机构的定位：总部不再操作具体业务，业务的运营在二级集团。二级集团按照业务划分为专业公司或者专业的事业部，二级集团又具有完整的组织功能。基于二级机构专业的定位，二级机构不得从事专业以外的业务，出现所谓的多元业务；新业务的进入，由总部集中决策，集中给予资源，通过成立新的业务管理板块的方式进行操作。

总部和二级机构之间集权和分权的平衡，总部重在资源的分配、资源使用的监控和二级机构的考核。笔者认为，资源分配重点在财务、核心的人力资源和高端的公共关系，对于装备，由于二级机构已经具有强专业性，总部已经无需进行装备的控制。

由于集团规模不同，二级机构的规模也存在显著差异，事业部的规模从几个亿到数百亿都有可能，由此，事业部内部的管理差异就很大。对于大型的专业事业部，笔者认为其组织可以进一步切分和调整，由于业务相同，可以对事业部内部的作业机构进行标准化的切分，以保持规模和组织结构的一致性，形成一个事业部内部的标准化三级机构：事业部 – 区域公司 – 项目部，或者事业部 – 号码公司 – 项目部结构。一般而言，号码公司或者区域公司管理的项目数量存在一定的限制，笔者认为，如果平均项目规模在 1 亿元左右，一个公司能够管理的项目数量在 25 ~ 30 个，其年产值通常在 20 亿元左右；如果一个事业部管理的区域或者号码公司 10 ~ 15 个，则事业部能管理 300 个左右的项目，年产值应在 250 亿元左右；如果事业部的规模高于这一产值规模，也可以进一步通过价值链的环节划分，如日本大成把其建筑业务分为建筑业务营销事业部、建筑业务运营事业部，也为超大业务规模事业部的构建提供了有益的参考。

由此，一个标准化的大型企业集团的战略性组织布局可以规划为：集团 – 专业事业部（专业子集团） – 区域（号码）公司 – 项目部，四级的组织模式承受的组织业务规模上限可以达到 1000 亿元。

对比我们提出的这一理想组织模式，60 年前，钱德勒深度研究了杜邦、通用汽车的大型事业部模式，这一号称"钱氏模式"的组织布局，大大推动了这些世界级企业的发展。今天建筑领域的大成，也选择了这一组织模式，历史和现实都印证了这一组织模式在大型企业、大型建筑企业的适应性。

大发展催生了大企业，而大企业需要大变革，大变革进一步推动企业的大发展。虽然组织模式的理想化布局的实施存在难度，如果其是一种趋势而不可避免，那我们唯一能考虑的就是如何去实现它，寻找战略性组织调整的策略，笔者认为，这样的调整既是艰难的，也是长期的，需要从战略、组织模式的标准化、人员思想观念、人员素质和结构甚至是企业的领导风格、企业文化等诸多方面进行系统的调整。

　　由于不同的企业环境，变革需要有不同的策略，相比较而言，国营背景的企业在组织模式的调整上可以采用目标明确和小步快跑相结合的策略，避免急风暴雨式的组织变革。在民营企业，变革则可以步子更大和更快，毕竟，多数老板的风格是只争朝夕。

（本文写作时间：2011 年 7 月）

从地王大厦意外事故处理看施工企业的组织能力建设

1994 年的地王大厦事故尽管已经过去十多年了，大家的思考却一直延续至今：中方人员是朝事故现场里面跑的，而日方人员是朝外跑，到底是中方的项目管理方式好还是日方的项目管理方式好？为什么日方要采用这样的项目管理方式？

最近笔者在阅读中建三局集团有限公司（以下简称中建三局）《钢铁铸就辉煌－深圳地王商业大厦钢结构主体工程施工实录》一书时，发现在项目施工过程中有一件事颇耐人寻味："1994 年 10 月 20 日下午 3 点，地王大厦 15m 标高处的 C5 柱由于外包制作的箱型柱因混凝土泵压过大，焊缝发生炸裂，对于突然发生的爆炸声，日方一时不知所措，工人们也感到惊慌，中方项目经理却马上赶到事故现场，并用对讲机把其他几位领导和工程技术人员叫到了现场，分析原因，采取措施，组织加固。工人们看到领导在身边，纷纷安下心来投入到紧张的加固工作中去。晚上 6 点，当日本总部电传来加工草图时，我们的工人早已加固安装好，大厦完好无损。"（地王大厦工程项目背景简介见后）。

据经历这一事故的项目经理说，事故发生时，中方人员是朝事故现场里面跑的，而日方人员是朝外跑，安全撤离后，日方人员再将事故情况汇报总部，由总部提出解决方案，而中方是由现场人员来解决的。从事后的结果看，双方的解决方案完全一致，从效率看，中方的效率更高，解决问题的速度更快。尽管这件事已经过去十多年了，大家的思考却一直延续至今：到底是中方的项目管理方式好还是日方的项目管理方式好？为什么日方要采用这样的项目管理方式？

由于地王大厦项目的重要性，当时中建三局地王大厦的项目经理是我国著名的钢结构专家，也是中建三局的副总工程师，而日方的项目经理则是一般的项目经理。这意味着：中建三局的现场水平代表其最高水平，而日方的现场水平是其通常水平。

一、管理工程项目，其实就像做菜——中国大厨 PK 麦当劳

对地王大厦同一事故的两种处理方式，很有点类似我们中国厨师做菜与麦当劳普通员工做汉堡的比较：中国厨师是否能做出高水平的菜肴，主要决定于其个人能力。如果厨师的个人水平很高，原料又充足，就能做出精品佳肴，甚至满汉全席，所以中餐的菜谱中，用的多是"少许"、"适量"这一类词，到底多少算适量，要由厨师凭经验拿捏。而麦当劳则无需高水平的厨师，却能让一个很一般的人做出质量达标的汉堡产品，它的菜谱就是流程指导与操作规范，用"几度"、"几克"、"几分钟"、"第几步"这样的词语来标准化原材料、流程规格，只要按照其规则进行，谁炸出的薯条都是可口的。中国菜和麦当劳的差异，其实就是个人能力和组织能力的差异。这很类似于在工程项目管理上，我们总是习惯于称道张三的能力多强，李四很有水平之类的，却不太关注考虑如何将个人能力置于组织的能力之中。

现在国内施工行业项目水平，公司之间有显著差异、公司内部不同的项目经理之间也有显著的差异，甚至一些有名的工程企业，同一商业合同，分成几个部分施工，也会出现有的项目组盈利、有的项目组亏损。这说明项目的水平在很大程度上取决于个人能力，也就是"厨师"的水平，组织体系的能力却显得非常脆弱。

问题是，"大厨"就那么几个，如何把个人的能力变成组织的能力？如何把个人的智商变成组织的智商？

二、集团的组织方式和管理思路决定组织的能力和组织的智商

日本大成建设集团和中国建筑工程总公司都是世界 500 强企业，在 2007 年《财富》（Fortune）全球 500 强排名中，大成建设集团名列 470 位，2006 年营业收入 160 亿美元，中国建筑工程总公司排名第 396 名，2006 年营业收入 182

亿美元,两者在排名和营业收入方面基本接近,在组织管理能力上情况又如何呢?

首先,我们对比一下大成建设集团和中国建筑工程总公司的总部组织结构:

日本大成建设 2004 年有员工 10451 人,总部有 2641 人,约为其总人数的 25%,总部设有秘书部、审计部、管理本部、安全环境本部、大成技术中心等部门,如图 3-1 所示。

在大成建设集团总部,除了少数部门以外,其他的部门都是围绕工程本身而设置的,这使总部集中了前期经营、设计、采购、资金、技术、质量、项目控制、人力资源、用户服务、专业保障等诸多功能。而且,总部在这些方面的能力,都代表公司的最高水平。

下属各地区支店管理部门和作业所(即项目经理部)进行项目施工。在作业所,管理部门按照总部的管理规定实施和控制施工现场的各项管理工作,完成施工作业。

可见,大成建设集团采用了一种相对合理的集权和分权相结合的管理方式,层级很少,其组织结构主要有三个特点:

第一,总部的管理作用和力度能够全面控制项目层面,确保了经济管理目标的实现;

第二,作业所(项目经理部)自身控制能力非常强,作业所对工程现场的所有管理控制,都处在总部相关规定的范围之内;

第三,总部各部门对与项目有关的各环节工作,都能给予全方位的支援和控制。

可以说,大成建设集团的项目,不管在哪里、有任何问题,只要一线人员能将相关情况清楚、准确、迅速地将情况传达至总部,总部就有能力给出相应的解决思路。每个项目组就像神经单元的感应器,而总部就像大脑,能迅速发出指令,解决一线的问题。总部的这种组织智商来自于总部的组织模式、优势的人力资源等,而且,由于总部每天都在处理来自一线的各类问题,也在解决问题的过程中积累了丰富的经验,能力不断提升。

图 3-1 大成建设集团总部组织结构图

再看看中国建筑工程总公司总部的设置（图3-2）。中国建筑工程总公司目前约12.5万人，北京总部约300人，约为总人数的2.5‰，公司总部设有19个部门，整个集团公司的技术能力主要集中在下属的工程局，工程局的技术能力又主要集中在局下面的号码公司和专业公司。

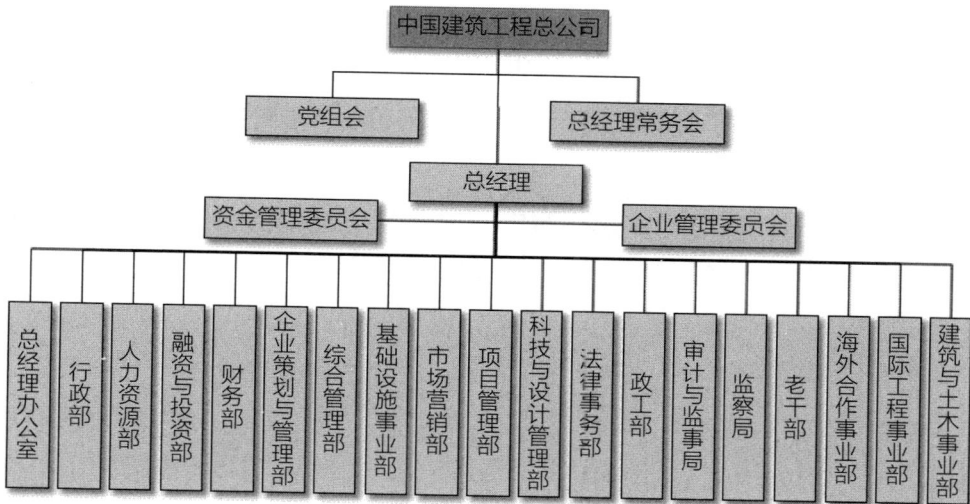

图3-2　中国建筑工程总公司总部组织结构图

熟悉建筑施工行业运作的人都很清楚，一个300人的总部，现实中的定位只能更多地放在协调和事务型的管理上，要进入业务管理层面是很难的。不仅仅中国建筑工程总公司，其他中字头建筑施工企业总部的设置都非常类似，我们调查过的很多拥有特级资质的施工企业，总部基本也是管理型、协调型总部，业务层面的能力相当薄弱。

既然弱总部在中国建筑施工行业是一个普遍的现实，如果存在就是合理，那么这种存在的理由究竟是什么？这样的现实是否有可能改变？

这种现实存在的成因无非两个：第一，由于国内目前的建设环境，工程总承包项目（EPC）不普及，我们主要是施工总承包，多数都是实务性的活，无需总部支持，项目负责人的利益，不只取决于集团（总部）的指标完成得怎样，更取决于怎样向外分包，分包给谁；第二，由于我们的建设企业的历史背景，大型国有施工企业主要由行政管理机构转型而来，民营企业都是从分包队伍发展而来，总体的制度和管理转型尚没有达到新的高度。

于是，当多数企业规模逐步增大，中字头企业发展到营业额超过 1000 亿元，民营企业达到几十亿元甚至超过 100 亿元时，我们痛苦地发现，我们是做大了，但是并没有做强；没能做强的根本原因之一，就是没有强的总部；而总部强不起来的根本原因，正如前文阐述，在于集团的组织方式和管理思路，这两个因素决定了组织的能力和组织的智商。

目前我国的建设集团企业，总部的能力大多集中在资质、财务授信以及内部协调上，在项目前期经营、设计、工程和人事策划能力、精算能力、安全管理、进度控制等诸多方面都无能为力，甚至一些集团的总部演变成为管理费交纳点。一个收费点总部如何塑造一个强大的建设集团？这种偷懒式的协调型、资质型总部方式是不能塑造组织能力和组织智商的，特别是对处于发展中的民营建设集团而言，只有通过塑造强大的总部能力才有可能塑造组织智商，才有可能打造中国的大成建设。

三、强大的总部意味着什么

有了强大的总部是否就一定能实现强大的组织能力呢？

仍以地王大厦项目为例。日本项目组的项目管理非常规范：在没有任何意外事件的时候，项目按照程序进行，项目组能解决所有常规问题；当项目出现意外时，项目组能按照程序规范地将情况迅速汇报总部，而总部也能迅速按照内部的程序做出反应，使组织的整体性、内部能力得到体现。

反观国内的项目管理，状况如何呢？最近，攀成德管理顾问对国内中字号集团、省级集团、大型特级民营建设集团进行了广泛的项目管理状况调研，发现有规范的项目管理体系文件并且按照体系文件规范运行的并不多见，多数还停留在依赖人、依赖经验的阶段，有些企业已经非常重视项目管理体系的建设，但是项目管理的规范又面临方方面面的阻力，运行的成本很高，难以达到实施的层面。

因此，组织智商的塑造的确需要一个长期的过程。但是，组织智商又是企业做强的必然选择。攀成德认为，在施工企业集团，集团的管理方式和项目管理的规范是塑造施工集团组织智商的重要环节。

那么，有建筑集团通过塑造组织的整体能力获得成功的吗？有。

近几年，中天建设集团有限公司实现高速度增长，2005年增长达到56%，口碑和品牌在业内也迅速提升，有很多固定的客户每年给他们相对稳定的业务。很多施工集团的总经理问笔者，中天建设成功的秘诀在哪？根据攀成德管理顾问最近对中天建设的调研，发现中天建设在管理方面也没有太多神秘的地方。在我们看来，中天建设只是将应该做好的事情做好了，而这些事情主要是围绕组织的整体能力建设展开的。

中天建设做了哪些应该做的事情呢？

第一，塑造良好的企业文化。树立"每建必优，精益求精"的公司宗旨，是中天成功的起点，而切实执行这一宗旨，就走通了成功之路。据中天内部统计，由于坚持这样的理念并运用到实践中，中天的回头客率达到40%。

第二，重视总部能力和市场网络的建设。由总部研究和控制整个公司的市场网络，而不是将市场分割为各个局部单元，使其各自为政。中天的区域公司和分公司只是总部的派出机构，不是独立的市场主体。

第三，重视项目管理体系的建设。除了项目的组织、质量、进度、成本等方面的常规管理外，在CIS、项目班子人员的选择，甚至民工的营房建设，都有细致的规定，而且，每个项目班子都必须严格按照公司的规定执行，无论是自己的队伍还是分包队伍的管理，没有例外。这不只是单纯追求精细化管理，实际上，只有系统的规范化管理，才能落实管控，否则，任何阶段、方面或单位的规范走样，都会使整个项目的管理大打折扣。

第四，将制度、项目体系的运行信息化。中天建设在管理信息化上面有很大的投入，采集信息越完整、越及时，对施工一线的管控就越到位、越有力。制度、项目体系的运行信息化，提升了中天建设的管理效率和监控水平。

从中天建设的各种核心举措来看，其重点都在于提升总部的管理和控制能力。从总部的组织结构来看，中天建设总部的人员配置是目前国内民营特级企业相对较多的，超过 600 人。集团管理共分四级：总部 - 区域公司 - 分公司 - 项目部，其中，区域公司和分公司是总部派出机构，受总部的严格控制和考核，保证了总部管理的一致性。

总结这些年中国施工企业的发展，规模上的发展已经取得了相当大的成就，中国施工企业进入世界 500 强的企业达到三家，进入中国 500 强的企业达到 36 家，中国施工企业创造的就业机会达到总就业人数的 6%，为中国的经济发展做出了突出贡献。但是就组织的整体能力建设而言，却依然任重道远。

附：深圳地王大厦工程简介

深圳地王大厦，主楼 384m，81 层，是当时亚洲最高楼，世界第四高楼，总投资 70 亿港元，建筑面积近 27 万平方米，1994 年 5 月开工，1995 年 6 月封顶，是当时我国建筑业项目的典范工程，在中建三局的发展过程中是一个重要的里程碑，也是中国建筑业发展的重要里程碑，创造了 4 天 9 层的著名的深圳速度神话，在质量、安全、成本、进度等方面都创造了当时的"奇迹"，受到广泛的赞誉。该项目由日本熊谷组（香港）公司总承包，由钢结构施工实力领先的中建三局负责钢结构施工。

（本文写作时间：2011 年 1 月）

中国施工集团需要"弱总部"还是"强总部"?

企业的组织方式和管理思路决定组织的能力和组织的智商,那么对于中国的建筑大企业大集团,其组织设置到底是需要"弱总部"还是"强总部"?

所谓"弱总部",是指集团的总部组织设置较为精简,规模相对"瘦弱";而"强总部",则是指集团的总部组织设置比较具体,规模相对"庞大"。企业的组织方式和管理思路决定组织的能力和组织的智商,那么对于中国的建筑大企业大集团,其组织设置到底是需要"弱总部"还是"强总部"?

先让我们看一下"弱总部"和"强总部"的两个实例——中建总公司和日本大成建设的总部组织结构。日本大成建设和中建总公司都是世界500强企业,在2006年500强排名中,大成建设为438名,营业额154亿美元,中建总公司为486名,营业额141亿美元,两者在排名和营业额方面基本接近,那么在组织能力上呢?

先看一下"强总部"的代表日本大成建设。该公司2005年共有职员15600人,其中总部就超过3000人,约为其总人数的25%,总部设有秘书部、社长室、管理本部、安全环境本部、技术中心等11个部门。从大成总部的组织结构看,除了少数部门以外,其他的部门都是围绕工程本身而设置的,总部职能还包括市场经营、设计、采购、资金、质量、项目控制、人力资源、用户服务、专业保障等诸多功能体系,而且,总部在这些方面的能力,代表公司的最高水平。

大成建设的组织特点可以概括为四点:一是项目工作是由大成建设本部和各地区支店管理部门与作业所(即项目经理部)管理人员共同完成,作业所管理人员主要负责按照总部的有关管理规定实施和控制施工现场的各项管理工作，总部各部门对于项目有关的各环节工作给予全方位的支援和控制。二是总部具有较强的前期经营、设计、工程和人事策划能力、精算能力、一级核算制度下的资金控制能力、质安隐患治理能力、物资分配能力以及整套技术方案编制、整改能力等。三是总部全面协助控制，实现资源的合理分配和使用，同时是各项目的相关管理工作规范化、标准化、真正体现总部的管理作用和力度，确保工程项目经济管理目标的实现。四是大成建设作业所的自身控制能力非常强，作业所对现场各项管理工作的控制也是在总部相应规定的约束下进行的，是一种相对合理的集权和分权相结合的管理方式。

可以说，大成的项目，不管在哪里、出现任何问题，只要一线人员能将相关情况清楚、准确、迅速地传达至总部，总部就能有能力给出相应的解决思路。每个项目组就像神经单元的感应器，总部就像大脑，能迅速发出指令，解决一线的问题。其组织的智商来自于总部的组织、总部优势的人力资源等，同时，由于总部每天都在处理来自于一线的各类问题，总部也在解决问题的过程中积累了丰富的经验，能力不断提升。

那么作为"弱总部"的代表中建总公司的情况又怎么样呢？中建总公司目前约 12.5 万人，北京总部约 300 人，约为总人数的 2.4‰，总部设有 17 个部门，职能在人力资源、资产、党务等方面的部门 11 个，涉及具体业务层面的部门 6 个，其技术能力主要集中在各工程局下面的号码公司和专业公司。

熟悉施工行业运作的人都很清楚，一个 300 人的总部，更多的定位于协调和事务型的管理，进入业务管理层面是很难的，这样的总部形成当然有很多历史和客观的原因。不仅仅中建总，中铁工，中铁建、中交的总部设置都非常类似，中国的很多特级资质的施工企业，总部基本也是管理型、协调型的总部，业务层面的能力相当薄弱。现在国内施工行业各公司之间的项目管理水平有着显著差异，公司内部不同的项目经理之间也有着显著的差异，甚至一些有名的施工企业，同一商业合同，分成几个部分施工，会出现有的项目部盈利、有的项目部亏损的情况，这是因为成败很大意义上取决于个人能力。也就是一线项目经理的水平。而处于"弱总部"状态的集团企业，因为组织体系的能力非常脆弱，事实上对具体某一工程的业务作业几乎为零。

既然弱总部在中国施工行业是一个普遍的现实，如果存在就是合理，那么这样存在的理由又是什么呢？原因无非这样几个：第一，由于国内目前的建设环境，工程总承包项目（EPC）不普及，我们主要是施工总承包，多数都是事务性的业务，无需总部支持；第二，是由我们的建设企业发展历史造成，大型国有施工企业主要由行政管理机构转型而来，民营企业都是从分包队伍发展而来，总体的转型尚没有达到新的高度。

事实上，当多数企业规模逐步增大，中字头企业发展到营业额超过1000亿元，民营企业达到几十亿甚至超过100亿元时，我们才发现，我们是做大了，但是并没有作强。我们没有强的总部能力，总部能力往往只是集中在资质、财务授信以及内部协调上，而在整体的项目前期经营、设计、工程和人事策划能力、精算能力、安全管理、进度等诸多方面都无能为力。甚至个别集团的总部成为一个收取管理费的总部，这样的总部如何能塑造一个强大的建设集团？对于中国的建设集团来说，采用协调型、资质型总部方式是很难塑造组织能力和组织智商的，特别是处于发展中的民营建设集团。只有通过塑造强大的总部能力，才能塑造组织智商，才能出现中国的大成建设。

（本文写作时间：2007年8月）

企业如何选择强弱总部？

强总部、弱总部，这两种类型的企业，在过去几年的发展中，都取得了各自的成功。那么，建筑企业集团总部到底应该走强的模式还是弱的模式？集团总部组织的设计需要考虑哪些因素？强弱总部需要哪些配套的管理措施？

一年前，笔者在《建筑时报》上发表过一篇题为《中国施工集团需要弱总部还是强总部》的文章，其后，在和建筑企业的交流中，很多企业老总和我探讨总部强弱这个问题，基于这一年多的探讨，进一步谈谈关于强弱总部的选择问题。

所谓总部的强弱，以笔者的理解分为以下两个方面：

（1）组织功能的强弱

组织功能的强弱主要是由组织结构以及其权责分配决定的。对于建设集团，总部的组织功能可以分为职能管理的功能和业务管理的功能。在国内的一些施工企业里，集团总部的管理功能只有职能管理方面的能力，没有业务管理方面的能力，甚至职能管理也只是集中极少数的几个职能。显然，在建设行业，总部只有职能管理功能的企业，不属于强总部的范围。

（2）组织自身能力的强弱

组织结构本身设计的功能强弱如何是问题的一个方面，实际能否实现这些功能是问题的另一个方面。即使是职能管理和业务管理的功能都具备，要使这些能力成为推动企业进步的力量，远非易事。由于组织能力的强弱更多的决定于人员的能力和组织的协同性，因此，虽然一些企业集团总部设计的部门非常多，但是总部对下属企业及下属企业相关人员的控制能力非常弱。

无论是组织功能的强弱还是组织能力的强弱，实际上，最终组织运行的现实是强总部倾向于明显的集权，弱总部倾向于明显的分权。

建筑集团到底应该选择强总部还是弱总部，要依据企业的实际情况而定，难以一言概之。攀成德公司的研究表明，国际上多数优秀的建筑企业集团总部都是有相当能力的，如日本大成建设，总部不仅集中了全公司 25% 的员工，而且其实际管理、业务运行的支持能力都是非常强大的。国际上一些以工程总承包（EPC）业务为主的建筑企业，留在总部的技术人员比重甚至达到 30% 以上，绝大多数业务层面的控制权力都在总部。不过，也不是所有的知名企业都是如此，法国布依格公司就有些例外，其公司总部并不负责业务层面的任何事情，业务操作完全由下属企业自行运作。

一个企业集团总部是强还是弱，实际上是总部在职能管理和业务管理上进行分权还是集权。可以说，没有多少公司在主观上愿意对下属企业和业务进行放权。这不仅仅是多数情况下我们都更相信自己而不是他人，更重要的是企业尤其是大型企业需要加强风险控制。随着领先的中字头建设企业的上市，这些企业在职能管理上走相对集权的模式是一种必然的选择；而江苏和浙江的建筑企业集团总部多数并不参与业务层面的操作，总体上是以分权为主，随着它们业务的多元化，总部要么增加组织层次，要么在职能和业务上对下属企业进一步的放权，这将是另一种趋势。

上述两种类型的企业，在过去几年的发展中，都取得了各自的成功。那么，建筑企业集团总部到底应该走强的模式还是弱的模式？集团总部组织的设计需要考虑哪些因素？

（1）要考虑组织的层次

一般来说，组织层次比较多的企业，总部基本上是决策机构，很难在具体的业务上面进行管理，而且由于工程业务本身的特性是分散决策的，如果业务层面的问题要集中到总部决策，显然业务的运作效率会大大降低。像中建、中铁、中交这类公司，组织的层次一般都在 4～5 层，总部进行强势的业务管控显然不太可能，而且对业务本身的运作也并没有太多好处。如果这些企业要实现总部对业务的强势管控,需要缩短管理链条。我们仔细分析大成建设的组织层次就会发现,其管理层次有三个:集团－事业部－作业所,总部的职能部门只有简单的三个,业务的运作都在事业部。实际上,大成建设的强总部,强在其事业部这个管理层面。笔者认为,建设企业集团的强管理应在最贴近项目的组织层次。很多大型建设企业集团下面设有区域公司、号码公司和专业公司等机构,在这些机构下面,应该不再有其他的组织层次,也就是这些组织应该直接面对项目。由此可见,采用扁平组织结构的企业更适合于选择强总部,而组织层次比较多的企业可以考虑弱总部模式。

(2)要考虑业务的层次

对于从事技术难度大、规模大、工期要求特殊、业务多的企业,需要调动的资源会比较多,总部必须有较强的业务管理能力,此时,强总部是一种相对有利的选择。中建等企业倾向于把大型项目如央视大厦、新型 EPC 业务等放在总部,都是基于前面的考虑。相反,业务难度小,项目的管理和运行都比较常规的业务,即使分散决策,也不会对基层管理人员的能力形成太大挑战的项目,选择弱总部模式可能能带来更高的效率。在多数情况下,高端业务更适合于选择强总部,低端业务更适合于选择弱总部。

(3)要考虑业务的分布、人员能力、综合管理水平和领导者的风格

业务分布广的企业,需要采用适当分权和分散决策的方式,总部可以适当弱化;而业务区域比较集中的企业,总部管理可以适当强化。对于一线员工能力比较强的企业,也可以采用分权和分散决策的方式,适当提升一线作业层面的决策权力,总部适当弱化;对于一线员工能力比较弱、新手多、磨合时间短的企业,总部需要更多的管理输出,总部需要有比较强的能力。在企业发展的起步阶段,由于企业整体的管理水平尚不高,需要总部进行较多控制,需要总部比较强;随着企业自身和下属机构的成熟,总部可以进行能力转型或者适当弱化。最高管理者的风格对总部强弱的影响非常巨大,一些习惯于细节管理的领导者,往往倾向于建立强总部。

总体来说，企业集团选择强总部还是弱总部，并没有成规，主要看管理成本、运行的效率、风险控制等因素。一般来说，强总部能控制风险，有利于调动全公司的资源，更利于进行公司能力的培养、开展具有规模的项目；弱总部能发挥项目和一线的积极性，管理更加灵活、更能适应环境。

对于建设企业集团，无论其规模大小，在选择好强弱总部模式后，都要注意采用与模式配套的措施，这样才能好地发挥总部的作用。那么，强弱总部需要哪些配套的管理措施？

（1）强总部下的配套管理措施

强总部往往意味着总部在职能和业务管理等多方面的深度控制，强调企业运行的一致性。一般来说，强总部要发挥作用，需要在战略、集团管理模式、流程、人力资源等诸多方面做出更大的努力，建立相对规范的体系，以充分发挥其协同效应，以追求组织的整体效率。如果不能采用整体管理一盘棋的思路，则强总部的机构会非常臃肿，效率会非常低下。一个庞大臃肿但是又无效的组织将成为企业的沉重负担，很多企业付出了巨大的管理成本，但是企业的管理仍然在比较初级的水平，就是这个原因。

（2）弱总部下的配套管理措施

弱总部的优势在于灵活，强调企业对环境的适应性和分散决策，所以其配套机制也要灵活。浙江、江苏多数施工企业集团采用弱总部模式。在激励方式上，他们充分利用了要么跳楼要么发财的机制；在业务运行上，通过市场化机制调动一线人员的积极性来减少总部的参与。弱总部充分放权，发挥一线人员的积极性，有效地降低了总部的管理成本。从目前的情况看，这种模式虽然存在以包代管的危险，但是多数浙江、江苏的建设集团还是在有效控制经营管理风险的情况下，获得了良性的发展。

无论是强总部还是弱总部，对于多数传统的建设集团都存在着挑战：强总部的挑战在于管理体系的建设和管理的效率，总部的职能部门非常容易变为脱离市场的机关，这是非常危险的；弱总部的最大危险在于无所事事，最终变为一个毫无竞争力的盖章机构，在目前资质管理模式不变和市场尚不完全规范的情况下，这样的机构或许还有生存的空间，但从长远来看，这样的管理方式必将走向坟墓。

（本文写作时间：2008 年 7 月）

04

运营管理

标准化，管理的战略抓手

　　企业管理标准化在建筑行业的领先企业中逐步成为管理体系的方向，那么，作为单件和订单定制的建筑业，有没有必要思考管理的标准化？管理标准化对建筑企业到底意味着什么？建筑企业可以从中得到什么？

　　工业革命带来了产品高度标准化，极大地提升了社会的运行效率。100年前，泰勒从研究动作、工具标准化开始，深刻地认识到只有管理的科学化和标准化才能提升工作效率，福特从20世纪20年代开始用流水生产方式制造汽车，创造了汽车工业的神话。从这些奇迹中，人们看到的是生产过程、工具、产品的标准化，而其背后是管理标准化的支撑，今天以麦当劳为代表的快餐业，从企业的理念、商业模式、管理方式、物流、单店管理、员工培训等都采用标准的管理手册。从产品的标准化到管理的标准化，已经深刻地影响我们的生活。企业管理标准化在建筑行业的领先企业中也逐步成为管理体系的方向，那么：

一、作为单件和订单定制的建筑业，有没有必要思考管理的标准化？

　　笔者在10年前开始研究和思考建筑企业管理标准化的问题，当时的现实是人们更多关注技术标准，很少去思考管理层面的标准化，但一些企业管理者发现，随着企业生产规模扩张、企业的管理区域、员工人数、项目数量都大幅度增加，横向和纵向管理跨度增大，企业管理疲于应付，规模扩大对管理提出挑战；在企业内部的管理体系上，贯标认证与企业日常的管理很难融合，贯标认证与日常管理"两张皮"，如何把企业"三证合一"与日常管理融合，体系多样性对实际管理提出挑战；市场的竞争需要企业不断提高服务效率和质量，一味增加人员使成本相应增加，甚至由于人员薪酬不断提高和管理难度增大导致的成本增加远高于企业收入的增加，给企业经营带来巨大挑战，企业必须提升管理效率，要满足客户不断提升的要求，要做大规模，同时尽量减少人员，效率对管理提出了挑战；从长远看，企业管理需要把企业内部先进经验予以归纳总结，将单个的、零散的成功做法予以组织集成，在持续改进基础上，形成企业标准，推广复制，才能为企业可持续发展提供保障，基业长青对管理提出挑战。

正是基于这些考虑，一些具有管理意识、掌握先进管理理念的建筑企业负责人成为建筑企业管理标准化的先行者，开始了他们建立管理标准化体系的征程。先行者的时间最早可以追溯到 10 年以前，包括中建五局三公司、龙信建设、中南建设、金螳螂等，这些企业进行了非常丰富的管理标准化实践，有的从制度开始，有的从管理手册入手，有的从作业手册入手，不同的尝试给我们展示了丰富的案例，展示了企业在管理标准化方面的探索，也为建筑企业树立了标杆，今天当人们到这些企业去考察的时候，一些人常常发出自己管理落后 10 年的感慨。

如今的建筑业与 10 年前虽不是沧海桑田，变化也相当惊人。首先是规模的变化，2012 年建筑业产值是 2003 年的 6 倍，多数企业在过去 10 年里的规模发展很快，中建超过 20 倍，金螳螂超过 30 倍，组织层次立体化程度和管理幅度都是过去无法想象的。其次是业务模式的丰富，10 年前的建筑企业主要是施工总承包，今天人们口口相传的 BT/BOT/EPC/PMC 业务模式已经逐步渗透到建筑企业的工作中，业务模式丰富意味着企业从事的行业价值链环节延伸，管理的难度也会成倍增大。三是资源的边界越来越大，过去接触的事情是围墙内，现在社会已经呈现网络结构，沟通和管理的方式日新月异，管理逐步呈现出复杂化的趋势。四是竞争日趋激烈，效率的差异来源于管理的差异，而效率的差异决定着企业的竞争力，以笔者的体会，这些方面的差距还正在进一步的拉大。

正是这些巨大的变化，推动着企业对管理标准化的重视，2010 年，中国建筑把管理的标准化列入其"十二五"发展规划中，与区域化、专业化、国际化、信息化并列为"五化"，并认为管理标准化是五化的基础和关键，由此推动了世界最大建筑企业管理标准化的征程。

二、管理标准化对建筑企业到底意味着什么？建筑企业可以从中得到什么？

（1）管理标准化大大提升管理效率

就整体而言，目前建筑业的劳动生产效率还比较低，以全国建筑业 13.5 万亿产值计算，按照建筑业总计 5000 万劳动力和 500 万管理从业者的大数计算，劳动力人均产值 27 万元，管理者人均产值 270 万元。作业层面效率提升的出路在于机械化、建筑工业化，管理层面效率提升的出路在于管理标准化。以占全国建筑业产值 60% 的房屋建筑为例，攀成德研究部的统计表明，管理效率最好的总包分包型房屋建筑企业，管理人员人均营业收入可以达到 650 万～700 万元，效率低的企业，人均营业收入只有 200 万元左右，这个差距达 3 倍之大，几乎是生与死的差距。好在市场增长速度还不错，过去 5 年的年复合增长速度达到 20%，一旦市场增长放缓甚至负增长，效率低的企业就走在生死存亡的边缘。好在不是完全的市场规则，部分低效企业还存在生存空间，好在部分企业还被区域间的市场壁垒、政府的照顾所保护。即使在中国建筑内部也可以看出推行管理标准化的价值，中建最优秀的号码公司进行 10 强的排名，这些号码公司在业务类型、业务层次、业务模式之间的差异不是很大，推行管理标准化的中建五局三公司在人均营业收入上一直靠前，这与中建五局三公司长期推进标准化管理的努力密不可分。

为什么标准化能提升效率？笔者做过调研，营业收入 30 亿元的建筑企业，员工数量在 800～1000 人，岗位数 50～60 个，营业收入 1000 亿元的企业，员工数量在 2.5 万～3 万人，岗位数也不超过 200 个，其下属单位中编制近 1000 人的岗位有 10～15 个，可见同一事件在建筑企业的重复发生率之高。管理标准化针对重复发生的事情，既然是重复发生，以前的经验就有价值，通过把过去的成功经验进行总结并提升，并逐步修正过去由于失误造成损失的做法。标准化能大大降低学习成本、学习时间，实现资源的最佳配置，效率自然就能提高，泰勒基于科学化标准化的管理，在作业层面提升的效率达到 4～5 倍，根据我们的统计建筑企业之间的效率差异也在 2～3 倍。

（2）管理标准化能控制企业风险

建筑企业的风险大致可以从三个层面进行划分，首先是战略层面的风险，第二是企业层面的风险，第三是项目作业层面的风险。战略层面的风险更多是基于对未来的判断、对资源的配置等，多数都在董事会层面决策，从管理标准化的角度，比较难控制这一类的风险。第二、第三层面的风险，管理的标准化则可以起到非常重要的作用，依据攀成德对建筑企业管理标准化的研究，可以采用 2-3-1 的模式（图 4-1），2 是两个前提，即产品专业化、组织结构标准化，3 是三个步骤，即确定内容，确定方式，内容与方式的结合，1 是一个关注点，设计由上而下，执行由下而上。攀成德研究表明，就标准化的方式而言，需要从统一理念、制度化、流程化、表单化、信息化、作业手册化六个方面进行努力，毫无疑问，这六个方面无论对企业管理层面还是作业层面都能大大降低风险，企业在进行管理的标准化以后，对"人"和对"能人"的依赖性逐步降低，正如麦当劳的品质相比中餐馆不会强烈依赖于店员（厨师）水平一样，建筑企业也能逐步从"项目做得

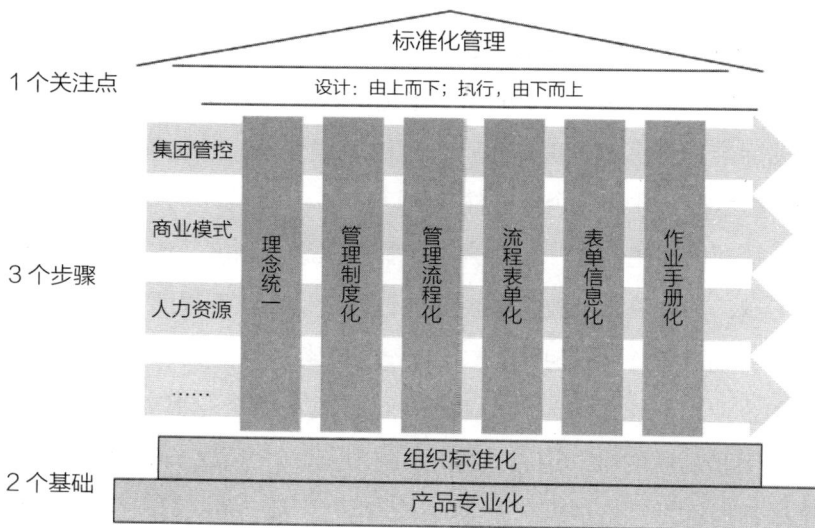

图 4-1　建筑企业管理标准化采用的 2-3-1 模式

好不好关键看项目经理"或者"成也劳务、败也劳务"这样的八卦阵之中逐步找到清晰的思路。

在企业内部，经营质量是企业非常关注的，对经营质量的评价主要是企业的盈利水平，平均水平高低以及好项目与差项目的偏差度，或者说盈利项目的比例。笔者曾经在不同的研讨会上跟建筑企业的领导探讨，A 企业平均利润 3%，B 企业平均利润 2.5%，哪个企业的经营质量好？答案毫无疑问是 A。接下来的问题是 A1 建筑企业的平均利润为 3%，好的项目利润 6%，差的项目 0%，A2 企业的平均利润率也是 3%，好的 4%，差的项目 2%，哪个企业的经营质量好？大家也认为答案毫无疑问是 A2，为什么？原因是好差项目之间的偏差小，相对而言 A2 企业的经营风险更小。如何使好的项目和差的项目偏差缩小？答案是管理标准化，把人的影响因素降到最低。湖南有一位杰出的建筑企业老总，认为人的因素在企业管理中非常重要，对于管理者来说有两个重要的任务，一是把人的积极性发挥出来，二是把人为的因素降到最低，不因为张三换成李四，老员工换成新员工，高收入员工换成一般收入员工而导致企业在运营上出现重大偏差，出现重大逆转，人是可以调整的，管理体系要标准，这是他的管理思维。

（3）管理标准化提升产品品质

从客户的角度看，他们需要的不一定是最好的，但一定需要符合标准要求的产品。管理标准化是企业管理和生产过程的底线管理，正是管理对过程的重视，对作业标准的重视，才能让企业守住底线。

今天，管理标准化作为一个融合企业管理理念、制度、流程、表单和作业手册的管理工具，其价值已经被很多企业的管理者认识。五局三公司管理标准化提出者阎军说："标准化管理是我们进行的一项探索，以往我们习惯靠能人、超人管理项目和企业，但能人和超人毕竟是少数，成功的企业都离不开标准化管理，这是提高效率和品质的唯一道路，也是人才快速、大量成长的坦途"，五局三公司标准化体系的建设思路是以制度为载体，建立了红、黄、蓝三色书的制度体系，同时把一些流程和作业手册融入制度体系或者把其作为制度的附件。在建设三色书制度体系的同时，五局三公司通过建体系、抓培训、严执行、做总结、重考核、促提高六个阶段的循环，在内部不断完善标准化体系的建设。经过长期努力，五局三公司实现了外在形象、机构设置、管理流程、管理成果和干部培养五个方面的标准化管理体系。目前的五局三公司是中建内部优秀的号码公司之一，无论是人均产值、人均效益、发展速度、客户的满意度方面都取得了良好的成就。

很多建筑业的领导认为中国建筑行业的竞争非常激烈，但我们的建筑企业管理尚很粗放，如果粗放的企业尚能够在行业生存下去，说明行业的优胜劣汰还没有到来，在行业准入放宽以后企业的竞争将更加激烈，企业也将被迫进一步走向管理的精细化，而标准化是企业走向精细化的必经之路，没有管理标准化的修炼，精细化几乎不可能。所以，管理标准化对于中国建筑企业而言，是今天必做的功课，没有这一课，在未来的竞争中也许我们就是最先的被淘汰者，而这一刻一旦到来，也许一切都来不及了，"多少事，从来急；天地转，光阴迫。一万年太久，只争朝夕"。

（本文写作时间：2013 年 11 月）

标准化，提升企业效率的捷径

> 随着中国建筑市场规模的不断扩大，建筑企业自身规模的不断发展，在内部推行标准化的管理，成为建筑企业规范化、精细化和不断提升内部运行效率的捷径。

产品和技术的标准化已经被人们熟知，并得到广泛的认可，而管理的标准化在建筑行业被认可的程度却需要提高。中建总公司在"十二五"发展规划中，提出了战略性的"专业化、区域化、标准化、国际化、职业化"的"五化"思想，其中标准化建设是要在管控模式、商业模式、组织架构、薪酬体系、生产经营管理等领域建立标准化的管理体系，以此推动整个集团管理的高效和规范。对于标准化管理体系的推进，中建总公司提出要将执行制度的有效性与高层管理人员的考核、评价相结合，强化集团执行力文化，保证各项制度能得到落实。作为年营业收入近 3000 亿元的著名建筑央企，要在内部建设这样的管理标准化，足见标准化管理体系的重要作用。

建筑企业对于标准化管理的认识尚存在各种误区：一些大型建筑企业认为其在产品、区域、客户等方面存在各种差异，难以实现管理的标准化；一些中小型企业认为经营是最紧迫的问题，管理主要是解决生产经营中存在的问题，没有建立标准化管理的动力。以笔者的体会，随着中国建筑市场规模的不断扩大，建筑企业自身规模的不断发展，在内部推行标准化的管理，成为建筑企业规范化、精细化和不断提升内部运行效率的捷径。

一、为什么建筑企业开始重视标准化的管理？

标准化不仅伴随人类的进步，也推动着人类而进步。中华民族从秦朝开始统一文字、度量衡、货币等，大大推进了经济的发展和社会的进步，是中华民族文明进步的标志性事件。在企业管理方面，人类关于标准和标准化的研究，是从产品、生产工艺、检测方法标准化发展到术语、符号等基础标准化，再逐步提升到企业生产、经营管理的标准化。100多年以来，从泰勒的科学管理到福特的流水生产线，到麦当劳、肯德基的连锁经营，无不显示出标准化管理的威力。标准化有效连接了生产的各个环节，连接了内部管理的部门，保持技术的统一，标准化提高了产品质量和服务质量，从而提高了企业的竞争力。人们由于开展技术和管理的标准化而获得的经济效益相当于标准化投资的十几倍，甚至四、五十倍，管理标准化也因此日益受到重视，迅速发展起来。

那么，如何理解标准化经营管理？它是指在企业管理中，针对经营管理中的每一个环节、每一个部门、每一个岗位，以人为核心，制订细而又细的科学化、可衡量的标准，按标准进行管理。

标准化经营与管理在企业的经营管理中显示出巨大的力量，它使企业从上到下有一个统一的标准，形成统一的思想和行动；不仅提高产品质量和劳动效率，也减少资源浪费；从服务的角度看，能提高服务质量，帮助企业建立良好的企业形象；标准化最成功的应用是连锁经营，成熟的标准化经营与管理能使企业进行连锁经营，进行"复制"或"克隆"，使企业的经营管理模式在扩张中不走样、不变味，使企业以最少的投入获得最大的经济效益。

中国建筑业随着中国经济的发展而快速发展，城市化的发展为建筑企业提供了大量的发展机会，建筑企业的规模迅速扩大。目前，多数建筑企业无论是管理人员还是作业层面的人员都非常短缺，在可以预见的时间内，资源的短缺将是企业面临的最基本的问题，而标准化管理在解决建筑企业管理资源短缺方面是一种有效的手段。在作业层面，保证产品质量也是建筑企业要面对的问题，很多企业在作业工人非常短缺，良好素质的作业工人更是稀缺的现状下，要控制作业层面的质量问题，标准化的管理、标准化的作业方法，是其提升工程质量的有效手段。

一方面是企业规模的快速发展，另一方面是资源的短缺，施工企业要提升管理和生产过程的运行效率，管理和生产过程的标准化成为企业提升经营和管理水平的一条途径。

　　压力往往也是动力之源，在不断增大的业务压力下，建筑企业家们已经深刻感到标准化在提升效率、提升管理规范性，降低企业风险上的作用，进而将标准化管理看做推动企业管理进步的力量。从中建总公司的"五化"策略就可见企业核心领导对标准化管理寄予了希望。

二、如何在建筑企业内部建立标准化的管理体系？

　　认识到标准化经营和管理的重要性是一回事，要建立这样一个体系却并非易事，需要系统的思考、长期建设和不断完善体系、坚定不移地推进和执行体系。那么，如何在建筑企业建立标准化的管理体系？

　　笔者认为，**建筑企业经营和管理的标准化包括理念的标准化、业务的专业化、管理制度和流程的标准化、作业层面的标准化。**

　　第一步是树立标准化的理念首先是认识到标准化的重要性，认识到建立标准化体系的可能性。学习是最好的老师，英国标准化专家桑德斯从标准化的目的、作用和方法上提炼出七项原理，并阐明标准化的本质就是有意识地努力达到简化以减少目前和预防以后的复杂性。日本教授松浦四郎通过系统研究，阐述了标准化活动过程的基本规律，提出了十九项原则……。这些思想为我们建立标准化的经营和管理体系奠定了理论基础。

　　第二步是业务的专业化。笔者认为，建筑企业经营管理标准化的起点是业务的专业化，或者说产品的标准化。产品的差异将导致经营和生产作业过程的差异，从而导致管理的差异，因此，没有业务的专业化，就难以提倡经营和管理的标准化。专业型的公司已经具备标准化管理的产品基础，对大型和超大型建筑企业而言，第一步要做的是在内部推行业务的专业化，中建总公司的"五化"中的第一步就是专业化。大型企业在内部进行业务的专业化时，可以首先推行一个子分公司做一个业务，同一业务采用事业部或者专业集团的管理方式，通过专业化布局，大大降低各个业务板块之间的差异。在大型集团，业务专业化的调整显然需要一个比较长的转换时间，有一个思想统一、资源重新分配、能力调整的过程，无论如何，这样的调整是有益的，是战略性的。没有这样的调整，企业难以建立专业能力，难以塑造长期的核心能力。业务专业化以后，项目的差异减小，作业层面的相似性就比较多了，企业各个层面的标准化体系的建设就可以开始了。

第三步是建立标准化的经营和管理体系。笔者认为经营和管理标准化体系的载体是制度、流程和手册，而制度、流程、手册的展开可以与具体的组织的层面、职能、业务的各个环节进行紧密的结合。

对于多数建筑企业而言，要建立作业层面的标准化，需要关注两个方面：一是国家、行业、地区的各类标准和手册，二是企业自身的特点和资源。只要善于总结和积累，加强沟通，作业层面的标准化手册是比较容易建立的。需要注意的是，作业层面的标准化是基础，非常重要。然而对于多数业务以总包为主，具体作业层面实行专业分包和劳务分包的总包型企业来说，即使建立这样的体系，也难以实施，对于以实施分包为主的企业，作业手册的标准化是最重要的。

与作业层面的标准化相比，企业管理流程和制度的标准化涉及更高的层面，制度和流程体系的设计依赖于产品和作业，范围非常广泛。以笔者的体会，企业制度的制定首先是依据组织层面进行，各个组织层面应该制定自己的制度。在某个组织层面，制度应该依据职能进行分块。企业内部流程的梳理和建立，可以依据制度进行，目的在于能高效地执行企业的各项制度，也就是制度的流程化。流程手册包括流程、流程的说明和与流程配套的表单，制度的流程化能更好地推进制度的执行。当企业流程运行比较顺利的时候，既提高了效率，也提高了工作的规范性，而一旦离开流程，具体事务的执行将比较困难。

管理层面的作业手册目的在于帮助企业建立具体的作业指导规范，比如企业的形象手册，企业施工组织手册等。制度和流程并不能解决具体作业层面的问题，但是这些手册能有力地提高作业层面的标准化程度。

第四步是有效地执行和完善标准化的经营和管理体系。最好的标准化管理体系是能执行的体系，从标准体系建设阶段就需要考虑其可执行性。以笔者了解的情况看，最好的执行者莫过于其制定者，以公司的力量，尤其是中层管理者的力量来总结和设计标准化的管理体系是最可取的方式。制订好体系后，应该进行相应的评审，评审既是一个完善的过程，也是思想统一的过程，有了好的体系和统一的思想，执行的阻力就会大大减少。另外，笔者体会到执行体系持久的动力来自持续的绩效考评，以及执行体系产生良好效果的鼓励。

三、标准化管理在中国建筑业的实践

在建筑行业，笔者接触到一些优秀的建筑企业，他们在管理标准化方面做出了卓有成效的努力。中建五局三公司从 2005 年开始在内部建立标准化的管理体系，当时五局三公司也存在众多的矛盾，他们总结为：

（1）规模扩大与人才不足的矛盾，即随着企业规模的不断扩大，人员不断增加而各类人才却相对不足；

（2）组织权威与个人英雄的矛盾，即在人才不足的条件下，一些能力突出的个人容易被房地产公司挖角，个人英雄主义得以挑战企业权威；

（3）贯标认证与日常管理的矛盾，即贯标认证流于形式，与企业的日常管理脱节严重；

（4）组织进步与个人进步的矛盾，即企业为个人进步买单，但这些个人的经验却很难转化为企业经验，企业只能不断重复交学费；

（5）制度管理与经验管理的矛盾。

这些矛盾错综复杂并且相互交织，不加以解决的话必将阻碍公司管理水平的提高、企业规模的进一步扩大以及企业效益的提高。

时任公司总经理的阎军说："标准化管理是我们进行的一项探索，以往我们习惯靠能人、超人管理项目和企业，但能人和超人毕竟是少数，成功的企业都离不开标准化管理，这是提高效率和品质的唯一道路，也是人才快速、大量成长的坦途。"

中建五局三公司标准化体系的建设思路是以制度为载体，建立了红黄蓝三色书的制度体系，同时把一些流程和作业手册融入制度体系或者把其作为制度的附件。在建设三色书制度体系的同时，中建五局三公司通过建体系、抓培训、严执行、做总结、重考核、促提高六个阶段的循环，在内部不断完善标准化体系的建设。经过长期努力，中建五局三公司实现了外在形象、机构设置、管理流程、管理成果和干部培养五个方面建立标准化的管理体系。目前的中建五局三公司是中建内部优秀的号码公司之一，无论是人均产值、人均效益、发展速度、客户的满意度方面都取得了良好的成就。

在标准化管理方面，四航二公司则采用了不同载体，他们从企业内部管理流程入手，通过建立和运行规范化的流程体系提升内部管理的标准化。他们认为，只要工作程序对了，过程规范了，事情也就规范了。目前，四航二公司从事的基础设施业务涉及水工、铁路、公路、市政等领域，公司海外业务已经占到总业务量的40%以上，可以说标准化有力地支持了企业跨业务、跨区域发展。

龙信建设集团是江苏知名的房屋建筑特级企业，主要从事全装修房屋建筑业务，客户只有仁恒、华润、绿地、晋合等为数不多的大型房地产公司，单个合同金额比较大。全装修业务的特点是作业链条长、接口多、作业过程细致烦琐，而龙信在内部没有专业分包和劳务分包，只有专业核算和劳务的核算，作业工人近2万名。

龙信依据全装修施工业务的特点，从作业的规范入手，建立标准化的作业手册。龙信标准化的基本思路是对实践中行之有效的作业方法进行全面的细化总结，形成各种类型的书面小手册，并推广到各个项目，而不断总结和完善的作业方法在全公司推广后，就成为整个公司的标准化做法。2万名作业工人按照规范的作业方法进行施工，大大提升了作业层面的质量和效率，良好的质量和效率为龙信赢得了客户的信赖，为其赢得了长期的市场，成就了龙信在中国全装修建设领域的领先地位。

可以说，目前中国建筑企业在标准化管理方面多数尚处于认识阶段，即使一些优秀的企业也处于探索的阶段，还只在局部和某些方面建立和实施了体系，离全面、规范、高效的标准化管理阶段尚有很长的路要走，还需要我们的管理者做出更多艰辛的努力，当然，我们也相信只要我们认识到标准化管理的重要性，把它提到战略的高度，我们一定能做得更加卓越。

麦当劳经过长期的努力，实现了核心理念的标准化、品牌的标准化、服务的标准化、质量的标准化、管理的标准化、人才培训的标准化、特许经营的标准化以及异常状况的标准化，塑造了一个卓越而又基业长青的企业。相信有一天，中国也会出现这样的建筑企业，因为在规模上，无论是中国的建筑市场还是中国的大型建筑企业，都已经具备了这样的市场条件。

（本文写作时间：2010 年 10 月）

建筑企业需要大模式还是小模式？

中国建筑企业的经营、管理和利益分配模式可以简单分为大模式和小模式，大模式以中建的法人管项目为代表，小模式以浙江的联营模式为代表，大小模式之间各有特点，各有优势，企业到底应该选择大模式还是小模式？模式的选择与哪些因素相关？

一、建筑企业模式的困惑

建筑企业项目经营模式多种多样，联营模式、总包分包模式、全自营模式，因项目模式的不同，总部对项目的管理方式和深度各有不同，对项目班子的激励方式和程度、项目风险的可控性、资源支持度也各不相同。

对于已经选择了某种经营模式，并坚定不移走下去的企业可能不存在这样的困惑，比如中建、上海建工，选择了法人管项目的模式，资源、规则、风险控制、激励约束等在法人层面集中，而一些由小变大，经营模式不断调整或者需要调整的企业则常常存在这样的困惑，企业到底应该选择什么样的模式来经营和管理项目？有一家建筑集团，年收入规模已经达到 100 亿元，由 10 多家分公司组成，各个分公司独立运作，相互之间资源不共享. 既有业务多、作业资源不够的分公司，也有业务不多、作业资源过剩的分公司，于是企业内部有一种强烈的呼声：集团应该业务集中，资源集中，改变过去资源和市场分散的模式，做强做大。作为管理咨询师，我听了则陷入了深深的思考，显然集约经营、集约管理能提高资源的利用率，但问题是原来分公司各不相同的模式能否融合？各不相同的管理体系能否统一？总部比较薄弱的管理能否迅速提升？如果管理无法及时提升，会不会把原来分灶吃饭的积极性给浇灭？如果人的积极性降低，会不会把这个分灶吃饭而又经营良好的企业拖入困境？到底人的积极性和资源集约哪个产生的正能量更大？

二、大模式和小模式的利弊分析

中国建筑企业的经营、管理和利益分配模式可以简单分为大模式和小模式，大模式以中建的法人管项目为代表，小模式以浙江的联营模式为代表，这两种模式在内部的资源调度、管理体系建设、激励约束、风险控制、业务层次方面对于企业的方方面面都存在显著的影响，可以说大小模式之间各有特点，各有优势。

大模式，企业把自己看作一个整体，资源在企业内进行统一的调配，通过统一的制度进行内部各个局部利益的调整，甚至能以牺牲局部利益以提升企业整体的效益，能牺牲短期利益以取得长远的利益。这样的模式能在内部统一调动各类资源，如财务资源的集中，能实现资金集中、财务人员的管理集中、制度集中，大大增强企业的资金调度能力，一些企业可以在施工企业正常运行的情况下，利用富余的资金进行 BT、房地产项目的运作；人力资源的集中，实现统一的招聘、培训、激励约束，既可以应对大项目的人才需求，也可以在小项目多的时候，分散作战；设备资源的集中则使企业能应对大型项目的特殊设备的短缺，普通设备可以提升使用的效率；当一些项目面临特殊困难或者挑战的时候，企业不会坐视不管，眼睁睁看着项目不断漏水或者下沉，把项目从亏损的边缘拉回来，由此，企业能形成相对统一的文化，形成整体的战斗力，可以利用组织整体的力量来迎接各类挑战。

总体上，大模式以整体的利益、以长远的利益为重，战略和执行的一致性强，总部会比较强大、权威；下属单位执行力强；企业领导者更多以经营和管理者的角色出现，但不一定是所有者；企业是一个集资质、品牌、管理体系、人才、市场等于一体的有机整体；总部和下属单位之间是通过制度约定责权利，下属单位通过总部之间的管理形成协作关系，甚至相互渗透，下属单位可能因为其他下属单位的好坏相互影响，这些单位可以是分公司，也可以是项目部。

在中国建筑行业，典型的大模式可以用中国建筑的法人管项目来总结，责权利的重点在法人，绝大部分由公司承担，小部分由项目和分公司承担。

显然大模式的优点是：集中资源，依赖于组织而不是强烈依赖于某些个人，可以做比较大、难度高的业务，能满足高端客户的需要；定位于大市场、大业主、大项目高端市场的企业多数选择了这样的模式，其对管理的要求是要建立系统、逻辑、深入细致的管理体系；对人员的要求是职业性比较强；通过制度、通过绩效考核解决利益问题。

正如硬币有两面，大模式的缺点首先是管理难度大。大模式的企业通常整体上集中控制着比较多的人财物，要把这些人财物管好，必须形成相对复杂的管理体系、制度、流程、作业管理等，管理涉及企业的方方面面，任何一个管理条线都涉及很多的组织层次，穿透企业不同的组织层次，保持企业整体的一致性，对系统的设计、运行、优化都是一个大的挑战。大模式的缺点其次是绩效管理难度大。绩效管理本质上是解决利益的问题，责权利的说法清楚地告诉我们，责是基础，大模式往往在责的划分上就很费劲，责不清楚，利就无法划分，虽然管理学上已经采用了很多工具来试图解决绩效管理的问题，但是利益分割的最有效办法就是分小核算单位，分灶吃饭，邓小平当年在农村实行的"包产到户"就很好地解决了农村的绩效问题。大模式与分小核算单位是不同方向，绩效管理即使理论上可以，实际的操作依然很困难。所以，不能解决管理体系和绩效的问题，大模式就会形成大企业病，责权利不清楚，从而降低资源的利用效率。

小模式，建筑企业把自己看作是多个个体组成的，除了资质、品牌的统一，其他资源独立存在，比如说，企业要做10C亿的规模，让100个项目经理每年独立完成1个亿。企业与项目经理的关系是一种基于利益的联盟体关系，世间熙熙，项目经理为自己的利来，世间攘攘，项目经理为自己的利往；公司与项目经理之间通过协议的方式约定双方的责权利，项目经理离开企业也能独立经营和运作；项目经理之间是平行个体之间的关系，相互支持没有义务，不会因为某个项目资源不够，其他项目去支持，相互影响也非常有限，不会因为某个项目的亏损影响其他项目的利益；项目经理个体不仅是经营者，管理者，也是所有者，利益的切分非常清楚；典型的小模式是联营模式，企业利益与项目利益之间进行清晰的切分，绝大部分利益在项目部，单个项目企业层面的获利比较小，企业获得的主要是资质、品牌的溢价，利益大部分在项目和分公司主要经营者的身上。

小模式的优势显然是机制好。在管理基础比较薄弱的企业，能激发人员尤其是核心人员积极性的管理就是最好的管理，很多夫妻老婆店几乎没有什么管理，但利益清晰的格局弥补了管理的短板，在规模小、管理效益不突出的情况下，这样的模式有其生存空间。显然，建筑行业的小模式就有这样的特点：从经营到运作，把各级人员（主要是老板）的积极性发挥到极致，他们为自己工作，从市场的角度看，人人是信息，人人是市场，人人是老板；从管理角度看，人人是管理者，人人是监督者，人人是受益者，永远不存在大锅饭，没有多余的人员，没有冗长的流程，没有复杂的考核体系，充分体现了市场经济的交易属性；这些企业通过高效个体来实现高效的企业整体，无需复杂的管理体系进行约束和激励，分灶吃饭的体制就是最好的激励。

小模式的缺点也是显然的，首先是资源分散，能力分散。分灶吃饭导致资源分散，无法集中，最好的单个资源就是企业的最佳资源。分灶吃饭导致能力分散，最好的个人能力往往就是组织的最好能力，而个人的资源和能力往往是局限的，由于分工不够，各个层面的能力简单相加或者重复，即使企业做大了，其实是一筐"土豆"，100斤的重量是1000个"土豆"累积的，而不是3个大"南瓜"。企业的能力局限于项目经理和他的团队的能力，这一模式一般难以突破中等层次的项目，走向"高大新尖特"的项目，很少有哪个采用小模式的企业能完成高铁项目、地铁项目、央视大厦等，原因很简单，个人的资源、能力有限，这些项目必须依赖组织的能力。第二，小模式的资源能力约束也导致企业难以实现价值链环节的突破，去从事EPC、BT、BOT项目。第三是小模式企业难以在内部形成统一的管理体系，形成统一的文化。小模式强烈依赖于人，企业在管理体系的建设方面热情不高，即使建立规范的体系，也难以推进。企业文化往往是众多的"老板"文化的聚集，而老板多数都是有性格的，性格又各不相同，导致了管理和文化的多元化。第四是小模式的风险控制难度大。管理的封闭性，每个项目都是一个利益的群体，相对封闭，在项目出现问题时，企业无法从其他地方调集资源来补充，既没有自己掌握的资源，其他个体也没有支援的义务。即使能调集资源，项目的封闭性，文化的不同，管理方式的差异，利益的切分等一连串问题，也影响着问题的解决。"我只能眼睁睁地看着项目亏损，最后项目经理自己无法承受，只能公司承担，一个项目最后亏损2900万元，是我们半年的利润啊"，一个20亿产值的路桥企业老板给我诉苦这么说。

三、模式的选择

那么企业到底应该选择大模式还是小模式？模式的选择与哪些因素相关？

第一，模式的选择与企业追求相关。不同的企业有不同的追求，"做大、做强、做久""百年老店"是很多企业家的追求，这些追求既相互影响，也相互独立。当一个企业规模很小，要追求做大，又不想费力去建立管理体系、费力寻找资源，通过机制解决所有问题，小模式就是一条捷径；而采用小模式的企业很难做强，这恐怕是不争的事实；做久则在于市场是否能长期接受这样的模式。相反，大模式在做强方面具有明显的优势，一个希望做强的企业，则必须选择集约化的大模式，世界上强大的企业，基本上都选择了资源集中、能力集中、管理集中的大模式。

第二，模式的选择与市场和业务选择相关。当企业选择"高、大、新、尖、特"的高端项目作为自己的主要市场，这些项目往往需要举整个组织之力来完成，企业就必须选择大模式。如果企业无法进入高端项目，多数承接的项目都是项目经理能力能够覆盖的中小项目，则既可以选择大模式，也可以选择小模式，只是选择大模式需要相应的管理体系去配套。

第三，模式的选择与企业资源相关。对于资源丰富的企业，可以选择大模式，充分发挥自己资源的优势。对于资源相对贫乏的企业，则应该选择小模式，没有资源，发挥人员的积极性就是唯一可用的资源。

第四，模式的选择与企业管理能力相关。管理基础好、能力强的企业，可以选择大模式。管理基础差、提升速度慢的企业，应该选择小模式，以分灶吃饭的方式，通过"要么跳楼、要么发财"的方式来解决企业的管理问题。

第五，模式的选择与企业的规模相关。总体来说，大中小的企业在追求上存在差异，松下幸之助对大小企业有一个经典的描述，大意是小企业主要解决自己的生存问题，中等企业对社会有自己的贡献，大企业是推动社会进步的力量。中国建筑行业的大企业中，多数选择了大模式，而一些规模较大的企业也有选择小模式的，但他们在建筑行业的影响力非常有限，大企业要推动社会进步，恐怕大模式是他们的必然选择，也有规模不大的企业，选择了资源集约，管理集中的大模式，他们也取得了非常好的效益。

中国建筑企业规模最大的企业达到6000亿元，他们涉及不同的业务类型，不同的组织层次，比如中国建筑，如果单以施工业务本身而言，企业的主要经营和管理由最底层的法人完成，中国建筑法人管项目的本意也是把绝大多数常规项目的管理重点放在最底层的法人层面，省级建工集团也多数如此。多数法人层面的公司从事建筑企业的组织层次为两层，即法人 – 项目部；或者三层，法人 – 分公司 – 项目部。从规模来看，营业收入超过80亿元的企业，管理人员超过1000人，这样的企业可以叫做大企业，营业收入20亿元、人数在300人以内的叫做小企业，而20亿~80亿元的企业，称作中企业。以我们的分类，中建10强号码公司都属于大企业大模式，中天建设属于大企业小模式。

四、企业发展建议

以笔者的体会，中国建筑行业"大企业、大模式"的企业算是功成名就者，这毕竟是少数，在施工业务上他们未来的发展是可以预期的，中建的十大号码公司、金螳螂、中南建设、上海建工的下属子公司都是这一模式的代表，他们在管理上已经付出了巨大的努力，取得了很好的效果，未来需要进一步完善自己在公司管理的标准化、精细化的程度，满足客户的需要。

而"小企业、小模式"的企业，则需要思考自己未来的发展思路，如果满足于现状，则可以在某些细分领域寻找自己的优势，如果希望有一天走到"大企业、大模式"的境界，则需要在"大企业、小模式"，"小企业、大模式"这两个过渡的模式中作出选择，前者重在寻找资源，后者重在管理的提升，塑造自己的核心能力。

任何模式的转换对企业都是一个挑战，对于有追求的管理者而言，还是那句老话："只有起点，没有终点"，在这一点上，企业和人生不一样，人生有终点，企业又何须终点？

（本文写作时间：2013 年 11 月）

从微笑曲线看工程价值链的奥秘

就工程价值链环节的利润来看，基本上遵循微笑曲线的规律，施工企业处于微笑曲线的最低端，认识到这样的形势，并努力改善自身的商业模式，积累能力，中国施工企业就会出现更多的"万喜"，更多的"中国建筑"。

对于7.5万家中国建筑企业中的绝大多数企业而言，承揽施工任务、完成施工、竣工移交、回收工程款等，似乎就是工作的全部内容。十年以前，持有这样的思维或许还是正确的，到了今天，这样的思维就有些落伍了。

一、工程市场投资模式正在发生变化

一个完整的工程项目要经历项目的可行性研究、规划、投资、设计、征地整理、建筑施工和运营维护等诸多阶段，传统的工程建设企业往往只完成其中的 1~2 个阶段的工作，甚至某些阶段的工作也会受各种因素的影响被进一步割裂。各阶段的任务被细分给不同的服务商，一定程度上提高了服务的专业性，让每一个阶段都能做得更加专业，但又产生了新的问题：把建筑工程项目的整体性进行人为的割裂，出现只见树木不见森林的情况，每个人把自己承担的那一部分做好了，但工程整体的功能并不令人满意。这就是我们常见城建市政建设的情况：电缆埋得很好，但通信线路并没有考虑，市政道路必须再次被挖；高架桥的质量没有问题，但是交通问题并没有解决，十年以后被炸掉。

工程各阶段、各环节被割裂，过去常常被认为是正常的，显示出专业性并防止腐败，但现在这样的做法已经被广泛质疑。要使每一个项目产生其应有的价值，必须从整体来考虑，把工程的各个环节进行有效的管理，达到整体的有机组合，不管这个角色是由业主承担还是由工程总承包商承担。

中国建筑行业消耗了世界上最多的钢材、水泥和木材，从工程量、投资金额来说已经成为世界最大的建筑市场，其巨大的需求可以大致分为工业建筑、基础设施、房地产等。在中国市场经济不断成熟以后，除了城市基础设施以政府为采购者以外，其他的投资主体基本已经成为市场主体。即使是政府投资，多数都会由政府全资控制的投资公司承担。在这些投资主体中，就整体而言，最市场化的当属房地产投资者，最不市场化的是基础设施的投资者。过去工程环节被割裂的模式，在今天逐步受到挑战，环节割裂的模式对业主的专业性提出了要求，业主要么对工程内行，要么就必须组建相应的班子来进行管理，然而并非所有的客户都具有这样的综合能力，作为提供服务的建筑施工企业，其服务产品也需要随着市场的需要而发生改变。

二、朝工程价值链前后端拓展业务，是建筑企业发展的最佳模式

在发达的建筑市场，为了满足客户的需要，建筑工程的建设模式，在专业细分的同时，不断出现工程环节整合的新服务模式。DB、EPC、BT、BOT、BOOT、BTO等各类业务模式，都是基于客户的需要产生的，并在实践中不断成熟和完善，成为顶尖建筑企业的生存和竞争之道。

就工程价值链环节的利润来看，无论是中国还是世界的其他地方，基本上遵循微笑曲线的规律，工程前期的投资、设计环节和后期的运营环节，利润比中间的建设环节要高，形成两头高中间低的微笑曲线。中国传统的建筑企业提供施工环节的服务，虽然整体的投资实现绝大部分在这个环节，但相对于前后的环节，这个环节工作量大，技术含量相对低，附加值也比较低，干了最多的事，却实现了最小的企业回报。

基于客户需求的变化和微笑曲线的利润率规律，建筑企业向两头延伸服务的趋势不可避免，在做好中间环节的同时，通过两头业务环节的延伸，实现建筑施工企业向工程承包商转型是多数中国建筑企业的必由之路。

朝前端发展，企业逐步走向将施工能力与规划能力、技术、资金以及综合管理能力相结合的道路。

　　与技术相结合的道路主要是设计建造（DB 模式）或者设计、采购、建造相结合的 EPC 模式，住房和城乡建设部关于特级资质就位的核心思想之一就是推动传统施工企业把施工总承包向前面环节移动，无论你是否有设计能力，至少需要具备整合和管理设计环节的能力。从目前的情况看，效果并不理想。然而还是有很多实践者，采用 EPC 模式的项目在不断增加，接受 EPC 模式的业主在不断增加，一些企业采用 EPC 模式，也带来了很好的效果。大型工程，在工业领域、电力、有色黑色，EPC 模式已经具有一定的市场，部分公共建筑，如体育场馆、政府的行政中心，也有采用这类模式。在一些专业领域，如装修和幕墙工程，这一模式已经被广泛采用。

　　与资金的结合模式，主要是 BT。律师会专业地告诉我们垫资施工与 BT 模式的差异，这两类模式有一个共同点，业主要事后才给钱——要么现在没有钱，要么暂时有更用得着钱的地方，用未来的钱做现在的事情，用未来的收益去进行融资，而工程建设企业通过自身的运作能力来帮助业主解决资金问题。

　　朝后端走，企业逐步走向与工程的运营维护相结合的道路。绝大多数的工程在建设完成后都会移交业主进行运营管理或者被分散出售，如工业项目、基础设施中的发电厂、房地产开发的住宅等。不过一些工程的建设，主要是从社会效益来考虑的，如城市的隧道解决交通问题，污水处理解决环境保护的问题，高速公路解决区域经济发展的问题，剧院、体育场馆解决人们的生活丰富程度问题，多数都是政府作为投资主体，但政府本身主要追求社会效益而并不过分追求其经济效益，企业的高效率运作在这些项目实现社会效益的同时，还能实现经济效益。这些项目的最合适运营者，工程企业当之无愧。成为运营的管理者，是朝后端发展的选择之一。

　　在工程的整个生命周期中，建设只是一个很短的时间。就整个生命周期而言，建设的投入，也许只占其总投入的 50%，正如一辆车价 20 万元的汽车，在其后使用的 10 年甚至更长的时间内，我们需要保险、保养、修理、加油，未来我们可能还需要超过 20 万元来维持其运行。工程也是如此，维护成本低的如住宅，维护成本高的如桥梁、高速公路、工厂等。

巨大的工程存量，酝酿着巨大的维护市场。过去 10 年，中国工程建设行业建设了一百多万亿的工程，未来还会不断增加，笔者预计，到 2020 年，中国建设的工程存量将达到 200 万亿，以每年的维护成本 5% 计算，每年的维护市场将相当惊人。以基础设施为例，我们目前有 8.5 万公里高速公路，400 多万公里的普通公路，近 70 万座桥梁等。在城市化的高峰过去以后，建设市场的高峰也必将过去，维保市场将逐步提升。

朝工程价值链的前端走，还是朝后端走，或者前后都走，也许并没有标准答案，每个企业的资源不同，机遇不同，或者企业管理者的追求不同，会存在显著的差异，我们不能抓住所有的机会，所有地方的机会，但是我们必须抓住一些机会。市场环境的变化多数情况不是急风暴雨，然而每时每刻都在进行的缓慢变化在经历时间的累积后，最终的变化却是惊人的，建设行业和建筑业市场的变化也是如此。

三、最佳企业的实践经验

巨大的建筑市场如大浪淘沙，世界发达建筑市场培养出的优秀企业，给我们适应这种市场的变化提供了有益的借鉴。

我们来看看著名的万喜，这家创办于 1899 年的法国建筑公司，在全球 80 多个国家开展业务，在世界工程承包、建筑及相关服务领域具有崇高地位，我们仔细分析其业务，主要分成四大类：承包及特许服务、能源、路桥和建筑工程，而最具特色的承包和特许经营业务，创造了其近 50% 的净利润，但其营业收入只占万喜营业收入的 15% 左右（表 4-1）。

万喜总体业务与特许业务营业收入和利润情况对比　　　表 4-1

（收入 / 利润均为亿欧元）

业务	年度	2002	2003	2004	2005	2006	2007	2008	2009	2010	2011
总体	营业收入	176	181	195	215	260	309	339	307	334	370
	净利润	4.8	5.4	7.3	8.7	12.7	14.6	15.9	16.0	17.8	19.0
	利润率	3%	3%	4%	4%	5%	5%	5%	5%	5%	5%

续表

业务	年度	2002	2003	2004	2005	2006	2007	2008	2009	2010	2011
特许经营	业务收入	19	19	19	21	43	46	48	49	51	53
	净利润	1.7	1.6	2.1	3.4	6.9	6.7	7.6	7.8	8.5	8.5
	利润率	9%	9%	11%	16%	16%	15%	16%	16%	17%	16%
特许占总体利润比重		36%	30%	29%	39%	55%	46%	48%	49%	48%	45%

特许业务充分体现了万喜朝工程价值链两端延伸的特点，在包括建筑设计、成套工程、工程融资、项目管理等服务，在道路基础设施、高速公路、智能停车场建设和管理、空港建设和管理及服务等诸多业务上都具有很强的能力。目前，万喜已投资负责经营 1500 公里的收费高速公路；万喜停车场公司在全球经营 85 万个停车场车位，是世界最大的停车场专业工程及经营公司；万喜机场公司在全球租赁经营 20 余个机场并提供相关服务；同时负责包括法国最大体育设施法兰西体育场在内的一些场馆的经营管理。

从万喜特许业务的增长看，10 年内，营业收入从 19 亿元欧元增长到 53 亿欧元，年复合增长速度 11%，而净利润从 1.7 亿欧元增长到 8.5 亿欧元，年复合增长速度达到 18%，10 年的增长，也使特许业务成就了万喜利润的半壁江山。同期，万喜的总体业务只增长了 1.1 倍，年复合增长速度 7.7%。

万喜的主体市场在欧洲，城市化进程已经完成，建筑市场相对成熟和稳定，远不如今天的中国建筑市场这么红火，能取得这样的业绩增长实属不易。朝业务两端延伸，尤其是朝后端的运营延伸，并实现价值链前中后各个阶段的良好结合，实现了万喜的良性发展。

中国的建筑企业面临比万喜更多的业务机遇，当然，其市场特点也不尽相同，但业务朝前后端拓展的模式，却是相同的。

作为中国建筑行业的领头羊，中国建筑的尝试，给了我们很好的启发。从传统国有企业不断整合发展而来的中国建筑，通过最近几年的调整，在业务模式上也取得了令人瞩目的成就。单从 2011 年 192 亿元人民币净利润来看，2011 年中国建筑甚至已经超过万喜，成为全世界最赚钱的建筑工程集团之一。

中国建筑的发展得益于良好的外部环境，如中国经济的强劲发展、快速的工业化、城市化。同时，也与中国建筑自身调整业务，朝工程价值链两端延伸，尤其是工程价值链前端延伸具有很大的关系。

中国建筑朝工程价值链前端走，包括工程设计、成套工程、工程融资等，投资是其走向前端的核心环节，中国建筑已经成为中国最成功的房地产开发商之一，成为中国最成功的城市综合开发商之一，成为中国最成功的基础设施投资商之一，在 BT 模式和一级土地开发的操作上，无论是项目的信息渠道、论证筛选的营销环节，还是项目运行中的资金筹措、风险管理方面，以及项目运作的规模和高度，都成为中国建筑业的标杆。

中国建筑在中国城市化快速发展的过程中，利用自身资源、品牌、资金和综合管理的能力，迅速发展成为城市综合运营服务的提供商，有证券分析师将中国建筑的城市综合开发商角色总结如图 4-2 所示。

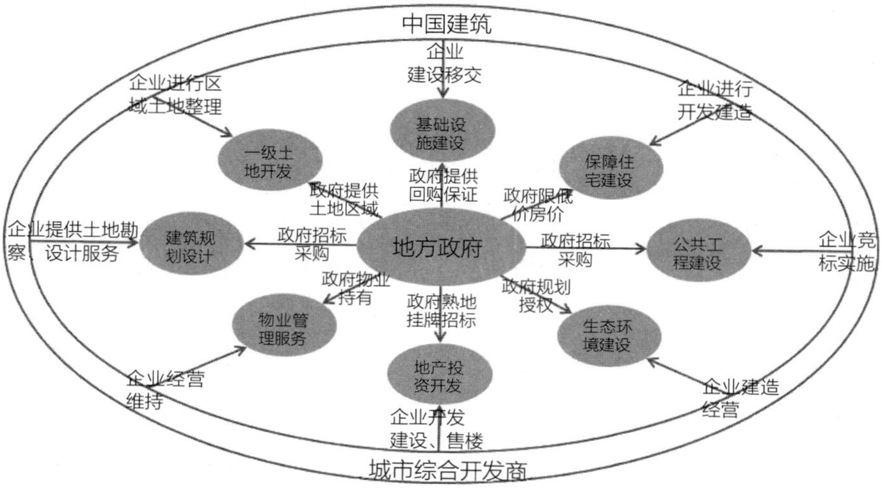

图 4-2　中国建筑的城市综合开发商模式

中国建筑和万喜所处的外部环境差异很大，但两者都遵循了同样的规律，中国建筑重点放在投资环节，通过投资带动其业务端前移，而万喜则在投资和运营方面实现均衡发展。可以预见，在10年或者更长的未来，中国完成城市化以后，中国的建筑企业也需要更多地向后端产业链转型。

四、转型是一个系统的过程

认识到市场的变化并接受新的模式是一回事，实现模式的转型则是新的挑战，从事建筑业的人，或多或少认识到了这样的变化，接受了这样的现实。要真正从微笑曲线中寻找到新的利润源泉，就必须努力去实现这样的转型。

首先是思想准备。

把机遇当成趋势。建筑企业遵循价值链整合趋势来调整企业的商业模式是企业可持续发展的必然，然而，抓住机遇与机会主义虽然只是一步之隔，但有天壤之别。从事基础设施建设的企业，到了一定规模的，可能都从事过BT项目，或许有些人抓住了机遇。然而怀着机会主义心态的企业，也有陷入困境的烦恼，BT项目操作的不规范，无论是政府的原因还是企业自身的原因，最终的苦果往往由企业来承担，捞一把就走的心态、暴利的幻想最后都在回购环节变成水中月镜中花。

做好资源的准备。无论是朝价值链前端还是后端发展，企业都会面临资源的问题，比如人才资源、技术资源、资金资源。巧妇难为无米之炊。没有技术和供应商体系的资源，EPC就很难做起来；没有融资和法律风险防范的能力，BT就很难做起来；没有良好的投资分析和运营管理能力，BOT项目就很难做起来。在市场竞争者众多的行业里，已经很难以小博大，没有诱饵的鱼钩很难有收获。我们看到，中国建筑在技术、人才都相对比较充分的情况下，大规模朝投资领域拓展也是在上市融资以及大规模的银行授信背景下展开的。

系统的思维。在思想和资源具备的情况下，需要系统思考管理如何与业务结合，必须调整企业的战略、组织、文化、人才组合等，系统适应新的业务模式。这些系统的思考，可以通过考察成熟企业，借鉴其经验，引进相应人才来完成。

没有这样的系统思维，走弯路是后期运营中必然会出现的结局。

其次是行动。

思想上的准备是解决看清楚的问题，一旦看清楚了，行动就不要迟疑。行动的方式也需要从企业自身的实际出发，选择符合自身发展的路线。

稳健型。多数追求基业常青的企业都会选择这样的模式，这样做的好处是远离风险，不会出问题。浦东建设遵循了这样的模式，在完成近 200 亿元、80 个 BT 项目的情况下，几乎没有违约的项目。选择好业主、坚守合同的底线，没有把握的项目宁愿放弃，远离不合理的高收益，思维中永远没有机会主义的心态。稳健的反面当然是失去一些机会，毕竟，在严控风险的背后就是舍弃，在建筑业快速发展的市场背景下，浦东建设的增长速度并不算特别显眼。

平衡型。既不愿放弃发展的机遇，也不愿承担无原则的风险。金螳螂则是这样的代表，从 20 年前的一个小型装修企业发展到今天中国装饰行业的领头羊，金螳螂一直保持着快速的发展，无论是完善装饰行业的业务，还是进入装饰产业链的上下游，都是行业的典范。然而从另一个角度看，金螳螂又是保守的，至今没有进入热门的房地产等行业。在激进和保守之间，信守着平衡，资本市场对金螳螂股票的认同，充分体现了金螳螂在工程价值链挖金的艺术。

激进型。怀着潇洒走一回的豪情，突飞猛进，可以说改革开放的中国从来就不缺乏这样的企业，他们习惯于以小博大，从风险中体会奋斗的乐趣和惊险的刺激，他们或者是获得成功的无限喜悦，或者是大败局的苦楚，而两者他们都乐于承受。

工程领域遵循微笑曲线的利润规律，在世界其他区域如此，在中国也是如此，在现在如此，在将来也不会有根本性的改变。施工企业处于微笑曲线的最低端，认识到这样的形势，并努力改善自身的商业模式，积累能力，中国施工企业就会出现更多的"万喜"，更多的"中国建筑"。

（本文写作时间：2012 年 11 月）

建筑企业盈利模式："种瓜得瓜"还是"种豆得瓜"？

"种瓜得瓜、种豆得豆"是基于常规逻辑和普通人的作为，而金螳螂和中国建筑"种豆得瓜"的盈利模式就是与时俱进的结果，让我们看到了他们的独树一帜，所以我们要坚信在建筑这样的传统行业也存在盈利模式的创新。

"2020 年，也就是 10 年后，如果电商在中国零售市场占 50%，我给他一个亿，如果没到他还我一个亿。"这是中国最吸引眼球的两个人——王健林跟马云的对赌要约，马云的业务离建筑业比较远，王健林的业务离建筑业比较近，为什么两位看似业务毫不相干的大佬会出现这样热闹的对赌？答案是他们盈利模式的冲突，是他们吸引的客户群体的冲突。

真正的盈利模式往往藏在表象的背后，表面上看起来是 A，实际上真正盈利靠 B。表面上肯德基、麦当劳是卖汉堡、薯条的快餐企业，实际上他们卖的是美国的欢乐文化，麦当劳的老总常常对员工说"切记，我们不是快餐业，我们是娱乐业！"。表面上看阿里巴巴做的是互联网、电子商务，今天阿里巴巴已经逐步变为以电子商务为平台的集互联网、金融、信息为一体的大帝国，把小微企业与消费者之间连接的绝大部分最盈利的环节做了，甚至现在很多大中型企业也逐步依赖这样的平台。同样，表面上看万达是商业地产开发商，实际上万达依靠商业地产形成了高级酒店、旅游投资、文化产业、连锁百货等强大的产业集群，万达以 26 亿美元收购全球第二大院线集团 AMC100% 股权，就是其完善产业集群的举措。我们可以大胆预测一下，在华人富豪圈内，10 ~ 20 年最有可能接近甚至超越李嘉诚财富的莫过于这二位对赌的大佬，而他们完成这样的财富累积，比李嘉诚的速度要快得多。

中国建筑业有巨大的市场，建筑企业完成了巨大的建筑业务量，据最新的统计，2012 年中国建筑业完成了 13.5 万亿的产值，建筑业的利润接近 5000 亿元，这个行业 GDP 占比接近 7%。然而，多数企业的利润还是来自于传统的业务，利润率在 2% ~ 3% 之间徘徊，一些企业的利润甚至低于这个比例，种瓜得瓜，种豆得豆，从行业的角度看，这也正常。

从马云和王健林的成功中，建筑企业的老总们能得到什么样的启示？

一、建筑企业和建筑企业的领导们需要清楚自己盈利模式的阶段

毫无疑问，每个企业都想盈利，企业既然盈利就有盈利的道理，但道理各不相同，从形成过程来看我们把盈利模式分为自发和自觉两个阶段，自发盈利模式的企业对如何盈利、长远能否盈利缺乏清醒的认识，或者虽然盈利，但不明确也不清晰盈在何处，是由于机遇还是能力，或者超越道德法律底线？这样的盈利模式隐蔽、模糊、不具有持久性。

以笔者的体会，大多数建筑企业还处在自发的阶段。最明显的是"老板型"建筑企业，见钱就赚，能拖着不付的钱尽量不付，能接到的项目不管风险如何都接，只要能收管理费的项目就挂靠，各种情况不一而足。企业管理基本不重视，依靠人盯人的模式进行管理，很多企业甚至算不出项目利润、分公司利润，企业的利润也比较模糊，缺乏成本分析，看不到的沉没成本大量消耗企业的利润。过去的模式、现在的模式、未来的模式一成不变，长远如何要么人云亦云，要么老生常谈，没有明确的、切实的、具体可操作的盈利思路。有位朋友调侃说，企业领导者要么走在救火的路上，要么走在抢合同的路上。

自觉的盈利模式，是企业或者企业的领导者基于对过去盈利实践的总结，以及对行业未来发展趋势的判断，对盈利模式加以自觉调整转变而成的，这样的盈利模式清晰、针对性强、相对稳定，同时能适应环境，并在环境变化时能灵活调整。伴随着中国建筑行业的发展，部分领先的建筑企业，已经率先发展到这个阶

段，这些企业在业绩上能实现营业收入和利润同步、持续、稳定增长，在内部管理上逐步规范走向规范可复制，在品牌上知名度和美誉度同步提升，在风险控制上，无论外部环境如何风云变幻，他们要么有预先的准备，要么能把风险控制在可控的范围，企业从整体看，各方面协调发展。

在大型国企中，中国建筑的盈利模式无疑是最具自觉性的：从传统的房屋建筑起步，到建筑与房地产并驾齐驱，到建筑、房地产、基础设施、土地综合开发等业务的均衡、相互配合，这是业务的自觉；人力资源、资金资源、关系资源、品牌资源等的不断累积和自由调配，这是资源的自觉；以"五化"为中心的战略性管理调整和风险控制，不断提升管理和降低管理成本，这是管理支撑和风险控制的自觉。

在房建领域，反复强调"服务"的龙信，其盈利模式也达到了相当的自觉程度。与中国建筑具备的优势相比，龙信作为一个起步很低的民营企业则利用了自己灵活的优势，首先是紧紧抓住"客户需要"做文章，通过整合施工图设计、土建、装饰、物业服务构建了一个完整、能力均衡、心态良好的服务中高端住宅开发商的体系，客户只需要针对一个"乙方"，大大减少"甲方"的管理工作量；其次，龙信放弃了现在建筑大企业比较流行的管理层和作业层两层分离的模式，自建自管劳务，设计大量的作业手册，提升作业层的效率和质量；与此对应，龙信放弃了"做大"的战略，选择了"做强""做精"的战略，在土建领域，龙信 100 亿元的规模与大企业相比，并不显眼，但如果从利润率以及利润的稳定性来看，让营业收入 300 亿元、500 亿元的"英雄"气短。

在专业领域，金螳螂则堪称为盈利模式自觉的典范，作为装修领域的领头羊，金螳螂在 2013 年初收购世界顶尖的"HBA"装饰设计公司成为行业爆炸性的新闻，金螳螂由此收获的不仅仅是品牌，更是能力。坚定地走行业专业化、高端路线，内部不断深入的产业化以提升效率，造就了中国资本市场建筑企业的一个神话，营业额 100 亿元，市值 300 亿元。

二、让自己的盈利模式从自发走向自觉

如果说自发的盈利模式与自觉的盈利模式存在巨大的差异，企业则需要把盈利模式从自发阶段调整到自觉的阶段。

在市场竞争的初期、企业起步和不成熟阶段，建筑企业与互联网如京东商城这样可以大量吸引战略投资的企业不同，其盈利模式往往都是自发的，随着市场竞争的加剧和企业的不断成熟，企业需要开始重视对行业发展趋势、市场竞争和自身盈利模式的研究，努力寻找适合自己的盈利模式。这就是企业战略需要解决的问题。德鲁克式的三个问题把战略总结为"我们是谁？"、"要到哪里去？"、"怎么去？"；而波特式的竞争思想把战略总结为"在哪里竞争？"、"如何竞争？"、"何时竞争？"，今天战略管理的思想已经非常丰富，然而标准的、放之四海的答案一个也没有，企业家只有从做百年企业的口号式战略中走出来，切实思考企业战略中所体现的盈利模式、所体现的客户价值、员工价值、股东价值的实际问题，并通过与盈利模式匹配的管理模式去实现它，才能找到战略的真谛。

中国未来的发展图景为我们展示了建筑业的发展方向，从"美丽中国"、"城镇化中国"和"富裕中国"中我们能看到什么？企业如何寻找自己的生存空间？笔者测算过一个简单的数据，目前中国城镇住宅的存量 200 亿平方米，公建存量 100 亿平方米，城镇化率达到 65% 让人们安居乐业的住宅要达到或超过 400 亿平方米，公建要达到 200 亿平方米，从土地开发、建筑开发建设、基础设施建设，到工程后期的维护，都需要中国一代人甚至几代人的努力。

以城镇化为例，即使不考虑历史的欠账，2 亿人进城，每平方公里住 0.8 万人计算，有 2.5 万平方公里的土地需要进行一级开发，这是大型建筑企业的机遇，君不见中国建筑正在进行的一级土地开发项目，从武汉的知音城到长沙的梅西湖，从北京的门头沟到西安的沣渭，无不透出"一级半"政府的形象，而这样的模式正受到当地政府的广泛欢迎，从众多城市"拥抱央企"惺惺相惜的宣传中我们看到了这一商业模式受欢迎的程度，而这一商业模式的背后就是中国建筑盈利模式的巨大转型。

即使是城镇化迅速发展的阶段过去，建筑业的发展空间也依然很大。以建筑装饰为例，如果公建存量达到 200 亿 m² 且每 10 年装饰一次，每平方米的造价 2000 元，公建装饰市场将达到 4 万亿元的规模，如果看到了这一点，我们就不难理解为什么金螳螂会收购 HBA，金螳螂的市值会超过 300 亿元的规模。

自觉的盈利模式需要基于外部环境，需要基于长远的眼光，或许每个企业面临的内部条件和外部资源各不相同，选择的盈利模式也会存在差异，选择从自发走向自觉盈利模式的步骤和速度存在差异，但是从自发走向自觉是必须的，"人无远虑，必有近忧"道破了自发这一模式的缺陷。

三、让自觉的盈利模式适合自己，具有前瞻性，并获得超额的收益

"种瓜得瓜、种豆得豆"是基于常规逻辑和普通人的作为，高人一等的思维或许可以用"种豆得瓜"来总结，他们可以找到付出少，回报多的盈利逻辑。中国建筑行业总包企业 7 万家，专业分包企业 5 万家，劳务企业 3 万家，在 15 万家企业中，八仙过海各显神通，然而笔者发现，无论是人们认为居于高端的总包企业还是居于低端的劳务企业，都有部分企业家超出常人的思维。总包、专业承包和劳务企业里万里挑一的企业总是那么独特，甚至很难学习和模仿，而普通企业的问题常常是那么惊人的相似，似乎有些颠覆托尔斯泰那句名言，成了"不幸的企业是相似的，幸福的企业都是各不相同"。

笔者 2012 年到金螳螂考察，金螳螂股份的倪林董事长亲自为我们介绍金螳螂，考察结束后，考察者的体会是，金螳螂的形象展示领先其他所有建筑企业一个时代，几乎达到了影视界的水平，而形象的展示既要有实力，也要有意识。正是有这样的形象，甲方往往愿意为金螳螂的服务支付高出同行 5% ~ 6% 价格，因为甲方相信金螳螂的能力，也正是有这样的对价，金螳螂才有能力提供居于行业高端的服务水准，由此形成了金螳螂持续多年的快速、稳定的营业收入和利润的增长，并为提升未来的竞争力不断积蓄能量。

从事土地综合开发业务往往需要巨量的资金支撑，在品牌、运作能力、资金

三个方面均衡的中国建筑从事着巨量的一级土地开发业务，与其他建筑央企相比，中国建筑运作能力胜一筹，与民营企业相比，中国建筑在资金筹措量和资金成本上胜一筹，笔者见到一些民企大量发行信托，利息在15%以上，高的达到20%，而中国建筑的融资往往需要银行给予正常利息的优惠，正是巨量、低成本的资金优势，推动了其盈利模式的转型和独特性。或许是企业的低调，或许是行业的传统，在人们并没有关注的时候，中国建筑今天已经成为世界上营业额最大，盈利最高的建筑工程企业。

从事管理研究的学者往往给我们展示新经济领域盈利模式的奇迹，新经济领域很多时候会出现颠覆性的盈利模式创新，会出现爆炸式发展的企业，当然也可能出现行业的毁灭性灾难，我们看到了曾经的美国网络泡沫破灭，看到了最近中国风电、太阳能行业的艰难。相对于新经济，建筑业非常传统，没有那么吸引眼球，但是传统的行业之所以能历经时间沧桑依然吸引人们去研究和追寻它的奥秘，在于传统行业的长久生命力，历经千百年，人们时时需要它，而传统行业在新的时代，盈利模式也会与时俱进，金螳螂和中国建筑"种豆得瓜"的盈利模式就是与时俱进的结果，让我们看到了他们的独树一帜，所以我们要坚信在建筑这样的传统行业也存在盈利模式的创新。

那么"种豆得瓜"的盈利模式是不是可以一蹴而就、信手拈来？显然也不是，我们看到金螳螂和中国建筑走在行业的前列，背后依然是这些企业的综合优势或者综合优势的长期累积，没有这样的基础，"种豆得瓜"就会成为空中楼阁。

（本文写作时间：2013年5月）

对症下药，强化项目管理能力

大型施工企业集团项目管理相对良好，中小型施工企业的项目管理相对薄弱，总体来说，项目管理的问题依然非常突出。如何强化项目管理能力？本文从四个方面给出了建议。

"项目做得好不好，关键看项目经理"是经常被施工企业老总引用的一句话。显然，对于某个具体的项目而言，这句话是对的，但如果从一个公司整体的项目管理水平角度来看，这句话就值得商榷了。一般来说，一个管理规范的企业，项目管理的整体水平高。而管理不够规范的企业，项目管理的好坏一定意义上就只能依靠项目经理个人的水平了。

施工企业项目管理涉及的环节多、项目周期长，任何环节的不规范，都可能给企业带来经济和声誉上的损失。笔者在咨询的过程中看到过单个项目亏损 25%的惊人案例，也在媒体上看到惊人的质量和安全事故。这些事情的发生，固然有客观的原因，但企业和项目部主观的原因也非常多。通过仔细分析，我们发现，项目管理中出现的问题多数可归结于管理和人两个因素，而管理的改进则可以降低人员差异引起的各类问题，因此，加强项目管理极为重要。

一、施工企业项目管理的主要问题

就笔者的体会，施工企业项目管理的突出问题体现在以下七个方面：

1. 项目管理体系不健全

目前，规模比较小的企业尚停留在经验管理的阶段，在公司层面尚没有比较规范的项目管理体系，企业仅用一些简单的公司层面的制度来代替项目管理体系。一些成规模的企业虽然建立了项目管理体系，但是这些项目管理体系还不系统，或者重视一个方面、忽视另一方面，或者体系前后联系不畅通、没有环环相扣。

体系中很多环节不细致，无法达到操作层面等，项目管理体系的作用不能实质性地发挥。

2. 项目运作随意性大

目前，国内多数的建筑项目实行公开招标方式，业主常常从项目的组织、技术方案、企业的能力和信誉等方面选择合作方。很多施工企业在营销的时候非常重视上述内容，但是一旦项目接下来，一些非常重要的工作在内部就变得非常随意，项目组织、目标责任、交底、施工组织设计和技术方案等很可能还停留在投标阶段的状态。甚至一些企业的制度仅是在投标时给客户看的，实际实施的时候却抛弃了制度，随意性运作，导致了项目结果的不确定性。

3. 项目成本管理问题颇多

笔者把施工项目成本管理上存在的问题总结为五个方面：

（1）缺少成本策划，甚至预算也比较粗糙。多数施工企业在商务谈判阶段采取差异报价的方式，在项目中标后再对差异报价进行调整，但是大部分企业却没有细致的报价调整计划。施工企业如果没有"先算后做"的思路，公司与项目部在成本上容易产生争议。

（2）没有成本过程管理的细化制度，或者制度没法操作，不能发挥作用。项目成本的管理涉及很多环节、很多方面，小到一笔接待费，大到专业的分包工程资金支出，如果没有细化的管理制度，一方面具体执行者就没有相应的操作标准，另一方面公司也无法对执行者进行有效的监督和评价。

（3）有制度，但是人为因素凌驾于制度之上，导致制度不能发挥应有的作用。如果制度执行流于形式，或者制度执行因为个人的好恶而形成差异，可能会导致项目成本失控。

（4）相关成本管理环节歪曲成本实际，损公肥私的现象时常出现。企业往往借助于审计部门对企业领导比较担心和关注的方面进行审计，但是相关人员职业化程度不是太高，审计环节经常是走过场，项目成本失控成为必然。

（5）没有项目考核制度或者考核制度中项目成本与项目组的利益相关性太

弱。如果项目成本与项目组的利益没有相关性或者相关性太弱，项目组对成本控制的动力就不会太大，在积极性欠缺的情况下，成本管理的水平也会弱化。

4. 没有建立战略性采购体系，设备、物资、劳务等经常采购的环节大大消耗公司的利润

优秀的制造企业其供应链管理已经达到相当高的水平，一些企业不仅从战略高度重视采购体系，而且能够做到将采购品的库存和成品的库存控制在非常低的水平。目前很少有施工企业集团在物资、设备、劳务等方面进行系统的管理和控制，在这些大量消耗成本的环节失去提升利润的机会。施工企业项目有其特殊性，区域分散、项目个体之间差异明显，由于其构建采购体系的难度比较大，一些大的施工集团，一般也把采购下放，以保持项目的灵活性，减少组织内部的扯皮，然而，却降低了企业内部的共享效应。

5. 安全、质量在利益面前扭曲和失控

目前，在工程项目管理中存在不惜以牺牲质量和安全为代价，谋求"高速度、高利润"的现象。

6. 技术不能高效支持施工业务，企业不重视技术总结和分享

技术是建筑行业的关键竞争因素之一，是企业保证工程进度，提升工程质量，控制工程成本的重要手段。技术来自于项目，服务于项目。脱离项目，工程企业的技术管理就成为无源之水，无本之木。很多施工企业没有设立专门的技术部门，即使有也是流于形式。企业不重视项目的总结和分享，没有建立起分享机制，项目组往往依靠自己的经验和摸索来解决问题，在实践中可能会走弯路，从而给企业带来损失。有些企业采取固定项目部的组织模式，在某些项目部比较成熟的技术未能通过有效的分享机制被复制到别的项目部，因此不能形成沉淀。

7. 项目部不重视外部的结算和回款，企业不重视内部的审计和总结

对于施工项目管理而言，项目的竣工、移交、结算还不是项目的结束，但是很多项目部觉得项目管理到此为止，并不重视后续的结算和回款，项目部应尽的职责没有尽到。在公司层面则缺乏对项目的审计，即使发现问题，多数情况下也

是浅尝辄止、点点而已，而不是发现问题后深入分析，进而寻找问题的原因和解决办法。对项目总结重视的企业不是太多，某种意义上，对项目总结的重视，既可以理解为公司和项目部进步的动力，更可以成为个人进步的动力。

大型施工企业集团项目管理相对良好，中小型施工企业的项目管理相对薄弱，总体来说，项目管理的问题依然非常突出。

二、强化项目管理能力

面对问题突出的项目管理现状，施工企业如何更好地实施项目管理呢？

企业可以从两个方面入手来努力提升项目管理的水平：一方面是调动人的因素。正如很多企业的领导所强调的，人是第一因素，包括人的能力和态度，施工企业需要通过提升人力资源的管理水平来系统提升项目管理水平。另一方面是体系的建设并执行。就项目的管理而言，笔者认为施工企业的项目管理主要包括企业对项目的管理以及项目部内部的日常管理。多数项目管理的系统设计要从公司对项目的管理角度来考虑，笔者认为，可以从以下几个方面进行改善：

1. 项目管理体系的系统化

对于大型企业而言，多数建立了系统化的项目管理体系，而国内多数的中小型施工企业，无论是对项目管理体系的理解，还是在项目管理体系的建设方面，都处于起步的阶段。对于从事工程行业的企业而言，没有系统的项目管理体系，难以在企业内部做到管理规范，这是非常严重的管理问题。而施工企业项目管理体系的建设应该有成熟的经验可以借鉴，无论是成型的项目管理的理论还是施工企业自身的运作经验，或者参照行业其他企业的成熟经验，都能支持施工企业完成项目管理体系制度的设计。

2. 将制度流程化和表单化，促进制度的可实施性

如果说制度体系的建立相对比较容易，要让制度能顺利运行就显得相对困难。然而，制度的可实施性在制度的设计阶段就应该重视，尽可能的在制度的条文化基础上，增加操作流程，增加项目管理的控制表单。比如，成本管理的制度，如

果仅仅是条文化的文字表达，实际的理解和操作都会比较麻烦，需要增加一些成本控制的流程，同时，制定标准化的成本控制表单，就能使制度的执行变得直观和简洁。事实上，一些管理优秀的施工企业，已经做出了很好的尝试，中建某公司，通过流程和表单化的管理已经取得良好的效果，在成本控制上，从成本的策划、成本过程跟踪控制、成本核算、成本总结等各个环节，一般的项目能用20余个表格进行控制。如果能将表格电子化，可以节省大量的计算时间。如果能进行信息化，则能使管理的有效性和效率进一步提高。如果能把项目数量积累到一定数量，并进行系统的分析，或许能促使企业内部定额的诞生。遗憾的是，笔者了解到，很多企业，包括大型国有施工企业集团，在项目管理体系的流程化和表单化方面，做得非常薄弱，他们把制度流程化和表单化的工作留给了项目经理部，而项目经理部由于其组织的临时性，也很难将流程化和表单化的工作做得深入细致，致使项目管理的制度依然停留在文字阶段，无法实际指导项目的实施。

3. 管理体系关注系统控制和全过程控制

经典的项目管理体系给我们展示了完整的项目管理的过程和其中重点的控制环节。施工项目既是一个干的过程，指挥的过程，也是一个不断策划运筹的过程，项目管理体系要有一种系统的思维，项目管理的每一个方面都应该有系统和全过程的思维，要关注质量／进度／成本的内在逻辑性。此外，在公司层面建立战略性采购体系，加强合约方面的管理也是系统化管理中需要重点关注的环节。

4. 关注核心环节

在项目管理的过程中，企业需要关注几个核心的环节：

（1）签署全面的目标责任状。项目的责权利的关系，主要依靠目标责任状来界定，目标责任状重点在经济指标，但是只有经济指标是不够的，全面界定质量、进度的要求，界定客户满意度、界定项目管理的规范性，能促进项目部严格执行公司的规定，有利于项目管理水平的提升。目标责任状不仅要关注其本身的完善性，更要关注执行的严肃性。

（2）关注项目过程的检查。工程项目的风险环节特别多，关注项目过程的检查，成为项目管理体系中非常关键的环节，项目管理体系要从企业法人的角度控制风险，检查成为重要的手段，成熟的项目管理体系对检查的内容、检查的方式、检查的频率、检查结果的运用，都应该进行细致科学的规定。中建三局通过长期的实践和经验的总结，逐步总结出，总部对项目在质量、安全等各方面的综合检查，重点在检查项目部对这些工作的管理情况，逐步从现场的检查变为对现场管理的检查，检查内容重点在各种记录和记录的真实性上，取得了比较好的效果。

（3）注重总结。项目的总结需要从多个方面进行，包括技术的、管理的、商务的，也可以从其他方面进行总结，总结的目的在于寻找企业的最佳实践在其他地方推广，同时也避免项目的教训在其他项目重复出现。不善于总结的企业难以前进，同样不善于进行项目总结的项目管理体系，难以实现自我完善。

（4）注重兑现和处罚，使项目管理的底线逐步清晰。就目前国内工程行业的管理情况，项目管理采取一定的负激励是非常有必要的，在制度体系的设计中，使用这样的手段也是必需的。笔者的建议是：**处罚措施逐步细化到每一个项目的过程，只有与项目的实际运行过程结合，才能达到可操作的程度，实施依据通过项目过程的检查，审计等多种渠道获得，处罚包括经济、个人前途、甚至法律责任。**

项目管理是施工企业管理非常重要的环节，作为企业利润来源的项目管理规范了，不仅利润能有保障，同时也能有效地控制风险，提升客户的满意度，从而保证企业持续、稳定、健康发展。

（本文写作时间：2011 年 10 月）

集团企业的项目风险管控

建筑企业风险管理中最重要的莫过于项目风险管理，要从集团整体的角度、组织各个层次定位、人员的道德和能力等诸多方面来控制项目的风险，是一件相当不易的事情，那么从集团的角度，到底应该如何控制项目的风险？

中国建筑业已经成为中国经济发展的一支重要力量，其创造的 GDP 占中国整个经济总量的 6.8%，成为 GDP 排名第四的行业。建筑企业尤其是大型建筑企业集团的平稳健康发展，是中国建筑业乃至中国经济发展稳定发展的重要一环。

建筑企业风险管理中最重要的莫过于项目风险管理，然而项目的风险管理并不是一个或者几个孤立的环节能够控制的，需要全过程的控制。从多数建筑集团的管控方式看，集团本部并不操作项目，如中建、中铁、中交、上海建工集团等，总部对下属企业多采用战略型管控，即使在工程局层面，操作的也是数量极少的大型项目，要从集团整体的角度、组织各个层次定位、人员的道德和能力等诸多方面来控制项目的风险，是一件相当不易的事情，那么从集团的角度，到底应该如何控制项目的风险？

要寻找项目风险管理的策略，需要分析企业集团管理的特点以及工程项目的特点。

对于多数建筑企业集团，由于近年的快速发展，规模迅速扩大，企业集团在施工业务上体现几个特点：

（1）施工领域不断拓宽。多数企业集团都覆盖比较多的施工领域，以中建为例，除了传统的房屋建筑业务，在建筑也已经拓展到铁路、轻轨、地铁，拓展到核电、路桥、隧道、钢结构等等，领域的不断拓宽，使其项目的风险控制出现多样化，传统的针对某一行业行之有效的项目风险控制策略在新的行业并不一定有效。

（2）地域分布广。大型集团业务已经达到 100 亿元以上，超大型集团已经超过 1000 亿元，这些大型集团的施工业务基本都已经覆盖国内的主要经济区域，有的企业甚至实现了一定程度的业务国际化，区域分布广，带来地域风险的差异，给施工企业的风险控制带来了新的挑战。

（3）业务链条加长。就施工业务本身而言，营销、商务合约、工程管理、成本、质量、安全、资金等涉及的风险管理环节非常多，要控制每一个环节的风险，已属不易。一些企业不断拓展新的业务，如 EPC/BT/BOT，需要企业的能力覆盖工程业务价值链新的环节，对企业在技术、资金、商务、投资分析等诸多方面提出新的挑战。

（4）人员管理的挑战。其一是人员道德风险，中国经济的发展是在各类体系尚不完善的情况下进行的，无论是企业外部的经营环境的监管体系还是企业内部的控制体系，尚没有达到规范的程度，而社会的价值观已经多元化，在丰富多彩的社会环境中，企业一方面要适应，另一方面要控制内部由于人员素质、道德、价值观引起的各类风险，挑战非常巨大，一些企业通过激励机制可以解决部分问题，也有一些企业由于种种限制，并未解决激励机制的问题，一些解决办法被迫放到桌子底下，由此造成各类风险。其二是人员能力不及的风险，由于工程项目的大型化、复杂化、工程项目工期的缩短，对人员能力提出新的挑战，由于个人或者企业集团团队能力不及，给项目带来风险。

（5）组织内部项目管控模式多样化。大型集团出现所谓的三级、二级、一级项目管理模式，多层次的项目管理，使信息、制度、规范等在组织层次传递中不断衰减，使各类管理的、安全的、成本的风险控制职能到项目一线变得非常微弱。

企业集团中，由于项目风险管理的不到位，造成巨大损失的案例比比皆是，对于大型集团而言，要把项目的各类风险监管到位，在实际的管理操作中似乎困难很多，**那么，要提升集团对项目的监管，到底应该如何做呢？**

首先，集团要控制项目的风险，要认识风险管理的重要性，并设计集团风险管理的架构。风险管理的重要性每个人似乎都有认识，但不同的组织层级、同一组织层级的不同部门、不同岗位、不同人员对项目风险认识的深刻程度各不相同，经历多的人往往风险意识比较强，性格相对谨慎的人风险意识强，组织强调和教育培训多的风险意识强，风险考核严格的组织风险意识强。多数人只有在唐山地震、汶川地震的血淋淋事实面前，才会深刻体验建筑抗震安全的重要，才会出现"史上最牛的校长"（注：叶志平校长就职于四川安县桑枣中学，安县紧邻北川，在汶川大地震中也遭遇重创，但由于平时的多次演习，地震发生后，全校 2200 多名学生、上百名老师，从不同的教学楼和不同的教室中，全部冲到操场，以班级为组织站好，用时 1 分 36 秒，无一伤亡，创造了一大奇迹。叶校长担任校领导后，下决心花 40 万元将造价才 16 万元的一栋"豆腐渣"实验教学楼进行了彻底的加固，消除了隐患）。集团要树立一种只要有工程就有风险、只要有项目就有风险的意识，而且是项目全过程的风险意识，不仅仅集中在安全风险一项。

其次，要清晰项目风险管理架构的定位和权责，通常意义上，集团定位于管控战略性风险、决策性风险，定位于风险管理制度体系结构的设计和风险管理体系完善性的监督，分子公司制定相应的制度和监督制度的执行，项目部规范操作，减少风险，避免各类风险事件的发生。由于施工企业项目的特殊性，多数企业集团并没有专门的风险管理部门，事实上目前组织结构设立专门的风险管控部门的主要是金融、投资等机构，对于运营型企业，必须把对风险的控制放到具体的运营之中。施工企业项目安全管理是重要的风险管理职能之一，大型施工集团往往为此付出很多精力和时间，但效果未必如企业所期望，安全管理相关的政府、集团、分子公司、项目部都很重视，很多时候大家都集中关注现场的管理，某集团安全主管领导抱怨"上午刚去检查过的工地，下午就出了安全事故，这责任我们怎么负？项目安全管理也不能天天让总部的人守着"，各个组织层次现场检查是一种明显的安全风险管理定位不清晰的表现，中建某局在分析项目安全管理的现状后，提出项目安全管理在各组织层级的定位，在安全检查上，局级的检查一是抽查，二是只检查项目安全管理计划、项目安全管理记录、现场安全管理的制度执行，不再检查工地具体的安全设施本身，如脚手架、安全网的安置等，检查的结果是考核分子公司的安全管理,而不是项目部。分子公司的检查一是全检,二是检查安全管理制度执行,三是检查现场措施的完备性、合理性、日常管理监督情况,四是发现问题,总结提升,五是检查的结果是考核项目部的安全管理。在定位和权责清晰以后,各个组织层级的工作量没有增加,但是责任更加到位,安全工作得到提升。

再次,系统建立风险控制体系,建立风险控制的组织。施工企业项目的风险控制可以依据项目的价值链来分解(图4-3),进行项目全过程的风险管理,并将风险管理的全责分解到相应的职能部门。

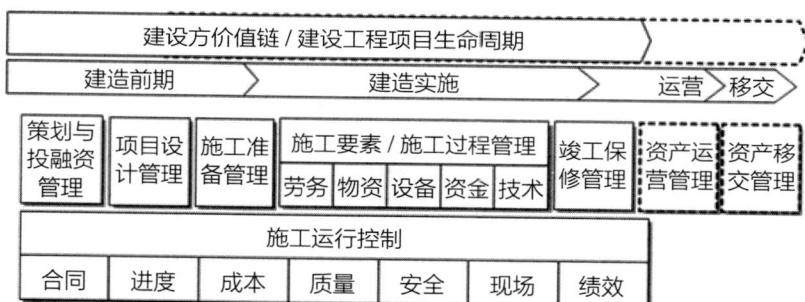

图 4-3　工程价值链

多数建设集团,对于传统项目、规模一般的项目,从营销到后期服务都下放分子公司,集团职能部门可以通过设置相应的管理制度,制定相应的原则,由分子公司执行相应的职能和在过程中进行风险控制。对于大型、重要、业务模式创新的项目,多数大型集团往往把决策和资源的配置放在总部,项目的执行放在分子公司和项目部,这也是集团控制风险的策略。

无论是几级项目管理模式,在集团建立统一、规范的项目管理体系,是系统控制风险的重要策略。多数企业集团正致力于在集团内部建立规范、可操作的项目管理体系,将项目各个环节可能存在的风险,进行系统分析,并提出相应的应对策略,将风险管理融入企业管理的各个环节,能有效地提升项目的风险管理意识和管理能力。

某集团项目施工前期准备阶段风险识别及应对措施　　表 4-2

工作程序	风险描述	应对措施
3.1 项目交接	项目交接工作不到位 ·投标人员和实施人员对投标方案理解不一致 ·项目交接资料不完整、不清晰、不能起到指导作用	项目实施团队与投标团队密切合作： 明确施工人员在项目实施阶段的责任和义务，主要项目实施人员参与项目投标和合同谈判的关键环节。项目移交时遵循规范的移交程序，并且准备完整的书面移交记录
3.2 施工组织设计	施工组织设计与实际脱节 ·对项目实施没有指导意义 ·监理或业主不认可	施工组织设计精细化和规范化： 施工组织设计应以合同和法律为依据，做到精细化和规范化，制定前要进行准确详细的现场测量实验，同时在监理和业主面前建立良好信誉和信任关系
3.4 项目规章制度	项目规章制度制定不合理 ·项目规章制度不合理，不适应项目的实际情况	参考范本，定期评价： 项目部在参考现有范本基础上，结合本项目特点，编制并执行项目规章制度，定期对其进行评价，及时修正其中不合适的内容
3.6 项目进场	人员、设备、材料进场不及时 ·进场计划制定不合理 ·因主客观因素延误进场	完善计划、熟悉流程、提前准备： 制定详细计划，提前熟悉运作流程，考虑各种意外情况，制定专人负责协调，将责任落实到各部门。记录进场延误和错漏事项，并及时评估，制定对策
	进场的人员、设备、材料不合格 ·进场的材料和设备不合格 ·进场的分包商不合格 ·进场人员资质不合格	选择合格分包分供商，严格验收程序： 从合格分包分供商名录中选取有信誉、有实力、有资质的材料设备供应商和专业分包商，并适当选择一些后备队伍以防意外。进场后，按照规定严格验收，留下完整的试验验收记录
3.7 项目前期现场管理	临时设施建设 ·临建工程不及时影响施工 ·临建工程不完善影响施工	评估现场环境，充分利用资源： 项目部应充分评估现场环境，按照合同和图纸确定的标准和规范，利用当地社会资源完成临时工程设施的建设
3.8 项目施工手续办理	施工手续办理不及时 ·因不了解办理流程和相关规定造成施工手续办理的延误 ·因没有专人负责造成手续办理的延误	指定专人、明确责任： 编制施工手续办理计划，明确应办理手续的事项及负责人员、责任期限，与有关部门对接，定期加强信息沟通，同时取得业主的配合

几年前，国内某知名路桥集团由于一个重大安全事故，使公司迅速崩溃。出事时，集团并不知道这个事故是自己下属某分子公司的项目，可见其项目管理体系，从营销开始的所有环节，集团都不知道，集团对项目和分子公司的管理处于失控状态。

多数企业项目管理体系的建立还处在制度化阶段，一个营业额 100 亿元以上的集团，房建类企业要同时运行 300 个以上的项目，土木类企业也要在 150个以上，笔者认为要监控众多项目的风险，必须建立公司内部通行的运作一致的项目管理体系，把项目管理体系制度化、流程化、表单化，提出各个阶段的风险识别及应对措施，并严格执行，让项目管理体系成为工程管理人员的一种习惯、一种工作语言，并在体系初步运行的基础上进一步信息化，既能提升效率，加强信息的及时性，也能提升风险监控的效率和效果。

第四，抓住重点事例和典型来加强风险的教育，提升风险控制管理的执行力。典型事例有两类来源，一是外部，二是内部。外部的事例发生在其他同行身上，或来源于行业通报，或来源于新闻媒体，属于重大的事件，可以在组织的中高层进行经验教训的探讨，避免重大风险事故的发生是组织高层的重要工作。内部事例大大小小，来源丰富，比较鲜活，贴近企业的实际，施工企业的每一个项目都存在各种各样的经验教训，寻找鲜活的事例，在企业内部进行合适的总结探讨，是最有效的教育培训方式。目前，很多大型企业的文化建设已经很有成就，他们在企业内部寻找各种小故事来传播企业的价值观、理念，如果企业将项目经营、管理中的各类风险管理失效的故事加强传播，对于风险管理也具有相当的价值，所谓，避免错误重复发生，学费重复交。此外，大型集团甚至可以在集团内部进行各种类型的统计，企业各类风险每年在企业内部造成损失的总量，把隐性损失显性化，深入分析造成的原因和规避的可能性。

第五，建立风险考核机制，加强与绩效的结合。多数情况下，绩效考核能起到管理指挥棒的作用，在项目的风险管理上除了加强技术、管理、思想上的手段，也有必要启动利益机制。在江浙一些大型集团，由于"要么跳楼、要么发财"已经突破机制上的障碍，项目部本身在责任心上已经没有问题，多数风险失控主要出在能力上。对于机制上存在障碍的企业集团，可以通过考核绩效薪酬，也可以采用风险抵押金形式，或者增大风险抵押金的绝对值，促进企业在项目风险管理方面体系的建立、规范、执行，从而整体提升企业集团风险管控能力。

第六，强调分子公司、项目部是风险管理的操作者。在风险管理体系的执行上，毫无疑问，分子公司、项目部是执行的主体，分子公司需要在观念、体系完善、过程监督、考核方面，比集团花出更多的时间和精力，风险管理的链条只有一环环的紧密结合才能产生好的效果。

审视目前建设企业集团在项目上的风险管理情况，我们发现，缺乏风险管理意识的很多。仅仅强调单一的风险如安全风险的很多；或者跟着事故走、跟着领导者意识到的风险走而非系统的企业风险管理；静态风险策略多，动态风险策略少；风险管理制度多，实际执行少。可以想见，工程企业在项目的风险管理上仍然任重道远，而风险管理关乎着企业的社会责任、声誉、利润、员工，不可丝毫松懈，这既是集团经营管理者的责任，也是分子公司、项目部经营管理者的责任。

（本文写作时间：2009 年 11 月）

应对劳务成本攀升的三支利剑

民工荒和用工难像一对孪生兄弟已经成为建筑企业发展中逾越不了的坎，如何解决这个问题，对建筑企业的发展是一个基础的战略资源问题，那么该如何面对和解决这样的问题？

中国约有 13.4 亿人口，理论上讲，中国可能什么都缺，唯独不缺的就是人，就业人数的绝对值非常大，而且每年国家为解决人员的就业问题，花费很多脑筋。

然而，近几年总是出现民工荒，用工难的事情，尤其是最近一则新闻，引起了广泛的关注，一家叫阿迪达斯的美国体育用品公司关闭了其在中国的最后一家工厂，原因是中国在劳动密集型的行业已经没有成本优势，越南的制造业平均工资约每月 1000 元，印度大概是 600 元，而中国东部沿海大概在 2500 元至 3000 元，中国的劳动力成本，已经大大地高于周边的国家。

劳动力的问题，显然成了一个新"三边"问题，一边是政府为新增就业不懈努力；一边是工人不断增长的薪酬要求，挑肥拣瘦的工作选择；一边是企业找不到合适的工人或者说认为价格过高，难以承受成本而逃离劳动力成本高的地区。

经济学家更是把这一现象提升到理论高度来分析，美国经济学家刘易斯在研究城乡二元结构的时候，提出了劳动力过剩向短缺的转折点——"刘易斯拐点"。在城乡二元经济结构中，由于农村提供大量的劳动力，此时劳动力过剩，工人工资水平长期保持不变，直到出现劳动力过剩向短缺的转折点，即刘易斯拐点，随着特定环境因素的变化，如果不涨工资就招不到工人，出现"民工荒"。中国改革开放 30 多年，民工从珠三角到长三角，直到全国各个城市，工资水平长期不变的现实已经被打破，"刘易斯拐点"终于出现。此外，这些年物价的提升也客观上提高了人们的生活成本，人工成本也因此提高，刘易斯拐点的出现、物价的提高以及人们追求更高的生活水平，这几个因素推动了中国劳动力价格的飞涨。

劳动力价格的迅速提高，对传统的劳动密集型企业带来了巨大的挑战。目前，中国各个行业在全球的供应链中基本居于附加值最低的环节，依靠大量劳动力来完成这些低附加值的工作，服务业、制造业、建筑业都属于大量用工的劳动密集型行业，在劳动力价格飞涨的时候，这些行业的企业经受着巨大的挑战，而与服务业、制造业相比，建筑业的挑战更大。服务业、制造业一般都有稳定的生活环境，要么在城市，要么在工业区，车间的作业环境也相对比较好，即使存在问题，改善也相对容易。建筑业多在野外，是一次性作业的项目型工作方式，一些基础设施项目甚至在人烟稀少的荒野，无论是生活的大环境还是工作的小环境，以现在的生活要求来看都异常艰苦，高温、寒冷、灰尘多的工作环境，各类潜在危险威胁着人身安全，此外，艰苦的环境对工人心理也是一个巨大的挑战，相比较而言，建筑业的用工难度更甚于制造业。

显然，民工荒和用工难像一对孪生兄弟已经成为建筑企业发展中逾越不了的坎，如何解决这个问题，对建筑企业的发展是一个基础的战略资源问题，那么该如何面对和解决这样的问题？

一、正确地对待建筑业人工成本的上升

劳动力价格的提升，是社会发展和进步的必然。建筑业曾经经历过劳动力富裕的时代，而现在走到了拐点，劳动力到了快速涨价的时候，目前还是在价值回归的阶段，价值回归是对人的劳动的尊重。在发达国家比如美国，我们看到，凡属是机器能解决的问题，基本不用人工，原因是人工很贵；凡属是需要人做的事情（服务），一般都比较贵；享受服务，价格常常令人咋舌。中国很多人家里都有保姆，在美国只有富有的家庭才会有保姆，一般的白领支付不了保姆的薪水，就是人工贵。有统计，目前中国劳动力的价格仍然只有美国的十分之一，一定意义上来看，未来价格进一步提升是必然的趋势。

其次是建筑业的特点决定了其劳动力价格高于一般的制造业，相对于其他行业，建筑业的人工上涨更快。正如我们所知，建筑业的环境不固定，工作、生活

环境比较差，建筑工地的安全性又比较低，对人员的体力要求也比较高，项目制的断续生产模式，也使建筑工人的收入具有不确定性；相比较，即使在劳动力供给和需求平衡的情况下，建筑业必须比其他行业支付更高的薪酬才能吸引到工人；一旦求大于供，建筑业的工人就更加紧缺。多数建筑企业支付的薪酬已经高于制造业，即使如此，建筑业仍然大量缺少熟练工人，此外由于年轻人不再愿意从事建筑业，甚至上代为建筑工人的，也不愿意他们的子女从事这个行业，建筑工人的供给大量减少，熟练工人就更加短缺，资源稀缺的时候，稀缺资源涨价就成为现实。

建筑企业必须承认这些现实，同时把心态调整到客观面对现实的道路上，主动寻找解决之道。

二、寻找科学的解决之道

要降低劳动力的成本，从理论上说主要有三种办法，一是寻找更廉价的劳动力资源；二是提升劳动力的工作效率；三是减少对劳动力的依赖。

1. 寻找更廉价的劳动力资源是最一般的解决办法

阿迪达斯关闭中国工厂的策略就属于这种办法，他们把工厂从中国搬到越南、印度这样劳动力更廉价的区域，自然降低了成本，当然他们需要面对新劳动力技能提升的问题。显然建筑业也可以从中得到启迪。从国内来看，我们可以到具有劳动力比较优势的区域去寻找劳务，10年、20年以前，江苏和浙江地区的劳务可以满足江浙建筑企业发展的需要，现在这些区域经济发展了，从事建筑业的劳动力逐渐减少，就要到经济不太发达的区域去寻找劳动力，比如陕西安康、河南南阳和贵州、四川、云南一些区域，在这些区域建立稳定的劳务基地，通过与当地政府的合作、培训，在保证劳动力技能的情况下，依然存在寻找相对廉价的劳动力的可能性。对于在海外从事工程的企业，从国际的角度配置劳动力，也不失为一种选择，既然制造业可以使用印度、越南的廉价劳动力，为什么建筑业不行？当然，建筑业也面临着管理跨国劳务的难度，文化差异、语言不同、法律的差异都会对企业管理形成挑战，事实上，中国建筑业的一些非洲工程已经在大量使用当地的劳动力。

无论使用国内相对便宜的劳动力还是使用国际的便宜劳动力，都是寻找劳动力价格的比较优势。这样的选择将成为建筑企业一项长期的工作，在劳务寻找、劳务管理上的成本也将不断提升。

2. 提高劳动力生产效率是一种更佳的办法

提高生产效率可以从很多的角度来考虑，首先可以从减少人工浪费开始。事实上，建筑工地上人工浪费是一种常见的现象，管理优秀的企业浪费少，管理粗放的企业浪费多。优化项目的施工组织设计，合理组织工程进度与人工的匹配，避免窝工现象，这是从项目管理、组织的角度来解决问题。其次是项目各环节、各阶段的有效配合，避免重复的工作，也是减少人工浪费的手段。龙信是从事全装修住宅的特级企业，在土建环节，龙信就会为后期的装修预留各种管线的线槽、机电设备的空间，避免二次开槽、开孔等，既能节省人工，也大大提升工程质量，减少材料浪费，对环保也有促进作用。三是从作业方法上来解决问题，可以利用建筑业最适用的技术，最适用的工具，最适用的工法，来提升生产效率。由于建筑业涉及的领域很宽，每个领域都存在提升效率的巨大空间。

100 年前，有一个叫科学管理的运动，著名的管理学家泰勒，通过对搬生铁工人的动作、工件、工具的研究，提出一系列的改进，并辅导工人进行实践，把工人每天搬生铁的效率从 12.5t 提高到 47.5t，劳动时间没有延长，工人的工资也提升了 60%。而另一位叫吉布雷斯的建筑老板，则通过对工人砌砖动作、砂浆湿度、操作台的调整和改进，把工人砌砖的效率从每小时 120 块提升到 350 块。所有伟大的改进都来源于实践，中国的建筑市场非常大，单个企业的业务量也非常大，每一项改进都能给企业带来巨大的经济效益。中国建筑业已经有大量的新工法，从中选择适用的办法，不断实践，从用起来到用巧妙，就能提升效率。

这些办法的背后，其实就是管理的一个课题，建筑企业如何从粗放的管理现状逐步提升到管理的标准化程度，并逐步通过优化标准化管理体系，提升到精细化的水准，精细化的管理应该是企业管理的发展方向和目标。

提升劳动力生产效率的另一个角度是提升劳动力组织和劳动力个人的积极性，科学合理的劳动力组织是工人团队效率的保障。目前的劳务公司、架子队、民工班组等，都是典型的劳动力组织方式，但多数企业对其内部管理都不太重视，需要从经济核算到组织、内部氛围等方面进行系统的改进，从劳动力个人的效率来看，建立科学合理的定额仍然是最好的提升个人效率方式，虽然这样的道理从泰勒开始已经存在了 100 年。

3. 最好的办法显然是第三选择，减少对劳动力的依赖。

减少对劳动力依赖的办法是提升建筑业施工过程的工业化、工厂化程度，工厂是人类通过标准化、提升生产效率的巨大创新，建筑业在工厂化方面全面落后于其他的领域，如果建筑企业能在工厂生产标准化的部件和配件，现场组装，将大大降低对人工的依赖，同时也将大大提升效率。事实上，大型的装饰企业正在进行这样的努力，木材、石材的加工大部分在车间完成，而现场的工作只是组装，只要努力把现场的工作搬到工厂，其效率的提高为企业带来的效益就非常可观，这一模式的改变将会使这些企业赢得竞争的优势。

目前，优秀的建筑企业都在努力实现这样的转型。装饰行业的金螳螂和亚厦都有大型的石材和木材加工厂，其加工能力、效率和精密度都成为企业的竞争优势。龙信追求民用住宅的工厂化装饰则更加创新，从供应链的角度进行全方位的社会资源整合，首先是建立自己的研发中心，加强技术的研发和储备，在此基础上逐步建立其住宅产业化基地，把材料供应商联合到其整个供应链中来，通过与供应商的联合，推动供应商的工厂化定制，从而推动整个建筑产品的标准化、工厂化的比率，大大提升其现场装配的程度，降低对人工的依赖。

劳务的挑战对于中国建筑企业来说已经前所未有，每个企业产品不同，业务层次不同，面临的挑战各异，应对的策略也会各不相同。对于劳务挑战的不同态度，不同策略，也将使建筑企业在新一轮的发展中出现分化，也许新一轮的建筑企业洗牌就在眼前，抱怨和逃避将无济于事。正所谓"沉舟侧畔千帆过，病树前头万木春"，时代赋予了我们万千机遇，同样也有万千挑战，建筑企业在劳务挑战面前静下心来，寻找适合自己的策略，或许就能找到解决问题的诀窍，而这些诀窍可能就是我们赢得客户与市场的新武器。

（本文写作时间：2012 年 9 月）

成本管理的基石在哪？

如果说 150 年前组织结构图的诞生与企业运营成本控制相关是出于巧合，今天我们必须认识到组织是企业成本控制的基石，企业需要从组织文化、组织结构和组织绩效三个方面来发挥其对成本控制的作用。

组织管理是管理学中最久远和最复杂的问题之一。150 年以前，美国纽约铁路公司的总裁丹尼尔·麦卡伦画出了全世界第一张企业组织结构图，揭开了人类对组织管理研究的新篇章，使西方工业社会的企业管理从自然的人治向企业化管理转变。今天，人们对组织的认识已经非常全面和深入，包括组织文化、组织结构、组织绩效等等，人们从效率、成本、客户服务、风险、文化等诸多方面对组织管理进行研究，深刻认识到组织管理对于企业管理各个方面的保障作用。没有组织保障，企业的一切管理都将落空。

非常有趣的是，第一张组织结构图编制的出发点是为了控制成本，当时麦卡伦管理一条从泽西城到大湖区、贯穿宾州与纽约、全长近 500 英里的铁路的建设。麦卡伦认为，在其他条件均等的情况下，这条铁路的每英里建筑成本应该低于那些短程铁路。然而，修一条长 500 英里的铁路，牵涉的方方面面工作肯定要比修 50 英里铁路复杂得多。如果没有高效和能力强的组织管理，这条铁路的每英里建筑及运营成本很可能要比那些短程铁路不贱反贵。

如果说 150 年前组织结构图的诞生与企业运营成本控制相关是出于巧合，今天我们必须认识到组织是企业成本控制的基石。

那么如何理解组织是企业成本控制的基石？

我认为，企业需要从组织文化、组织结构和组织绩效三个方面来发挥其对成本控制的作用。

一、组织文化与成本控制

成熟的企业都会有自己的文化，包括企业理念，企业制度和企业形象。在理念方面，往往会总结出企业的愿景、使命和价值观。而优秀企业会更进一步总结自己在某些具体管理环节的理念，比如成本管理，即进一步总结自己在成本管理方面的理念。

组织是建设企业总体文化的基石，也是企业建设成本文化的基石。企业界流传着很多成本文化的故事，跨国企业丰田围绕"杜绝浪费"建设成本文化；沃尔玛的成本文化"决不为无用的东西多花一分钱"无处不在：总裁出差只乘坐经济舱，并购买打折的机票，一般员工出差只住便宜的招待所，一些经理去美国总部开会，甚至被安排住在一所大学因暑期而空置起来的学生宿舍里。

相比这些优秀而又富有的跨国企业，多数国内企业在成本文化方面有很大的不足：

1. 没有成本理念

在企业尤其是大型企业内，很多人怀着背靠大树好乘凉的思想，认为个人和部门，甚至子分公司的成本相对于整个企业而言只是大海中的一滴水；一些部门、子分公司到了年底甚至突击花钱以用完年度预算，以提高来年预算的价码；只有花钱的思想，没有价值创造的意识。

2. 成本理念不全面

只重视企业的业务层面，不重视企业管理层面的成本控制，所以多数成本控制的制度存在于项目层面，而公司层面的成本控制非常欠缺。很多人不知道用人就是成本，时间就是成本，固定资产不使用就是成本，使用资源不产生效益就是成本，企业失去机会也是成本。

认为在管理上成本控制主要是领导的事情和某些部门的事情（如财务部门），跟自己关系不大，在业务运营上，成本控制是项目部的事情，与自己无关。

3. 成本制度不健全

成本的落实首先在于成本的核算，基于核算深入成本控制的各个环节。一些企业没有核算意识，或者核算仅仅在某些环节如项目层面的材料和人工，企业层面的核算基本没有，没有核算就不可能建设成本制度，没有成本制度，成本管理的理念就只能停留在口号，停留在口号的理念最终都会落空。

毫无疑问，成本文化的建设，是组织成本管理的第一步。企业需要逐步建立全员、全过程、全环节、全组织层次的成本理念，基于成本理念建设成本控制的制度，并不折不扣地在企业内部执行。

二、组织结构与成本控制

组织结构是成本控制的直接机构，基于此，企业首先，应该使组织结构尽可能满负荷工作，实现高人均产值以分摊组织运行的成本；其次，便是选择合适的模式，以保持成本控制的顺畅；再次，是针对专项成本建立系统化的控制思路。

1. 如何保持组织效率，控制组织成本

组织机构一旦存在就有维护成本，小组织小成本，大组织意味着大成本。创业初期，从控制成本和效率的角度，组织设计都非常简单，随着企业不断发展，组织也在不断完善，部门逐步增多，逐步官僚化和僵化，官僚化和僵化的组织意味着低效率、高成本。

笔者曾经对比分析过房屋建筑行业的企业，以采用总包、专业和劳务分包模式的企业为例，企业人均（只计算企业管理人员）年营业额超过500万元的企业并不算太多，比如中建五局三公司人均达到500万元，上海一建、七建人均达到650万元；多数企业人均200万～300万元，低于200万元的企业也很多；与人均产值100万元，200万元的企业组织相比，前者的高运行效率，大大降低了企业组织成本；即使前者给员工支付比较高的薪酬，由于较高的营业额分摊，其管理费用率仍然比较低。笔者2009年统计过10家大型地方建工集团，总计14万人，年产值1400亿元，人均产值仅仅100万元，由于组织的低效，大量的人员成本吞食着企业的效益，事实上这些企业的利润率很少有高于2%的。由此可见，这些企业必须减员增效，优化组织结构，逐步减小各级组织的规模、减

少组织层次。

2009 年，某大型优秀建筑央企对其内部的各级组织进行了统计：公司管理范围内的子、分支机构数量为 910 家，其中，具备法人资格的子机构 309 家、不具备法人资格的分支机构 601 家。机构层级最多达到了 5 级，而 3 级和 4 级机构的数量最多，分别占全部机构数量的 38% 和 54%，合计占比高达 92%。工程局的 3、4 级机构中，共有 239 家分公司从事纯房建业务，这些从事房建业务的三、四级机构中，半年统计亏损和盈利 200 万元以下的微利分公司共计 70 家，合计占比高达 29%。这些统计发现机构的数量与经营规模和效益存在一定的联系，但并不完全是决定规模和效益的根本性因素，而机构重叠庞杂，是企业效益不高而成本高的重要原因。

这一统计和分析，向我们清楚地表明组织结构是企业控制组织运行成本的第一步。各级组织是开展工作的必需主体，但如果达不到一定的规模，这些组织的成本足以吃掉企业创造的收益，组织的成本已经成为企业、尤其是大型企业必须考虑的重要方面。

2. 如何选择合适的组织结构模式来控制成本

不同的组织结构成本控制的侧重点和方式存在很大的差异，因而对成本的控制作用各不相同，就企业总部而言，采用强总部模式的企业，其总部控制成本的能力相对就强，采用弱总部模式的企业，企业总部几乎不对成本进行控制。总部的强弱主要决定于三个方面：一是组织部门的设置，一般说来，强总部的部门设置数量比较多，弱总部部门设置数量比较少；二是强总部重视组织制度的建设，给下属机构的约束和限制也比较多，强总部不仅会重视决策部门，也非常重视业务运营管理和监控部门，这些部门在成本的控制上具有相当的能力，相比较，弱总部企业不太重视这些工作；三是强总部在人员配置上更重视业务运营人员的配置，决策人员与业务运营人员在能力配置上比较均衡，弱总部更多重视战略思维人员，具体运营放在基层。

除了总部对成本控制强弱的考虑，在组织模式设置上，企业需要从总部 −

区域公司或者专业公司层面进行组织的强弱匹配，以达到合理的组织设计，避免成本管理的真空。

3. 如何对专项成本控制进行组织管理

在大型企业，多组织层级之间各级成本控制部门的衔接需要深入和细致考虑。现在大家讨论比较多的是所谓的三集中，财务集中、采购集中、设备集中，这些都与企业成本紧密相关，资金集中能提升资金的运行效率，降低企业的资金成本。采购集中能体现规模效应，提高企业的议价能力，降低材料成本。设备集中能提高设备的使用率，降低台班费率，从而降低设备的成本。

建筑企业最大的成本是采购成本，在一些行业，材料成本达到60%，意味着，采购成本的升降对企业效益有重大的影响。目前企业在采购上的模式大致是集中制、混合制、分散制三种模式。分散制的采购组织模式简单，管理方便，责权利清晰，操作比较简单；集中制的采购在大型企业能达到降低企业采购成本等目的，但是在组织运行上，往往比分散制要复杂，涉及多层级的组织之间的匹配，责权利往往比较复杂，流程和制度体系比分散制要麻烦，企业如何趋利避害，优化组织的设计，来达到其目的，非常重要，如果在组织上不能避免这些问题，集中制的采购在采购成本上的优势就无法体现。

事实上，不断优化企业在多个组织层级之间的营销组织、技术组织、核算组织、项目组织、审计组织等的设计，也和三集中一样，能大幅度提升效率，从而降低企业的运营成本。

三、组织绩效与成本控制

多数情况下，企业会选择合同额、营业收入、利润等指标作为绩效指标，然而，在同样指标的情况下，可能存在显著的成本差异，所以很多企业从资源的角度，逐步优化管理方式，通过成本与组织绩效结合的方式，来促进企业内部成本的控制。

几年前，国内企业流行学习青岛海尔内部市场链的管理经验，内部市场链的思想在一定程度上考虑了成本因素，在企业内部，有着巨大的沉默成本，如接待成本、用车成本、招聘培训成本、信息化成本等。当组织绩效与成本无关的时候，这些沉默成本一直存在，随着企业组织的不断扩充，这一成本也将不断增大，一旦企业将组织绩效与这些成本挂钩，巨大的成本节约迅速显现。

在市场经济的背景下，企业的接待工作越来越重要，一些企业把做好接待工作看作组织的竞争能力之一，接待在一些企业里已经占有相当的成本，我们从媒体报道的中石化天价酒等类似的事件中都可以看到。接待工作有成本控制的问题，时间成本、食宿成本、礼品成本等。由于工作的性质，笔者"被接待"的次数很多，笔者认为，在同样成本的情况下，接待的质量有很大的差异，或者说在同样接待质量的情况下，成本有很大的差异，而这些都是企业容易忽视的地方，没有从接待绩效的角度来考虑成本的控制。

如果沉默成本如此，业务运营的显性成本更是如此。笔者服务过某江浙装饰企业，在我们咨询服务之前，项目部只对项目的质量和进度负责，对成本不负责，项目上窝工，材料浪费非常惊人，企业看起来很红火，但就是不挣钱。我们对其管理的调整主要是项目绩效与项目成本的控制紧密挂钩，在总部采购材料的情况下，项目部对材料的用量负责，在总部进行人员调派的情况下，项目部对用工的数量负责。绩效方式的改变，迅速改变了项目层面材料和人工浪费的情况，项目的盈利状况也大大改善。

绩效管理既像胡萝卜，也像大棒。在成本控制有效的时候，它是胡萝卜，在成本控制无效的时候，它是大棒。组织要控制成本，就必须建立组织的成本绩效，或者说，把考核业绩与成本进行紧密挂钩。

多数建筑企业的规模已经相当大，建筑行业是低利润行业，成本管理已经成为企业绕不过去的管理问题，而成本控制的环节和点又非常多，没有良好的成本控制，建筑项目的利润就会流失。建筑企业应尝试从整体或者某些层级建立以成本控制为中心的组织，梳理和灌输成本文化，建立成本组织结构，推行成本绩效，从而塑造企业成本控制的坚实基础。

平衡记分卡创始人卡普兰认为，使用平衡记分卡考核思路可以构建以战略为中心的组织。企业再造理论的创始人哈默认为，流程再造可以构建以客户为中心的组织。我们认为，建筑企业以系统的思路降低成本来构建成本中心型组织，而这一举措，既是建筑企业精细化管理的基点，也是建筑企业竞争力构建的基点。

（本文写作时间：2011 年 11 月）

建筑业结构性人才短缺正在来临

建筑业正出现新一轮的人力资源短缺：从数量型短缺转变为结构性短缺，在传统业务人力资源过剩的同时，逐步出现新业务人力资源结构性短缺的现实，而相比数量型短缺，结构性短缺的弥补难度更大，在短时间难以实现供需平衡。

经过 30 年的快速发展，中国建筑业形成了 400 万～500 万庞大的管理人才队伍，有力地支撑了行业的发展，目前正进入一个相对稳定的发展时期，按理除了人才在企业之间的流动，总体上不再存在人才短缺，但随着建筑业新业务、新模式、新技术的出现以及中国建筑业的快速国际化，建筑业正出现新一轮的人力资源短缺：从数量型短缺转变为结构性短缺，在传统业务人力资源过剩的同时，逐步出现新业务人力资源结构性短缺的现实，而相比数量型短缺，结构性短缺的弥补难度更大，在短时间难以实现供需平衡。

从需求结构来看，建筑业最缺什么人才？目前建筑业最缺四类人才：

一是国际化人才。 随着"一带一路"倡议的实施，中国建筑企业在海外新签合同出现大幅增长，据建筑前沿的统计，2016 年新签合同近 2500 亿美元，走向海外的建筑企业需要大量的懂国际规则的商务、法务、专业技术和采购人员，他们需要有一定的英语基础，能在海外顺利开展工作，这类人才的培养并不容易，既有的人员往往年龄偏大、学习和适应能力差，很难批量转型成为国际业务需要的人员，而学习、适应能力强的年轻人，工程经验欠缺，要在短期内担当大任，需要时间历练。

二是 PPP 业务人才。 呈现井喷态势的 PPP 业务，无论是咨询中介服务机构、项目实施公司抑或政府管理部门，都需要经验丰富的专业人士，这些人士既需要专业素养，也需要在财务、法律、商务、金融、工程管理等方面有深刻的理解和实际的操作经验，这些人才在过去从事 BT/BOT 项目的企业有一定存量，但很难满足目前庞大的需求，随着 PPP 模式进一步复杂化，对人才提出了更高的要求。

三是工程总承包人才。 施工总包企业从事工程总承包业务并不普遍，目前熟悉工程总承包的人才存量主要在工程总承包起步较早的设计院，随着工程总承包业务的逐步增加，人才的需求也相应增加，大多数施工总包企业的项目人员综合素质、能力与工程总承包的要求还是存在比较大的差距。以项目经理为例，大多数施工企业的项目经理与设计院从事工程总承包业务的项目经理，综合素质存在比较大的差距，很难在短时间实现转型。

四是建筑工业化人才。 政策的强劲推动，使建筑工业化显示出光明的未来，各地大量上马建筑工业化项目，人才需求暴增，建筑工业化几乎没有成熟的存量人才，需要从设计院、施工企业、制造型企业转型，转型既需要大量的培训，也需要实践的锻炼，更需要时间，可以预计，建筑工业化人才的培养，需要很长的时间。

结构性紧缺，使成熟人才的身价暴涨，如何培养、吸引、留住这些人才成为转型建筑企业重要的人力资源工作。

从整个行业看，要解决结构性人力资源短缺的问题，只有加大所需人才的培养力度。建筑类高校需要实时调整专业或者课程的设置，为行业培养大批后备人才；而企业需要加大培训力度，对现有人员进行结构性转型；从业人士则需要加强学习，努力实现自己知识结构、专业能力的转型，并在实践中积累经验。

行业快速变化，市场机会稍瞬即逝，企业的转型往往存在这样的矛盾，没有人才接不了业务，没有业务培养不了人才，而要抢得先机必须快速行动，具有战略转型思维的企业，需要在新业务上早做人才的储备，并在业务开展后快速补充人员。解决人才短缺最直接的方式是引进，以笔者的了解，与金融证券软件企业相比，建筑企业使用猎头寻找人才的意识还不太强，在企业转型阶段，利用猎头快速寻找和引进合适的人才，让这些人才成为新业务的种子，未必不是转型好的选择。从哪里引进人才？从业务领先、人才聚集较多的企业引进；从事国际业务悠久的企业，显然是国际化业务的人才聚集地；最早从事 BT/BOT 业务的企业，PPP 业务的人才比较多；最早从事工程总承包的化工、轻工、医药类设计院聚集了一批总承包的人才。外部引进最难的莫过于建筑工业化的人才，国内某企业，甚至从日本聘请建筑工业化的专家，对其企业进行指导。有了种子型人才的引进，通过对内部具有转型潜力的人员进行快速培养，慢慢提升新业务人力资源的供给，满足新业务的需要。

　　未来几年，业务转型的企业，必然存在巨大的人力资源短缺挑战，企业既需要在人才短缺的情况下推进业务，又需要避免人才短缺而急躁冒进。把握适当的业务节奏、加快人才的引进和培养，努力实现业务和人员团队的匹配，是建筑企业转型过程中需要特别重视的问题，只有实现业务、人才团队、管理体系建设的紧密配合，才能有序推进这些业务的转型，而无视人才短缺现实的冒进，将会付出沉重的代价，这是转型企业人力资源管理的新挑战。

（本文写作时间：2017 年 1 月）

人力资源竞争，建筑企业发展的一道坎

在快速发展的行业背景下，建筑行业与其他行业之间、建筑企业之间，都存在着激烈的人力资源竞争，人员流动速度也在不断加快；行业之间，房地产企业不断成为建筑企业人才主要的掠夺者；建筑企业的人才也在区域之间，企业之间不断流动。

中国经济近 30 年的快速发展，塑造了目前世界第二的经济体，在总量巨大而又高速发展的情况下，人力资源的竞争就显得异常激烈。行业之间，人才正在竞争，投资公司、证券公司、金融机构、大型央企、知名跨国公司、政府公务员、房地产企业、IT 公司以其高收入高福利吸引着人才不断流入本行业和特定岗位，这些行业或者企业具有比较强的支付能力，企业在管理上也相对成熟，管理的氛围比较好，高端人才能很快适应这些工作，因此目前大量的人才被吸引到这些行业；一些高端人才选择自主创业，进一步加剧了高端人才的紧缺；在行业内部，企业之间的竞争也同样激烈，除了个人跳槽，整个团队跳槽都不稀奇，例如证券金融行业，虽然基金经理们的薪酬已经"登峰造极"，依然存在严重的跳槽现象。

在眼下行业的人才争夺战中，建筑业并不处于优势地位：建筑行业是竞争激烈的行业，工作环境比较艰苦，多数情况下求人的事情比较多；又是团队作战，个人业绩和成就感的体现比较难；加上行业本身的利润率不高，支付能力比较有限，造成一些成熟的人才不断流失到其他行业，比如与建筑业关系最密切的房地产行业就挖走了大量的建筑业人才。

即便其他行业不从建筑业挖人，由于行业的快速发展和新人才成长比较慢，建筑业自身也会出现人才短缺。可以预见，随着建筑业的不断发展，人才短缺的现象将会更加突出。

我们可以做个简单测算，2010 年建筑业总产值为 9.5 万亿，以人均产值 18 万元计算，行业从业人员约 5300 万人，粗略估计管理人员与操作人员的比例为 1∶9，管理人员约 530 万人。过去几年，建筑业的年均增长速度为 20%，假设每年建筑行业劳动生产率提高 10%，建筑业还需要增加 10% 的管理人员；以每人工作年限为 25～30 年计算，建筑业管理人员每年退休人员比重为 3%～4%；建筑业从业人员流失到其他行业，每年减员 2%～3%，上述三项因素相加，建筑业每年需要增加管理人员 15%～17%，即 80 万～90 万。

此外，人力资源的短缺会造成人员的流动速度加快，在快速流动的过程中，短缺的效应会被放大。假设有 ABC 三个公司，业务都在发展，业务增速为 20%，同时效率提高 10%，则还需要增加 10% 的人员，假定缺 10 人；三个公司要发展就必须增加人手，最好的办法是互不挖人，各自培养，然而培养的速度很慢，捷径就是从其他公司找到成熟的人员，即来即用，挖人行动终于从 A 公司开始，A 公司从 B 公司挖走 10 人，基本得到平衡，B 公司由于业务发展以及被 A 公司挖走 10 人，需要增加 20 人，B 公司从 C 公司挖走 20 人，而 C 公司由于业务发展和被 B 挖走 20 人，需要 30 人；在其他公司达到平衡的情况下，C 公司人力资源会非常短缺，那么 C 公司会怎么做？由于人员成长需要时间，C 公司只能以更高的薪酬从 AB 公司挖人，由此人员流动了 60 次。人员流动的过程中，大家的薪酬成本都增加了，不仅仅是挖来的人，三个公司的薪酬体系都必须进行调整，以维持挖来的人员与未跳槽员工之间的平衡。在人员快速流动的情况下，企业需要经受多方面挑战：一是人员成本的大幅度增加，二是人心浮动带来管理难度的增加以及企业运营效率的下降，三是招聘成本的迅速增加。当然，从社会的角度看，首先是能提高整个社会对人的尊重，把劳动者当成上帝；其次是增加了人的价值，毕竟，目前中国劳动者的薪酬还是比较低的；第三是优化了人员的配置。

在任何情况下，人才都是处于动态平衡状态，时多时少。对于快速发展的行业，人力资源会出现普遍的稀缺，导致人员流动速度越来越快。据报道，2011年北京人才流动的速度达到历史最高水平，可见中国目前人力资源短缺的情况。流动的趋势首先是行业之间的流动，从低收入行业流向高收入行业，其中证券投资行业是最具吸引力的行业，人员流入量很大，而建筑行业的收入不太具有竞争力，显然会流失人才，这是不可阻挡的；第二是行业内部企业间的流动，从低收入向高收入企业流动，从综合竞争力弱的向综合竞争力强的企业流动。

就目前建筑企业而言，要达到人力资源与业务的平衡有三种办法：一是快速培养新人，二是提高内部组织效率，三是付出代价引进人才，而前两种方式解决问题，需要时间。

在人力资源策略上，企业应该如何面对快速发展的业务需要？笔者认为企业的策略主要有三种：

一是激进型：在快速发展的环境中，采用激进的人力资源策略，高薪积聚人才，抓住市场机会，快速发展自己。所谓机不可失，时不再来，尤其在中国各类政策变化比较快的情况下，失去一个机会，难以把握下一个机会什么时候再来。选择这一策略需要企业牺牲一部分利润，尤其是人力资源成本占企业成本比例很高的服务型企业。积聚人才的好处是能提升企业的竞争能力，人力资源是企业的第一资源，但是，来源不同的人才，也存在文化磨合的问题，当年空降科龙的"四大金刚"不久就离开，不是企业对人才的需求不对，也不是这些人才不好，问题可能在人才之间，人才与企业之间的磨合。采取激进型人才策略的企业需要有很好的人才消化能力，需要有快速发展的机会，同时也需要冒比较大的用人风险，企业必须在内控体系等诸多方面提升系统的可控性，否则企业的风险就很大。采取激进型策略的企业，另一个必须面对的问题是文化建设，来自五湖四海的人才，聚集在一起，必然会有各类冲突，建立开放的企业文化在所难免，积极、开放的文化能推动企业的进步。

二是稳健型：企业的耐力很好，不过分追求企业的快速增长，依据自身的财务和人力资源的承受能力，做自己力所能及的事情，人才的问题，主要依靠企业

团队的稳定和企业内部的培养来解决。一位建筑企业的董事长将之总结为"七成定律":

（1）看人:"金无足赤","人无完人",一个人如果70%优点,就算是优秀人才了;

（2）知人:要用70%的注意力发现人的长处,用30%的注意力发现人的短处;

（3）用人:当候选人能具备应征岗位70%的要求就可以使用了,不能苛求一开始就100%胜任岗位要求;

（4）管人:一个团体有70%的人符合职位要求,工作尽心尽力,就属正常;

（5）容人:别人提的意见,包括批评和建议,要花70%的精力去反思自己,花30%的精力去考虑别人的意见合不合理;

（6）做人:能做到有70%的人认可你就算不错了,对自己不能过于苛求。

笔者认为,"七成定律"的总结恰如其分,对人的要求既不求全责备,也不无原则,同时,也明确指出,每个人都有进一步发展的空间,"七成定律"在思想上大大扩充了企业人才的存量。笔者也听到企业对人才的另外一种描述,"高层不高,中层不忠",即使这样的情况存在而且比较严重,也尽可能不要在企业内传播,很简单,对企业文化氛围没有好处。

三是保守型: 在激烈的人才竞争态势下,以稳定既有人才为主,保持精锐,被动应付人才的流失,收缩企业战线,暂时舍弃低端业务,以维持企业的稳定收益,控制风险。

企业采取什么样的人才策略跟企业的实际情况紧密相关,结果也各不相同。以笔者所见,民营企业多数采用激进型的策略,优秀国企采用稳健型的策略。事实上,建筑行业人才总体的流动趋势是国企流向民企,而在人才的培养上,似乎国企更胜一筹,尤其是大型央企,即使存在人才的流失,人才储备仍然远在民企之上。

在快速发展的行业背景下,建筑行业与其他行业之间、建筑企业之间,都存在着激烈的人力资源竞争,人员流动速度也在不断加快;行业之间,房地产企业不断成为建筑企业人才主要的掠夺者；建筑企业的人才也在区域之间，企业之间不断流动，可以预见，只要中国经济不断发展，建筑行业不断发展，人才的争夺就不会停止。

"不在沉默中爆发，就在沉默中灭亡"，企业只有不断提高薪酬的竞争力、文化的竞争力才能赢得人才的竞争力。

（**本文写作时间：2011 年 6 月**）

从 "150" 到 "100" 的距离

"贵公司一个中等水平的项目经理为公司的客户造一栋别墅，造价150万元，让这位项目经理在同样的地点，为自己家里造同样一栋别墅，要多少钱？" "100万"，怎么解释这种现象？

前段时间，与一位大建筑企业的老总吃饭，我问他：贵公司一个中等水平的项目经理为公司的客户造一栋别墅，造价150万元，让这位项目经理在同样的地点，为自己家里造同样一栋别墅，要多少钱？这位老总说100万。

老总接着问我：您是管理咨询师，您怎么解释这种现象？

我被问住了，甚至有些惊诧：一是他直观感觉的差异这么大，虽然干别人的事情和干自己的事情，存在责任心的差异，由此造成成本的差异，但50%的差异还是让我这个长期从事工程企业管理咨询的咨询师有些吃惊；二是问题的复杂性；虽然我们可以直观地感觉这是责任心的差异，但为什么是责任心的问题，如何解决责任心的问题，以及在大企业里如何在多个组织层面来解决责任心的问题等，如何从制度的设计、制度的执行、决策的方式上来解决责任心的问题？

100多年以来，管理学从不同的角度试图去解决这个问题，人们提出了体制改进的办法，也提出了机制改进的办法，100年过去了，问题依然存在，那么应该如何来思考这个问题？

弗里德曼讲了一个非常有趣的理论，即所谓 "花钱矩阵理论"，这位经济学家把这个矩阵解释为：

（1）花自己的钱，办自己的事，既讲节约，又讲效果；比如上菜场买菜的人，上超市买生活用品的人，都属于此类，沃尔玛的客户大多数都属于这一类。

（2）花自己的钱，办人家的事，只讲节约，不讲效果；用自己的钱买礼品送给别人，里面的东西如何可能重要，但远没有包装重要；多数的礼品市场大概属于这类。

（3）花人家的钱，办自己的事，只讲效果，不讲节约；公款旅游消费大概属于这一类，我想体制内的很多人都享受过，深有体会。

（4）花人家的钱，办人家的事，既不讲效果，又不讲节约。这是什么事情？我还没有想的太清楚，是不是公司的采购人员常干这样的事情？

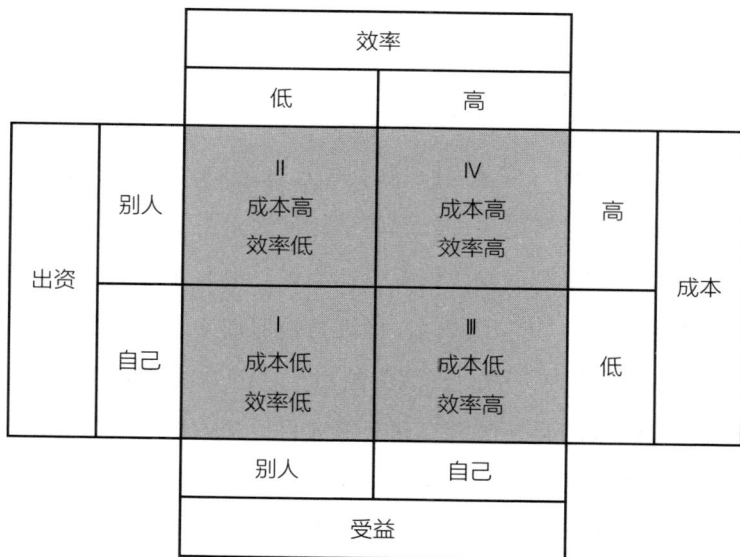

图 4-4　花钱矩阵理论

我想按照弗里德曼的观点，100 万造的别墅是花自己的钱办自己的事，既讲了节约，又讲了效果；150 万造的别墅是花人家的钱办人家的事，既不讲效果，又不讲节约。要解决这个问题就是要把企业的管理方式从"花人家的钱办人家的事"变成"花自己的钱办自己的事"。

如果弗里德曼的观点是正确的，我们有两条路径达到目的。

路径一，先机制后体制的变革，即从"花人家的钱办人家的事"到"花人家的钱，办自己的事"，再到"花自己的钱，办自己的事"。

第一步解决效果问题，变"办人家的事"为"办自己的事"；让每个人感觉到是为自己办事，可以从激励机制入手：前面提到的这位老总服务的企业涉及四个组织层面的机制问题的解决，集团－子公司－分公司－项目部，项目部的机制问题是建筑企业激励问题的起点。目前管理比较好的建筑企业，都非常关注项目层面的激励问题，既有彻底的项目承包，即"要么发财，要么跳楼"的联营模式，也有相对平衡的目标成本责任状模式，即中建模式。无论哪种模式，都是希望项目经理把项目当成自己的事情来做。可以说，这两种办法都比较有效地推动了项目层面责任心的改进。联营模式造就了一大批资产千万的江浙项目经理，而成本责任模式则推动了中建消灭亏损项目的实施。

相比项目层面，集团－子公司－分公司层面激励问题的解决要难得多，更高层面的组织涉及的人财物更多，外部环境影响因素更复杂，与直接财物效益的相关程度更柔性，激励机制的设计也就更加困难。不过无论如何，有激励机制比没有强，定量的激励比定性的激励强。最近有报道称中国中钢在山西中宇上亏损30亿元，媒体发出"谁为巨额国资流失负责？"的疑问，同样的问题在建筑行业并不少见，沙特轻轨项目，波兰高速公路项目，企业为了平息舆论，往往声称集团买单，股份公司不买单，那么集团又由谁来买单？显然，这样的重大问题不是项目单一层面能解决的，也不是依靠激励机制能解决的，要解决这个问题，就必须走第二步。

第二步解决节约问题，变"花人家的钱，办自己的事"为"花自己的钱，办自己的事"；

几年前，笔者在一个国宾馆开会，和这个宾馆的老总闲聊，据说这个宾馆有个套间非常贵，问什么人住得多？答曰，什么人都住不多，问企业中什么人住得多？答曰，大型国企领导，问有民营企业的领导住过吗？答曰，没有。从财富的角度看，很多民营企业的老总的个人财富远超过大型国企的老总，但为什么这些富有的民营企业老板们不去住？就是花谁的钱的问题，所以浙江有句话"白天做老板，晚上睡地板"，我想除了一些人说的品位问题，也有花谁的钱的问题。

　　那么这位老总服务的企业属于国有体制，怎么解决体制的问题？又怎么解决集团 – 子公司 – 分公司 – 项目部四个组织层面的问题，或许这是一个留给所有从事国有资产管理的机构的课题：

　　路径一，我们选择的是国有资产证券化，或许能解决某些局部的问题，要从整体上解决问题，恐怕也只有彻底的民营化，而这个问题就变得异常复杂，尤其是大型国企和央企。

　　路径二，先体制后机制的变革，即从"花人家的钱办人家的事"到"花自己的钱，办人家的事"，再到"花自己的钱，办自己的事"。

　　事实上，江浙的大多数民营企业走的就是这么一条路，10 年或者更早以前，多数建筑企业进行了改制，或许他们起步的时候，管理基础并不很好，但是机制所爆发出的巨大威力，再加上近几年良好的外部发展环境，已经造就了一批很好的民营建筑企业，一定程度上看，对于他们的未来，我们也许有理由比国企更有信心。

　　弗里德曼的"花钱矩阵"为我们展示了一个有趣的现象，建同样的别墅从150 万到 100 万元，是一个成本的巨大跨越，也是体制和机制的巨大跨越，为解决这些问题，多少人辗转反侧，夜不能寐。而这两个问题，却是企业家，管理者无法逾越的两道关，迈得过去，未必前路平坦，而迈不过去，就会困难重重。

（本文写作时间：2012 年 5 月）

附录

书中论及企业简称与全称对照表

序号	简称	全称
1	中建／中国建筑	中国建筑工程股份有限公司
2	中建总公司	中国建筑工程总公司
3	中建一局	中国建筑一局（集团）有限公司
4	中建三局	中国建筑第三工程局有限公司
5	中建五局	中国建筑第五工程局有限公司
6	中建五局三公司	中建五局第三建设有限公司
7	中建八局	中国建筑第八工程局有限公司
8	中建地产	中国中建地产有限公司
9	中建装饰	中国建筑装饰集团有限公司
10	中建安装	中建安装工程有限公司
11	中建钢构	中建钢构有限公司
12	中建铁路	中建铁路投资建设集团有限公司
13	中建交通	中建交通建设集团有限公司
14	中建市政	中建市政工程有限公司
15	中铁／中国中铁／中铁工	中国中铁股份有限公司
16	中铁隧道	中国中铁隧道股份有限公司
17	大桥局	中铁大桥局集团有限公司
18	中铁四局	中国中铁四局集团有限公司
19	中铁建／中国铁建	中国铁建股份有限公司
20	中交／中国交建	中国交通建设股份有限公司
21	二航局	中交第二航务工程局有限公司

序号	简称	全称
22	中交四航局	中交第四航务工程局有限公司
23	四航二公司	中交四航局第二工程有限公司
24	中冶／中国中冶	中国冶金科工集团有限公司
25	中国能建	中国能源建设股份有限公司
26	葛洲坝	中国葛洲坝集团股份有限公司
27	中国电建	中国电力建设集团有限公司／中国电力建设股份有限公司
28	中国水电	中国水利水电建设集团有限公司，2013 年 11 月，公司名称由"中国水利水电建设股份有限公司"变更为"中国电力建设股份有限公司"，公司中文简称相应由"中国水电"变更为"中国电建"
29	中国化学	中国化学工程股份有限公司
30	中材国际	中国中材国际工程股份有限公司
31	中工国际	中工国际工程股份有限公司
32	上海建工	上海建工集团股份有限公司
33	上海一建	上海建工一建集团有限公司
34	上海七建	上海建工七建集团有限公司
35	上海城建	上海城建（集团）公司，隧道股份在 2012 年顺利接收母公司上海城建集团的核心资产注入的基础上，于 2015 年 9 月，正式替代上海城建集团身份，全面管理运营原上海城建上市体内外所有国有资产
36	隧道股份	上海隧道工程股份有限公司
37	北京建工	北京建工集团有限责任公司
38	北京城建	北京城建集团有限责任公司
39	陕西建工	陕西建工集团有限公司
40	山西建工	山西建筑工程（集团）总公司，2017 年 9 月完成公司制改革，更名：山西建设投资集团有限公司
41	江苏建工	江苏省建工集团有限公司

序号	简称	全称
42	贵州建工	贵州建工集团有限公司
43	西安建工	西安建工集团有限公司
44	金螳螂	苏州金螳螂建筑装饰股份有限公司
45	中南建设 / 中南集团	江苏中南建设集团股份有限公司
46	浦东建设	上海浦东路桥建设股份有限公司
47	龙信 / 龙信建设 / 龙信集团	龙信建设集团有限公司
48	中天建设	中天建设集团有限公司
49	亚厦股份	浙江亚厦装饰股份有限公司
50	宝业	宝业集团股份有限公司
51	莱钢建设	山东莱钢建设有限公司
52	上海龙鼎建设	上海龙鼎建设发展有限公司
53	延华智能	上海延华智能科技（集团）股份有限公司
54	江河 / 江河幕墙	2013 年 5 月 28 日，原北京江河幕墙股份有限公司正式更名为江河创建集团股份有限公司（简称"江河创建"）
55	温州中城建设	温州中城建设集团有限公司，2015 年 3 月，集团破产重整计划获通过
56	宁波华丰	华丰建设股份有限公司，2015 年 12 月，华丰建设由于资不抵债，破产重整申请被受理
57	龙元	龙元建设集团股份有限公司
58	东方园林	东方园林投资控股集团
59	家树 / 家树建筑工程公司	上海家树建筑工程有限公司
60	中国中车	中国中车股份有限公司
61	远大 / 远大住工	远大住宅工业集团股份有限公司
62	中民筑友	中民筑友科技集团有限公司
63	三一住工	三一住工有限公司

序号	简称	全称
64	定荣集团	北京定荣家科技有限公司
65	万喜 / 法国万喜	VINCI Group
66	大林组 / 日本株式会社大林组	Obayashi Corporation
67	大成 / 日本大成 / 大成集团 / 大成建设 / 日本大成建设	Taisei Corporation
68	清水 / 日本清水建设	Shimizu Corporation
69	鹿岛 / 日本鹿岛建设	The Kajima Group
70	日本金刚组	Kongo Gumi
71	竹中工务店	Takenaka Corporation
72	美国柏克德	Bechtel Corporation/Bechtel Group
73	德国豪赫蒂夫	HOCHTIEF AG
74	法国布依格	Bouygues Group
75	法国埃法日集团	Eiffage Group
76	美国福陆	Fluor Corporation
77	西班牙营建集团	FCC/Fomento de Construcciones y Contratas, S.A.
78	瑞典斯堪斯卡建筑集团	SKANSKA AB
79	西班牙 ACS 集团	Actividades de Construcciones y Servicios
80	澳大利亚 Leighton Holdings	Leighton Holdings
81	绿地 / 绿地集团	绿地控股集团股份有限公司
82	碧桂园	碧桂园控股有限公司
83	中海地产	中海地产集团有限公司
84	仁恒	仁恒置地集团有限公司
85	华润	华润置地有限公司

续表

序号	简称	全称
86	晋合	晋合置业（苏州）有限公司
87	恒大	恒大地产集团有限公司
88	中海地产	中海地产集团有限公司
89	万科	万科企业股份有限公司
90	万达	大连万达集团股份有限公司
91	德隆	德隆房地产开发有限公司
92	中国中钢	中国中钢集团有限公司
93	中石化	中国石油化工集团公司
94	宝钢	宝山钢铁股份有限公司
95	中粮	中粮集团有限公司
96	华为	华为技术有限公司
97	富士康	富士康科技集团
98	格力	珠海格力电器股份有限公司
99	海尔	海尔集团
100	TCL	TCL 集团股份有限公司
101	联想	联想集团
102	四川长虹	四川长虹电子集团有限公司
103	科龙	海信科龙电器股份有限公司
104	强生	美国强生公司，Johnson & Johnson
105	杜邦	美国杜邦公司，DuPont USA
106	通用汽车	通用汽车公司，General Motors Corporation，GM
107	新泽西标准石油公司	Standard Oil of New Jersey
108	西尔斯·罗巴克	美国西尔斯·罗巴克公司，Sears Roebuck
109	美泰克	美国美泰克 (Maytag) 公司

序号	简称	全称
110	IBM	国际商业机器公司 / 万国商业机器公司，International Business Machines Corporation
111	麦肯锡	麦肯锡公司，McKinsey & Company
112	攀成德 / 攀成德管理顾问 / 攀成德公司	上海攀成德企业管理顾问有限公司

攀成德公司

http://www.psdchina.com

上海攀成德企业管理顾问有限公司（简称攀成德）成立于 20 世纪 90 年代，总部位于上海，是国内一家聚焦于工程建设领域的专业咨询公司，服务领域涵盖勘察设计、建筑施工和房地产三大行业。攀成德拥有近百名专业咨询人员，由来自于国内外著名学府管理学科的博士、硕士和 MBA 组成。其中 80% 的专业咨询人员拥有 5 年以上的企业管理工作实践经验，中高层管理经验人员超过 40%。

攀成德的咨询服务以战略为核心，提供包括集团管控、项目管理、组织优化、人力资源管理、运营管理、流程管理、企业文化建设等在内的整合咨询服务。

集团管控 组织结构 项目管理 发展战略 人力资源 企业文化 流程管理

我们的客户（部分）

中国建筑第三工程局	中国核电工程公司	中国广厦控股有限公司
中国建筑第八工程局	中色十二冶金建设有限公司	巨匠建设集团
中国建筑第七工程局	中煤第三建设集团	鞍钢建设集团有限公司
中建装饰西北分公司	中铝长城建设有限公司	西安建工集团
中铁三局集团有限公司	上海城建集团	安徽建工集团
中铁建设集团有限公司	北京六建集团	山东鲁王集团
中铁建工集团有限公司	北京首钢建设集团	山河建设集团
中交第二航务工程局	龙信建设集团有限公司	西部中大集团
中交上海航道局	江苏省交通工程集团	江西省交通工程集团
中国水利水电建设集团	江苏省苏中建设集团	湖北冶金建设有限公司